MICE시대의

컨벤션과 도시관광

관계를 팔아라

CONVENTION & TOURISM

MICE시대의

컨벤션과 도시관광

관계를 팔아라

허정옥 지음

서울경제경영

MICE시대의 컨벤션과 도시관광, 관계를 팔아라

2013년 12월 18일 | 제1판 1쇄 인쇄
2013년 12월 23일 | 제1판 1쇄 발행

지은이 | 허정옥
발행인 | 김은중
발행처 | 서울경제경영출판사
북디자인 | (주)우일미디어디지텍

주소 | 120-808 서울특별시 서대문구 대현동 67-5 대현빌딩 6층
전화 | 02)313-2682
팩스 | 02)313-8860
등록 | 1998년 1월 22일 제5-63호

ISBN 978-89-97937-16-5 93320 정가 30,000원

※ 파본은 바꾸어 드립니다.

추천사

지금은 관광시대

UNWTO(유엔 세계 관광기구)는 2012년에 인류역사상 최초로 세계의 연간 관광객 수가 10억명을 돌파했다고 발표했다. 10억 명이 세계를 돌아다닌다는 것은 많은 뜻을 포함한다. 지금 이 순간에도 50만 명이 지구의 하늘을 날고 있으며, 10억명의 하루 세끼 음식과 숙박, 놀이, 쇼핑, 레저, 교통 등 집을 떠나 필요한 거의 모든 분야가 함께 움직이고 있음을 의미한다. 바로 이 점을 UNWTO는 환기시키며, 경고하고 있다.

관광(Tourism) 이란 단순히 관광버스 타고 둘러보는 구경의 차원이 아니다.

UNWTO는 관광이란'휴가나 비즈니스 목적으로 주거지를 떠나 1년 안에 돌아오는 여행'이라고 정의한다. 집을 떠나 여행을 하려면 많은 것이 필요하다. 일단 여행사와 항공사를 통한 업무, 목적지의 숙박과 음식, 관광, 쇼핑, 엔터테인먼트 등의 다양한 사항이 충족되어야 한다. 그러므로 방문객에게 삶의 의미와 질을 느끼고 돌아보게 만드는 최대의 고부가가치 산업, 고상한 서비스 산업으로 그 차원을 끌어 올려야 경제적, 사회적 가치를 만들 수 있다.

방문객에게 가장 인상적인 추억과 삶의 가치를 제공하는 나라가 곧 관광산업을 잘 하는 나라다. 관광이란 숙박이나 음식, 상품을 파는 단순 행위가 아니라 인생에서 잊지 못할 추억과 아름다운 기억을 파는 차원 높은 산업이다. 즉, 관광의 가장 큰 상품은 추억이다. 상품을 제공하기 위해서는 무엇보다 효과적인 관광지(Destination; 데스티네이션)의 기반시설 마련과 함께 치밀한 계획과 준비, 콘텐트, 그리고 인적 서비스를 갖추어야 한다. 관광산업은 이러한 모든 연관 산업을 총칭한다.

지금 세계 각국은 관광산업에 촉각을 곤두세우고 있다. 관광 산업은 방문객이 떨어뜨리는 직접적인 경제수입뿐 아니라 수백만 개 이상의 직 · 간접 일자리와 업무 직종을 창출하게 만든다. 교통, 여행, 식음, 숙박, 쇼핑, 레저, 엔터테인먼트 등의 동반 발전이 기대되며, 이는 각 분야별로 무한한 파생산업으로 뻗어나게 되어 있다. 또한 한꺼번에 많은 대량 방문객의 숙식 및 교통을 감당하는 관광지(데스티네이션)는 또 다른 산업 분야인 컨벤션 사업을 가능하게 하여 관광지 자체가 컨벤션 산업과 동반 발전을 하게 만든다. 관광 산업이 다른 산업으로 확대 및 전환할 수 있는 연쇄적 가능성을 부여하는 것이다.

요즘은 MICE (Meetings, Incentive Tours, Conventions, Exhibitions or Events) 시대이다. 많은 사람들이 한 곳에 모여 특정 주제에 대한 전시, 교육, 교류 등 목적의 대형 미팅인 컨벤션은 언제나 많은 인원을 동원한다. 계획된 아젠다와 함께 다른 활동을 동반하여 컨벤션은 공적 행사 후에는 참가하는 직원에 대한 보상적 관광이 수반된다. 한마디로 컨벤션 목적으로 방문한 대형 방문객은 행사가 끝난 후 업무를 떠난 엔터테인먼트 목적의 관광과 이벤트, 레저 등으로 자연스럽게 연결되는 것이다. 그러므로 관광과 컨벤션은 어떤 것이 선후라고 말할 수 없을 만큼 한 덩어리로 밀착되어 움직인다.

이러한 맥락에서 관광산업은 단순한 하나의 산업으로 취급할 수 없는, 그보다는 더 소중한 영향력을 가지고 있다. 각 나라와 각 지방의 역사 및 문화를 방문객에게 알리는 매우 자연스럽고 효과적인 기회이며 문화 이해와 더불어 문화 교류를 가능하게 만든다. 국가 또는 민족 간의 유대를 돕고 국가 브랜드 이미지를 상승시키며 스포츠와 다른 문화 산업의 연결을 가능하게 만들어 막대한 문화적, 사회적, 정치적 영향을 동반하게 한다.

세계의 관광산업은 매해 7% 이상 성장하고 있으며, 유엔 보고에 의하면 2030년에는 세계 관광객이 무려 18억 명으로 증가할 것이라고 한다. 이러한 세상에서 관광 산업을 간과하는 간 큰 나라는 없다. 관광은 국가적인 차원으로 볼 때 그저 하나의 산업이 아니다. 국가의 정책 산업, 그 중심에 서있어야 한다.

특히 한국의 경우는 더욱 그렇다. 온 국민이 허리띠를 졸라매는 희생의 뒷받침으로 생산된 공산품 또는 인력의 수출로 경제 성장을 만들던 시대는 이미 가버렸다. 이제는 창조적인 고부가가치의 산업을 만들어 갈아타야 할 때가 되었다. 바로 이 창조적 고부가가치산업의 정점에 관광산업이 있다. 오늘날의 관광산업은 단순 여행의 차원을 넘어 인류의 행복과 삶의 가치를 추구하는 고부가가치 산업이며, 국제 교류와 문화 전달, 인류 화합에 가장 큰 역할을 담당하고 있기 때문이다.

UN통계에 의하면 2012년 세계에서 관광 수입이 가장 많은 나라는 미국이며, 세계를 다니며 관광에 가장 많은 돈을 쓰는 나라는 중국이다. 2010년경부터 중국인 관광객은 매해 가장 빠른 속도로 상승하며 세계를 석권하고 있다. 그야말로 중국인이 몰려오고 있다. 중국에 접경한 한국은 밀려오는 중국과 세계의 관광객을 맞을 준비가 되어 있는가?

사실, 한국은 방문객의 흥미를 불러일으킬만한 훌륭한 기본 상품을 많이 가지고 있다. 오랜 역사와 전통의 개성적인 전통 문화, 아름다운 자연과 함께 3면이 바다로 둘러싸인 유리한 자연 조건, 전 세계가 열광하는 한류 엔터테인먼트, 손재간 좋은 패션과 액세서리 등의 의류 산업과 세계인들이 좋아하는 인기 소모품 , 컴퓨터와 첨단기기를 이용한 게임 등 기술적 엔터테인먼트, 서비스 산업, 웹을 이용한 편리한 첨단 산업, 질 좋은 의료와 건강, 미용 등등 많은 분야가 이미 널리 알려져 있다. 이 모든 것들이 각각 혹은 함께 세계인을 매료시키고 있다. 이미 명동 등 몇 군데는 내국인들보다 외국인들이 더 많이 찾아들고 있다. 또한 한국은 교통이 발달되어 있다. 인천 국제공항은 지구의 동 · 서양을 연결하는 허브로, 최고의 명성과 시설을 자랑하고 있으며 국내 전국 방방곡곡 어디든 몇 시간 안에 닿을 수 있는 내적 교통망 또한 매우 훌륭하다.

하지만 한국은 아직도 총체적이고도 효과적인 관광산업이 발달하지 못하고 있다. 방문객은 늘어나는데 아직도 관광지와 시설이 열악하며, 방문객이 다시 돌아오게 하는 좋은 추억의 명소들이 부족하다. 동시에 최대한의 이익창출과 영구적 파생산업의 동반 발전, 그래서 전 국민에게 직접적인 이익을 기대할 수 있게 하는 관광산업의 기반이 매우 후진하다. 모든 관광 요소를 한 장소에 묶어 다양한 숙박과 식음의 필수적 기반 위에 엔터테인먼트, 레저, 휴식이나 활동, 체험, 쇼핑, 비즈니스 미팅(컨벤션) 등 모든 것을 제공하는 실질적인 그릇, 총체적인 관광지(Destination Resort) 가 절대 부족이다. 전국 각지에 산재된 흥밋거리는 방문의 효과적인 기대를 만족시키지 못하기 십상이다. 유엔 관광청(UNWTO)의 발표에 의하면 세계인이 가장 많이 찾는 10대 관광지중 9개가 모두 도심형 엔터테인먼트 데스티네이션 관광지이다.10억의 세계 관광객은 대부분 뉴욕, 워싱톤, 보스톤, 올란도 등 미국 대도시 관광지에 집중적으로 몰리고 있다. 그리고 이들 유명 관광지는 치밀한 계획으로 의도적으로 개발한 대형 엔터테인먼트 단지들이다. 자연 속에 텐트를 치고 자연 그 자체를 즐기는 관광 여행은 실상 생각보다 많은 사람들이 선호하지 않으며, 경제적 사회적 부가가치도 기대하는 만큼 창출하지 못하고 있다.

최근 싱가포르와 마카오 등의 카지노와 컨벤션, 쇼핑과 엔터테인먼트를 동반한 대형 종합 리조트(Intergrated Resort) 개발의 성공은 좋은 사례를 남기고 있다. 2013년 싱가포르와 마카오는 처음으로 세계 10대 관광지 안에 포함되었다. 미국이 주도하던 관광 산업은 이제 아시아로 넘어가고 있다. 총체적 단지 개발은 치밀한 국가적 계획이 기반되어 많은 전문 분야가 동원되는 대형 개발 산업이다. 한국도 이처럼 의도적인 데스티네이션 개발에 적극적인 검토와 실행이 필요한 시점이다. 밀려드는 관광객을 위해 도시에 단순히 호텔을 몇 개 더 지어야 한다는 소극적인 계획은 종합적이고 총체적인, 그리고 적극적인 관광 산업에 별 효과를 나타내지 못한다.

2012년부터 시작된 10억 관광객 시대, 앞으로 10년 내로 20억 명을 바라보는 무서운 성장 산업. 바로 그 앞에서 우리는 과연 무엇을 해야 하는가? 무엇보다도 지금은 관광산업이 포함하는 여러 방면의 가능성을 꼼꼼히 점검하고 준비해야 할 때다. 가장 큰 가능성과 높은 부가가치를 선택해서 즉각적으로 실행해 나가야 한다.

이 점에서 허정옥 교수가 쓴 이 책은 매우 시의적절한 과업으로 보인다. 한국 관광이 앞으로 나가야 할 창조적이고 융 · 복합적인 방향의 선두에 MICE산업이 있다. 그리고 MICE의 모든 요소를 포괄하고 있는 컨벤션이야말로 도시관광을 이끌어 나갈 대표선수라 하겠다. 허교수는 한국관광의 1번지로 불리는 제주도의 중문관광단지 내, 제주국제컨벤션센터(ICC JEJU)의 대표이사를 역임한 CEO 출신이다. 그 경험을 살려서 지금은 서울과학종합대학원에서 레저경영을 가르치고 있다. 그의 초대를 받아 동 대학원에서 함께 관광을 가르치고 전공을 교류하면서 '컨벤션이 한국관광의 길'이라는 그의 목소리를 자주 듣는다. 사실은 내가 늘 주장하는 한국관광의 기반시설, IR의 중심 콘텐트도 컨벤션이다. 싱가포르의 마리나 베이 샌즈는 바로 그 예이다. 이 점에서 보면, 우리는 관광에 대해 다른 듯 같은 목소리를 내고 있는 셈이다. 이 자리를 빌려 '지금은 컨벤션 시대'라는 허정옥 교수의 컨벤션 예찬에 박수를 보내며, 이 책이 컨벤션 관계자들은 물론 관광산업의 종사자들에게도 희망의 악보가 되기를 기대한다.

COEX가 보이는 서울의 스카이라운지에서

니나 안

(테마파크 디자이너, '도시에 환상을 입혀라'저자, 커닝햄 그룹 부사장)

머리말

컨벤션, 관계로 엮어가는 관광의 꽃다발

우리의 삶을 길에 비유한다면, 나의 유년은 중문관광단지에 있는 제주국제컨벤션센터(ICC JEJU) 앞, 주상절리의 길을 따라 걷는다. 내 고향 대포동 사람들은 주상절리를 일컬어 '잉건이 기정'이라 불렀는데, 기정이란 제주어로 '아주 깊은 낭떠러지'를 말한다. 파도치는 날이면 지금도 주상절리는 깊이를 알 수 없이 검푸른 빛을 띠고 으르렁대지만, 개발되기 전의 잉건이 기정은 내려다보기가 무서울 정도로 검고도 깊었다. 오죽하면 삶의 끝자락까지 내몰린 사람들이 그 낭떠러지에 다가가서 생의 추락을 꿈꿨을까? 하지만 그 길을 지나서 얼마를 걸으면 배린내–밤이면 별이 쏟아져 내리는 시냇가에 열 가구 내외의 마을이 있었고, 지금은 마을 전체가 시에스호텔로 바뀌어 있다–가 나오고, 그곳을 넘어서면 은모래가 유난히 반짝거리는 중문백사장이 펼쳐진다. 백사장에는 서 너 개의 모래동산이 물결치듯 어깨를 기대고 있어서 그야말로 소풍장소로서 일품이다. 우리는 모래산의 꼭대기에 올랐다가 미끄럼 타며 내려오기를 반복하거나 정상에서 보물찾기, 특기자랑, 씨름대회 등을 하였다. 그 신나는 소풍의 기억은 우리 대포동 아이들로 하여금 무서운 주상절리 길을 마다하지 않고 큰갯물(대포동 포구의 옛말)에서 백사장까지를 신바람 일으키며 내달리게 하였다.

우리가 주상절리에 다다를 즈음, 중문동 아이들은 지금의 신라호텔쯤 되는 언덕의 구부러진 고갯길을 마치 개미들의 행진처럼 줄 지어서 내려오곤 하였다. 그 모양은 마치 김기림 시인의 '길'에서처럼 '나의 소년 시절은 은빛바다가

엿보이는 그 긴 언덕길을 어머니의 상여와 함께 꼬부라져 돌아갔다'는 풍경을 만들었다. 어찌 보면 전혀 양쪽의 시상과 상황이 맞지 않음에도 불구하고, 나는 왜 소풍의 즐거움 저편에서 알 수 없는 슬픔을 느꼈을까? 마치 우리의 소풍길이 얼마 없어 흔적도 없이 사라져버릴 것을 예감이나 한 듯, 간혹은 우두커니 모래산에 앉아서 하염없이 초록바다를 바라보곤 하였다. 어쨌든 내 어린 시절은 대포와 중문을 잇는 바닷길에서 꿈꾸며 뛰놀던 소풍의 기억으로 남아 있다. 다만 노을을 남기고 사라지는 저녁 해처럼 그 자리가 이제는 한바탕 추억에 불과해 진 게 쓸쓸할 뿐이다. 그곳은 곧 사정없이 파헤쳐져서 중문관광단지로 변신했고, 열일곱살이 되던 해에 나의 그림자도 그곳에서 종적을 감추고 말았다.

하지만 시간이 흘러 2006년 3월, 나는 마흔일곱 장년의 모습으로 30년만에 중문으로 되돌아왔다. 바로 그 자리에 세워진 제주국제컨벤션센터(ICC JEJU)의 대표이사로 불리어 온 길이었다. ICC JEJU는 제주관광의 새로운 패러다임을 이끌어 갈 컨벤션관광의 교두보로서 신혼관광지를 국제관광지로 바꿔나갈 야심찬 꿈을 꾸고 있었다. 그리고 그 중심에 '컨벤션 효과'라는 일백만 제주도민들의 꿈과 열망이 바다를 향해서 힘차게 기적을 울리는 중이었다. 사실상 이대 역사는 1996년 8월 1일, 1백만 제주도민이 '제주도를 21세기 동북아의 주요 국제회의 중심지역으로 만들어 내자'는 결의를 통해 10년간 다져지고 영글어진 피땀의 산물이었다.

이 글은 이렇게 시작된 나의 제주국제컨벤션센터(ICC JEJU) 대표이사로서의 컨벤션 경영 스토리와 제주컨벤션뷰로(JCVB) 이사장으로서의 컨벤션 유치와 지원 경험에 기초해서 이루어졌다. 그러므로 책의 큰 줄기는 컨벤션의 의미와 목적, 유치와 개최, 컨벤션센터 경영, 그리고 컨벤션을 통한 관광 등이 사례 중심으로 구성됐다. 일반적인 교과서들이 체계적인 지식과 상세한 정보, 절차, 원칙 등의 논리로 쓰였다면, 이 책은 사람들과의 만남, 관계, 스토리, 예시 등의 경험으로 형성됐다. 그래서 부제를 '관계를 팔아라'로 달아서, 컨벤션은 계획적으로 만난 사람들이 의도하지 않게 엮여지는 사랑의 관계임을 강조하고자 하였다.

이를 위해 한국관광공사(KTO)의 컨벤션 유치 스토리, 전국 전시컨벤션센터들의 역사와 활약상, 컨벤션학계의 교과서와 강의자료, 주요 기획사(PCO)들의 컨벤션 지원 사례, 여러 신문사와 전문가들의 기사와 칼럼, 컨벤션 관련 세미나와 포럼 자료 등이 참고 되었다. 무엇보다도 나의 컨벤션 시절을 함께 한 ICC JEJU 직원들의 경험과 기고, 사연, 사례들이 '지식의 나눔'이라는 명목으로 가감 없이 동원되었다. 이 책의 말미에 소개된 모든 참고문헌들의 저자 및 기관들에게 먼저 고개 숙여 경의를 표하며, 특별히 대한국토 · 도시계획학회와 한국문화관광연구원의 심원섭 실장님, 영산대학교 송성수 교수님께 감사를 드린다.

사실 이 글을 쓰게 된 발단은 평범한 경영학 교수가 ICC JEJU의 대표이사로 특별히 부름 받아 남달리 경험하게 된 소중한 실전 스토리들을 솔직하게 나누고 싶은 소망에 있다. 왠지 모르게 2006년 3월부터 2009년 3월까지 3년 동안 경험했던 컨벤션 기억들이 가슴속 깊은 곳에 쌓여서 마치 무슨 빚처럼 억누르고 구속함이 갈수록 더하였다. 병적인 채무감과 부담감에서 자유로워지기 위해서는 그 기억들을 학습과 교감의 형태로 토해내는 수밖에 없지 싶었다. 그렇게라도 해서 제주도가 나에게 주었던 배움과 누림의 기회와 혜택을 나누는 게 다시 학교를 밥벌이 장소로 삼아 살아가는 나의 인간적 도리요 사회적 책무라 여겨졌다.

또한 최근 들어 제주도가 천만 관광객을 돌파하면서도 지속적으로 벌어지는 양적 팽창의 관광행태를 보면서, 1996년 제주도제 실시 50주년 행사장에서 신구범 지사가 이미 컨벤션을 관광의 중심축으로 선포했던 제주관광의 전환점을 많은 사람들에게 상기시키고 싶었다. 이는 2009년도, 중앙정부가 제주의 광역경제권 선도산업을 MICE로 지정하면서 다시 한 번 확인케 된 제주관광의 전략적 방향이기도 하기 때문이다. 이제부터라도 정녕 제주관광은 그저 경관이나 관광지 중심의 값싼 버스관광이 아니라 융 · 복합산업으로서 고부가가치를 창출할 수 있는 컨벤션 중심으로 나가야 함을 재천명하고 싶은 것이다. 전문가들이 일찌감치 예견했던 것처럼 컨벤션은 관광산업의 꽃일 뿐만 아니라 굴뚝 없는 황금산업이라 정의되지 않는가? 하와이가 세계인들이 찾는 휴양의 섬이라면 제주도는 세계인들을 부르는 컨벤션의 섬으로 포지셔닝 할 수가 있다. 제주에서는 비즈니스도 뜻밖의 휴가가 되듯이 천혜의 자연경관을 후대에까지 지속시키면서도 관광의 부가가치를 마음껏 창출하는 데 컨벤션 이상의 산업은 드물기 때문이다. 이와 같은 맥락에서 부산, 대구, 광주, 대전 등 지방 도시들의 컨벤션을 통한 도시관광은 지역의 환경 및 산업 특성과 어우러질 때 융·복합적 시너지를 창출할 수 있는 전략이 될 것이다.

한편, 이 책은 제주를 비롯해서 서울, 부산, 대구, 고양, 광주, 대전, 인천, 창원 등의 국제회의도시에 설치되어 있는 전시컨벤션센터 임직원들의 컨벤션 유치 및 개최를 둘러싼 활약상에 힘입은 바 크다. 2012년, 우리나라는 국제협회연합(Union of International Associations, UIA)의 통계기준으로 563건의 국제회의를 개최해, 세계 5위(시장점유율 5.6%)의 컨벤션 위상을 드러냈다. 이는 10년 전인 2003년도, 160건으로 세계 18위(시장점유율 1.7%)를 기록했던 점과 비교해 괄목상대의 성장이요 도약이다. 물론 전문가이면서도 수면 밑에서 컨벤션을 돕고 있는 PCO들과 컨벤션도시의 뷰로(CVB) 직원들의 노고는 아무리 강조해도 지나침이 없을 것이다. 또한 컨벤션 유치와 개최를 행·재정적으로 지원하는 지방자치단체, 대외적인 신인도와 교섭력을 발휘하는 중앙정부, 컨벤션을 한국미와 향토색으로 마무리하는 지역주민과 관련단체들의 노력도 빼놓을 수 없는 포인트다. 마지막으로, 하지만 가장 중요하게 기억되어야 할 중심축은 컨벤션 유치를 결정짓는 조직위원회의 학회·협회·기관·단체들의 임직원이다. 이들의 열정과 헌신에 의해 우리나라 컨벤션산업은 지난 10년 동안 꾸준히 성장하고 발전해 올 수 있었다. 이밖에 호텔, 식음, 공연, 인쇄, 통역, 조명, 음향, 영상, 디자인, 관광 등 모든 컨벤션 클러스터 구성원들께 진심어린 존경과 감사를 올린다. 이들이 없었다면, 오늘날의 나와 이 책도 지상에 존재할 수 없었을 것이다.

그러므로 이 책은 컨벤션을 공부하는 학생들뿐만 아니라 MICE산업에 종사하는 전시컨벤션센터의 임직원, 지자체의 컨벤션관계 공무원, 컨벤션클러스터의 이해관계자들이 컨벤션을 이해하고 정리해 볼뿐만 아니라 유치 및 개최를 간접적으로 경험하는 데 도움이 될 것이다. 또한 컨벤션을 통해 도시관광의 활성화를 도모하는 관광산업 종사자들에게도 큰 그림을 구상할 수 있는 지침서가 될 수 있다. 감히 바라건대는 이 나의 조잡한 기록이 누군가에게 컨벤션을 통한 새로운 관계, 직업의 비전, 조직의 혁신, 도시의 발전과 같은 희망의 길이 될 수 있었으면 하는 것이다.

마지막으로 이 책이 나오기까지 가족 같은 믿음으로 응원해주신 김은중 서울경제경영 대표님께 고마운 인사를 드린다. 대포동의 큰갯물에서 물질이나 하던 여학생을 ICC JEJU의 대표이사로 키워주신 오광협 교장선생님께 가슴 뜨거운 감사를 올린다. '지식은 기록하지 않으면 나눌 수 없다'며 출판을 독려해주신 조정환 회장님께 머리 숙여 감사함을 표한다. 기꺼이 추천사를 보내주신 니나안 부사장님은 내글의 누추함을 찬란하게 만들어주신 천사와 같다. 그리고 '작은 일에 충성하면 큰일을 맡긴다'며 지난 여름의 혹서에도 기도의 무릎을 펴지 않으신 김성춘 어머니와 가족들에게 한없는 사랑과 새로운 결단을 바친다.

2013년 9월, 서귀포의 섶섬이 보이는 풍경에서

허정옥

차례

01 컨벤션, MICE, 그리고 관광

1 지금은 컨벤션 시대

컨벤션(convention)은 cum이라는 라틴어(together를 의미)의 con과, venire(to come을 의미)의 vene가 조합되어 형성된 단어로, '함께 와서 모이고 참석한다'는 의미를 나타낸다. 즉, 컨벤션이란 다수의 사람들이 특정한 활동을 하거나 특정한 주제를 협의하기 위해 한 장소에 모이는 회의(meeting)이며, 전시회를 포함하는 좀 더 포괄적인 의미로 쓰이기도 한다(위키백과).

과거의 컨벤션은 협의의 국내회의(domestic meeting)를 위주로 하는 기업 및 단체의 대회나 집회 및 모임을 의미하였다. 그러나 국제간의 교류가 증진되면서 점차 국제간 회의(international meeting)를 포함하게 되었으며, 무역전시회 및 교역전 등의 견본시가 부수적으로 동반되었다. 따라서 최근에는 컨벤션이 여러 가지 유형의 모임, 즉 1) 국제적인 현안을 토의하기 위한 국가간의 정부회의, 2) 회원간의 교류와 정보공유를 위한 협회회의, 3) 기업의 신상품 소개나 종업원들을 위한 기업회의 등을 포괄하는 개념으로 받아들여지고 있으며, 각종 이벤트가 부수적으로 개최되어 축제분위기를 겸하는 경우가 많다. 사전적 정의에 의하면 회의는 '여럿이 모여서 의논함 또는 그런 모임'으로 풀이되며, 국제회의는 '국제적인 이해사항을 토의 · 결정하기 위해 여러 나라의 대표들이 모여서 여는 회의'로 규정된다. 이 점에서 Astroff & Abby(1988)는 컨벤션을 '특별한 문제를 토론하기 위한 참가자들의 회의'로 정의하고 있다.

또한 컨벤션은 언어권, 문화권, 경제권별로 그 수용시기에 따라 개념이 조금씩 달리 받아들여지고 있다. 즉, 컨벤션(convention), 컨퍼런스(conference), 컨그레스(congress) 등이 사실상은 서로 유사한 개념이지만, 언어권과 수용국에 따라서 다소 다른 의미를 띄게 되는 것이다. 여기에서 컨벤션은 정치, 사회, 무역, 과학 등의 다양한 분야에서 특정한 주제에 관심을 가진 참가자들의 모임으로, 참가자들은 서로 정보를 교환하게 되고, 따라서 컨벤션은 새로운 지식을 습득하는 장소가 된다. 컨퍼런스는 보통 진행상 많은 토론과 참여를 필요로 하는 회의에 사용되며, 산업이나 무역은 물론 기술적이고 과학적인 분야에 관련되는 학술적인 주제를 가지고 새로운 지식을 얻고 관련문제를 해결하기 위해 대부분 연례적으로 개최하게 된다. 컨그레스는 컨벤션이나 컨퍼런스와 유사한 용어이며, 주로 대규모 국제회의를 일컫는 용어로서 유럽이나 영어권에서 주로 사용된다(황희곤 · 김성섭, 2002).

이밖에 포럼(forum)은 한 가지 주제에 대해 상반된 견해를 가진 유사분야 전문가들이 사회자의 주관하에 청중들 앞에서 패널리스트(panelist)나 발표자(presenter)로 나와 공개토론회를 하는 형식으로, 청중들의 질의 응답이 자유롭게 이루어진다. 심포지움(symposium)은 발표자가 특정 주제를 가지고 발표하고 청중들은 질의를 하지만 포럼에 비해 발표자와 청중들간 토론이 그다지 자유롭지 않다(Astroff &Abbey, 1998). 세미나(seminar)는 주로 교육 및 연구 목적으로 개최되며, 특별한 주제에 대해 전문가들이 나와 발표와 토론을 통해 경험과 지식을 공유하는데, 통상적으로 포럼이나 심포지엄보다 규모가 작다. 워크숍(workshop)은 어떤 문제를 해결하기 위해 특정 주제를 가지고 새로운 지식, 기술, 아이디어, 정보 등을 다루는 단기간의 집중적인 교육프로그램이다. 클리닉(clinic)은 참가자에게 특정분야의 지식과 기술을 습득시키고 교육시키며 문제를 해결하고 분석하기 위해 마련된 소규모 모임이다. 패널(panel)은

2명 이상의 연사를 초빙해서 전문적인 지식이나 견해를 나타내고 패널리스트와 청중 간에 자유로운 토의가 가능하며, 사회자가 중재자로서 토론을 이끌어간다. 강좌(institute)는 사업이나 전문직업인에게 특정 주제의 새로운 지식이나 교육기회를 제공하기 위해 열리는 교육회의다.

한편 20세기 후반 들어, 컨벤션산업이 급속하게 발전하게 됨에 따라 이상의 용어들이 나타내는 행사 자체가 그 내용과 형태 면에서 많은 변화를 겪게 되고, 다양한 행사를 포함하게 되었다. 따라서 컨벤션은 포괄적인 의미로 받아들여지고 있으며,컨벤션의 개념을 협의 또는 광의로 설정하느냐에 따라 그 개념이 달라질 수 있다. 그러므로 컨벤션의 개념을 제대로 규정하려면, 그것을 구성하고 있는 본질적인 요소들을 살펴볼 필요가 있다. 컨벤션은 주최자의 개최목적에 따라 프로그램의 유형, 양과 질, 구성 등이 달라진다. 이 목적을 달성하기 위해 주최자는 적절한 프로그램, 이벤트, 사교행사, 강연자와 진행자 등을 하나의 수단으로 사용한다. 동시에 이 목적은 참가자들의 다양한 참가목적, 즉 참가동기를 충족시킬 수 있어야만 달성 가능해진다. 참가자들은 그 참가목적에 따라 다양한 정보활동과 네트워킹을 통한 커뮤니케이션 활동을 하기 때문에 다양한 만남을 전제로 하게 된다. 그러므로 컨벤션을 구성하는 요소들은 크게 목적, 만남, 정보, 소통으로 구분해 볼 수 있다(박의서, 2005).

이처럼 컨벤션의 개념은 컨벤션의 본질에 대한 정확한 인식과 이해를 바탕으로 정의되어야 한다. 따라서 컨벤션은 사람과 조직, 네트워크 등이 특정한 목적을 달성하기 위해 지역, 장소, 시설 등에서 만남을 형성하고, 그 만남을 기

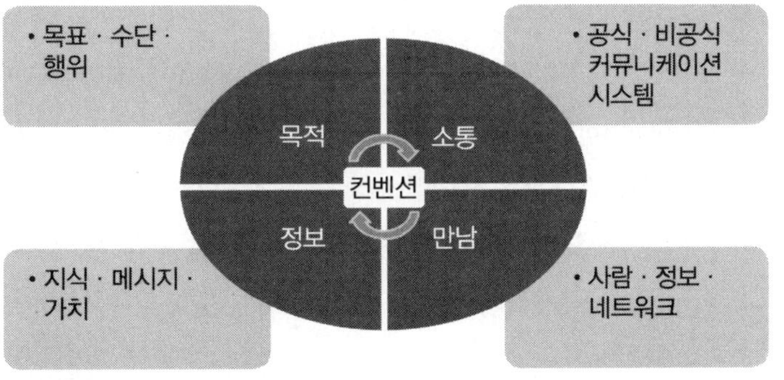

그림 1-1 컨벤션의 본질적 구성요소

초로 정보, 지식, 이미지, 비전 등을 대상으로 한 커뮤니케이션이 원활하게 이루어질 수 있도록 하는 종합시스템이라고 정의할 수 있다(이은수 · 서진우, 2010).

이상의 내용을 종합하면, 컨벤션이란 이제 국제회의에 국한되기보다 호텔 · 관광, 전시 · 박람회, 공연 · 이벤트, 협회 · 기구의 운영과 관련해 만나고(meeting), 정보를 교환하며(communication), 교제하고(friendship), 관광하는(tourism) 사회적 기능을 포괄하는 의미를 갖는다. 이것이 바로 컨벤션의 매력이며, 가능성이고, 사람들이 컨벤션을 좋아하는 이유가 된다.

이 점에서 최근 우리 사회에 널리 통용되는 용어로, '컨벤션 효과'란 말이 있다. 전당대회와 같은 정치 이벤트 직후 지지율이 상승하는 현상을 말하는데, 단순히 정치 분야에서만 통용되는 것이 아니라 정치 · 경제 · 사회 · 문화 전 분야에 널리 쓰이고 있다. 이처럼 컨벤션은 단순히 일부 사람들만의 회의나 이벤트에 제한되는 것이 아니라 사회 현상을 대변하는 복합적인 용어 내지 가치로까지 그 범위와 경계를 넓히고 있다. 사람들이 모여서 회의를 하고, 정보와 지식을 교환하고, 사교와 거래의 네트워킹을 하고, 일상탈출의 이벤트를 하고, 관광을 할 뿐만 아니라, 결혼식을 하고, 대회를 치루고, 뮤지컬을 하는 등에도 '컨벤션 한다'는 말이 일상화되었다. 그야말로 지금은 사람들이 모여서 자유롭게 컨벤션을 하고 컨벤션을 전하는 '컨벤션 시대'라고 할 수 있다.

2 MICE와 관광

MICE는 회의(Meeting), 보상관광(Incentive Tour), 국제회의(Convention), 전시(Exhibition)를 포함하는 융복합개념이다. 혹 E를 Event나 Entertainment로 보는 견해도 있어, 행사의 주체나 내용에 따라서 E를 전시, 이벤트, 엔터테인먼트를 포괄하는 것으로 폭넓게 해석할 수도 있다. 그동안 싱가포르를 위시한 동남아국가들과 미주, 유럽, 국제기관 등이 MICE에 대해 다양한 해석들을 제시해 왔다.

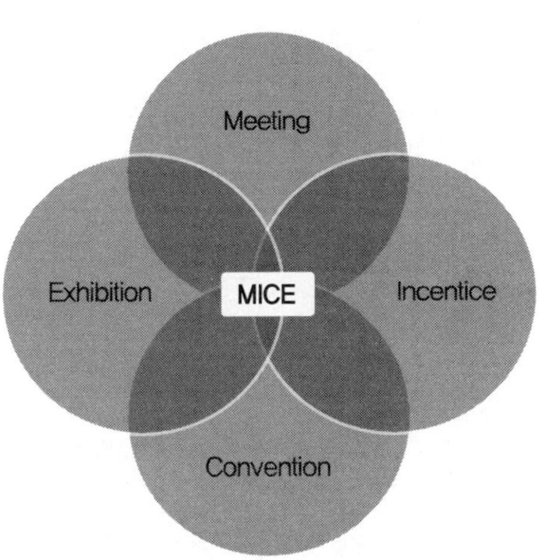

우리나라에서는 2010년 제 22차 국가경쟁력강화위원회에서 기존의 전시 · 컨벤션산업을 MICE산업으로 규정하고, 국가 및 개최도시의 브랜드가치를 제고하고 연관산업과의 전후방 경제적 파급효과가 큰 신성장동력산업으로 천명하면서, 학계와 산업계에서도 MICE로 용어를 통일해 부르기에 이르렀다.

여기에서 Meeting은 가장 큰 비중을 차지하는 기업회의(corporate meeting)로 제한하기도 하지만, 일반적으로 기업, 협회, 정부, 개인 회의를 모두 포함하는 것으로 본다. BECA(Business Event Council of Australia)는 회의를 공동의 목적과 정보를 공유하기 위한 사람들의 모임(컨벤션, 컨그레스, 컨퍼런스, 세미나, 워크숍과 심포지엄을 포함)으로 정의하며, 기업 비즈니스(corporate business)와 협회회의(associate meetings)의 두 가지 유형으로 분류한다. 이에 반해 CIC(Convention Industry Council)는 회의를 행사의 개념으로 보고, 참가자들의 일차적인 활동이 교육 세션, 회의, 토론에 참가하거나 사교 및 조직된 행사에 참가하는 이벤트로 파악하고 있다. 그런가 하면 회의를 커뮤니케이션 측면에서 보고, 정보공유의 목적을 가진 사람들이 모여서 토의하고 조직 및 운영의 문제들을 해결하는 이벤트로 정의하기도 한다. 이러한 회의는 규모가 작은 이벤트로서, 몇 몇 대표들이 참가하는 기업회의, 세미나, 심포지엄, 훈련프로그램 등이 될 수 있다.

Incentive Tour는 주로 기업에서 업무수행에 대한 보상과 동기부여를 위해 실시하는 관광으로서 업무적 성격보다는 레저의 성격이 강하게 나타나는 관광이다. SITE(The Society of Incentive & Travel Executives)는 인센티브를 '참가자들에게 동기부여와 업무적 재인식의 목적을 가지고 실시되는 세계적 경영 수단으로 규정하고 있다. 이 점에 대해 ICCA(국제컨벤션협회: International Congress & Convention Association)는 일종의 회의 이벤트로 보고, 실적에 대한 보상 차원에서 참가자들에게 제공되는 프로그램의 일부로 본다.

Convention은 등록자들이 주로 교육세션, 회의 및 토론, 사교, 조직된 엔터테인먼트 등에 참가하는 이벤트로 정의되며(CIC), 2차적인 구성요소로서 전시가 수반되는 특징이 있다. IACVB(International Association of Convention & Visitor Bureau)는 컨벤션을 합법적 기구 혹은 사교적이거나 경제적인 조직의 대표자나 회원들이 정보제공과 참가자간 정책합의 등의 공동 목적을 위해 개최하는 모임으로 정의하고 있다. 그리고 UIA(국제협회연합: Union of International Association)는 최소한 300명 이상의 참가자, 참가자 중 외국인이 40% 이상, 5개 이상의 참가국, 3일 이상의 연속된 회의기간 등으로 구성된 국제회의로 정의해 행사규모에 의미를 두고 있으며, ICCA는 최소한 50명의 참가자, 3개 이상의 참가국이 순회하면서 정기적으로 개최하는 국제회의로 규정해, 정기적인 개최에 비중을 두고 있다.

Exhibition은 유무형의 상품(제품, 기술, 서비스)을 매개로 특정한 장소(전시장)에서 일정기간 동안 방문객과 참가업체가 상품거래와 홍보 등을 주목적으로 진행하는 일체의 마케팅활동으로 정의된다. 미국의 국제전시경영협회(IAEM, International Association for Exhibition Management)는 전시회를 'Exposition'으로 표현하며, 구매자(buyer)와 판매자(seller)가 진열된 상품 및 서비스를 서로간의 상호작용을 통해 현재 혹은 미래 시점에 구매할 수 있도록 조성된 일시적인 시장'으로 정의하고 있다. 전시회는 Fair, Exhibition, Exposition 등 다양하게 표현되지만, 일반적으로 Exhibition이 많이 쓰인다.

이상을 종합하면 MICE는 회의(Meeting), 보상관광(Incentive Tour), 국제회의(Convention), 전시(Exhibition)를 융복합한 산업이다. 하지만 실무적으로는 컨벤션 행사 내에 소규모 미팅, 대규모 국제회의, 인센티브, 전시 등이 포함되어 있어, 컨벤션이 확대 진화된 개념으로도 볼 수 있다. 이 점에서, 국제협회연합(UIA)은 해마다 국제회의(컨벤션)를 기준으로 매년 세계 순위를 발표하고 있는데, 2012년 한 해 동안은 전 세계에서 총 10,498건의 국제회의가 개최되었다(2011년 10,743건). 이 중에서 한국은 총 563건(2011년 469건)의 국제회의를 개최해 세계 5위, 세계시장점유율 5.6%를 차지해, 전년 대비 개최 건수 및 점유율에서 모두 20%가 넘는 상승률을 기록했다. 특히 싱가포르가 952건으로 1위, 일본이 731건으로 2위를 차지해, 2012년도에는 아시아가 국제회의시장을 선도하는 추세를 그렸다. 뒤를 이어 미국이 658건으로 3위, 벨기에가 597건으로 4위를 차지했다. 그리고 프랑스는 494건으로 6위, 오스트리아가 458건으로 7위, 스페인이 449건으로 8위, 독일이 373건으로 9위, 호주가 287건으로 10위를 기록해, 여전히 유럽의 건재함을 나타냈다. 따라서 이 책에서는 주로 MICE 중에서 '컨벤션'을 중점적으로 다루고자 한다.

한편 전통적인 관광시장을 살펴보면 레저관광의 비중이 높은 편이나, 최근 들어 경제교류가 글로벌화 됨에 따라 비즈니스 여행의 비중이 점점 증가하고

▶ 표 1-1 2012년 UIA 국제회의 국가별 개최순위

순위	국가명	개최 건수		순위	도시명	개최건수	
		2012년	2011년			2012년	2011년
1	싱가포르	952	919	1	싱가포르	952	919
2	일본	731	598	2	브뤼셀	547	464
3	미국	658	744	3	빈	326	296
4	벨기에	597	533	4	파리	276	336
5	대한민국	563	469	5	서울	253	232
6	프랑스	494	557	6	도쿄	225	153
7	오스트리아	458	390	7	바르셀로나	150	150
8	스페인	449	386	8	코펜하겐	150	450
9	독일	373	421	9	마드리드	149	116
10	호주	287	329	10	런던	119	105

자료원: 한국관광공사(KTO)

있으며, MICE가 급속히 성장하고 있다. 최근 들어 많은 국가들이 MICE에 관심을 높이는 이유는 일반 레저관광객들보다 2~3배 이상의 높은 비용을 지출하면서 행사의 규모가 커서 경제적 파급효과가 크기 때문이다. 그리고 관광비수기에도 숙박업, 항공업, 회의개최시설, 음식업 등의 관련 서비스업계에 이익을 발생시키는 장점이 커서이다. 최근 들어 고부가가치 관광육성 차원에서 정부가 MICE에 주목하는 이유도 바로 이 점에 있다.

흔히 MICE를 '관광산업의 꽃'이라 부르는 데는 이러한 파급효과의 힘이 크다. MICE는 자체적으로도 부가가치가 높지만 기본적으로 연관산업간에 상호의존성이 강하고 대규모 장치시설을 필요로 하므로 이들을 통합하여 육성할 경우 상호 시너지 효과가 더 크게 나타난다. 전시회와 컨벤션을 개최하기 위해서는 전시컨벤션센터와 같은 랜드마크적인 대규모시설 외에 숙박, 음식, 인쇄, 통신, 문화, 운송, 광고, 이벤트, 오락, 영상(A/V) 등과 현지지원업체(DMC), 전시디자인 및 장치업체, 컨벤션기획업(PCO), 컨벤션뷰로(CVB) 등의 독립된 사업체들이 특정지역에 클러스터(cluster)를 형성해서 MICE 산업군으로서의 기능을 전체적으로 발휘해야 한다.

이처럼 유형의 장치와 무형의 서비스가 서로 융복합산업으로 뭉쳐서 성장동력의 기능을 하므로 고용창출은 물론 최신 지식과 정보의 생성, 기술 및 기능의 발전 측면에서 시너지가 발생하게 되는 것이다. 이러한 클러스터적 기반은 MICE를 도시 컨셉트(convention city)로 접근하게 하므로 국가 차원으로 전략사업화 할 수 있는 근거가 된다. 즉, MICE산업은 단순히 시설이나 특정 기업의 서비스 수준으로 경쟁력이 결정되기보다는 도시 이미지와 관련 인프라에 의해 좌우되기 때문에 장기적인 관점에서 국가, 적어도 도시(지역) 차원에서 산업전략을 디자인하고 인프라를 구축해야 한다. 이를테면, 싱가폴이나 마카오, 라스베가스 등이 컨벤션효과를 통해 관광의 브랜드를 제고함으로써 도시경쟁력을 재창조한 사례가 이에 해당된다. 이러한 특징을 감안할 때 MICE는 기존 산업간의 융합을 통한 새로운 종합서비스업이라는 정의와 접근방식이 필요하며, 그 결과 '관광산업의 꽃'을 피울 수 있는 효과가 나타나는 것이다.

실제로 MICE는 '황금알을 낳는 산업'으로도 불리듯이, 외화 가득액이 여타 문화산업보다 월등히 많은 것으로 추산된다. 2007년 기준으로 MICE의 경제규모가 3조 7천억원에 달할 정도로 급속히 성장하고 있어, 서비스 산업에서 주목받고 있는 영화산업의 3조 2천억원을 추월하고 있다. 특히 동 산업에서 외국인이 지출한 규모(외화 가득액)가 11.7억 달러로 게임(7.8억 달러), 출판(2.1억 달러), 캐릭터(1.5억 달러), 영화(0.2억 달러) 산업을 크게 웃돌고 있다. 이러한 수치를 뒷받침하는 것으로, 2011년도 우리나라에서 개최된 MICE 행사는 총 116,701건, 참가자 수는 약 2,683만 명, 이 중 외국인 참가자는 약 96만 명, 이로 인한 생산유발효과는 약 28조원, 고용유발효과는 27만명, 소득유발효과 약 4조 6천억 원, 부가가치유발효과 약 10조 6천억 원, 수입유발효과 약 4조 원, 간접세 유발효과 약 1조 2천억 원으로 분석된다. 이는 국내총생산(GDP) 대비 0.8%이며, 외화가득률 면에서는 실질수출효과가 90%로, 자동차(71%), TV(60%), 휴대전화(52%), 반도체(43%) 등 우리나라 주요산업보다 훨씬 더 높은 수치다(한국관광공사, 2011; 아시아경제, 2013.1.21). 또한 한국에서 개최된 국제회의 참가자의 1인당 평균 소비액이 2009년 기준으로 2,488달러에 이르러, 892달러인 일반관광객의 2.7배 이상의 지출효과를 나타내고 있다. 유럽과 호주의 경우에는 MICE 참가자의 소비액이 일반관광객보다 5배 가량 더 높은 것으로 조사된다. MICE 참가자의 체류기간은 일반 관광객의 1.4배에 달한다(한국관광공사, 2010).

따라서 우리나라 정부는 2009년에 17대 신성장동력으로 MICE산업을 선정하면서 2018년까지 약 48만 명의 일자리 창출이 가능하다고 분석한 바 있다. 실제로 정부는 2010년 G20 정상회의를 계기로 전시 · 회의 산업이 무역 활성화, 내수 진작, 일자리 창출, 관광수지 개선 등의 경제적 성장 가능성이 매우 큼을 확인하고 적극적인 육성정책을 수립하고 구체적인 지원체계를 마련하고 있다(국가경쟁력강화위원회, 2010). 특히 회의산업은 지식기반 서비스산업으로서 고소비 · 양질의 관광객을 대량 유치할 수 있으며, 국제회의 참가자들은 각국 해당분야의 여론 선도층으로서 국가를 제대로 알릴 수 있는 기반이 될 뿐 아니라 G20 정상회의, 다보스포럼 등 대형회의 개최시에는 세계의 관심이 집중되므로 매우 효과적으로 국가를 홍보할 수 있는 기회가 된다. 뿐만 아니라 이들은 국제적 영향력이 커서 민간외교를 촉진할 수 있으며, 회의 이후 관광객으로서 재방문할 가능성도 높다.

실제로 성공적인 MICE 도시들은 관광인프라를 통해 참가자들을 유치하고 있으며, MICE가 관광의 핵심동력으로 작용하고 있다. 우리나라가 2012년에 외래관광객 1천만명을 돌파하게 된 배경에도 MICE를 신성장동력으로 지정해 G20, 핵안보정상회의 등을 적극적으로 유치하고 성공적으로 개최함으로써 우리나라의 국격을 높이고 매력을 발산해 방문객을 끌어들인 효과가 크다. 참고로 우리나라의 국제회의 개최순위는 2008년 세계 12위에서, 2010년 8위, 2011년 6위, 2012년 5위로 급상승하고 있다. 그리고 주요 도시별 MICE 순위를 보면 싱가포르, 브뤼셀, 파리 등 세계 관광을 선도하는 국가들의 MICE 개최건수가 현저히 높음을 알 수 있다. 이는 MICE가 관광산업의 중심축을 형성하고 있으며, MICE를 통해 세계적인 관광도시로 성장할 수 있음을 보여주는 수치다. MICE산업은 전 세계적으로 1천 5백억 달러 규모의 시장에 이르고, 연평균 성장률이 20%에 달한다. 2010년부터 2020년까지 전 세계적으로 연평균 4.1%의 국제관광객(international tourist arrivals)이 성장할 것으로 예상되며, 특히 동아시아와 태평양지역은 이를 상회하는 6.5%의 성장이 전망된다(대한국토 · 도시계획학회, 2012).

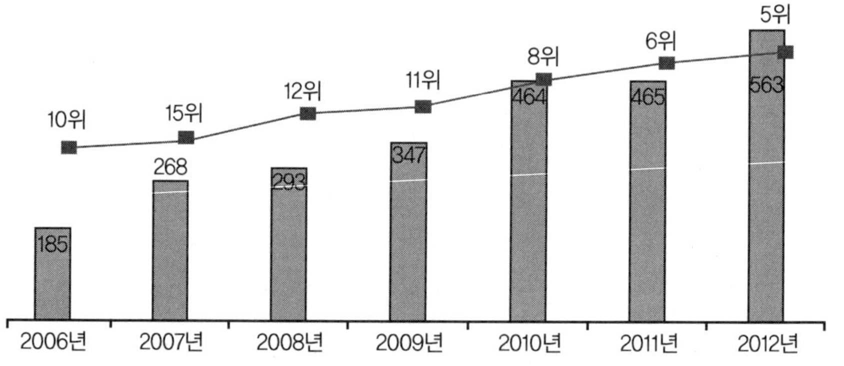

그림 1-2 우리나라의 UIA 기준 국제회의 개최 순위 추이
자료원: 한국관광공사, 2012

3 MICE 모델도시, 싱가포르의 사례

싱가포르는 전체면적이 692.7 km^{2}로 서울(605 km^2)과 비슷하고 제주도(1,849 km^2)의 1/3에 해당하는 도시국가이다(위키백과, 2011년 기준). 1인당 GDP는 5만달러(2010년 기준)에 달하며, IMF 통계에 의하면 카타르, 룩셈부르크에 이어 세계 3위를 차지하는 수치다. 싱가포르의 국가경쟁력은 스위스 국제경영개발원(IMD)의 평가에서 세계 1위(2010년 기준), 세계경제포럼(WEF) 평가에서 세계 2위, 세계은행(The World Bank)의 비즈니스리포트에서 '사업하기 좋은 나라' 1위를 기록하고 있다. 여러 국제기구의 조사에서 보여주듯이 2000년 후반 이후, 싱가포르의 경쟁력은 전 세계 1, 2위를 나타내면서, 현재도 꾸준한 성장률을 보여주고 있다. 하지만 2000년대 초반, 싱가포르는 미래의 경제성장에 대해 국가적인 위기감을 느끼고 있었다. 그 저변에는 싱가포르의 전통적인 경쟁산업인 제조업의 저하와 함께 관광산업에 대한 위기감이 도사리고 있었다.

사실 제조업의 부진은 전 세계 선진국의 공통된 현상이지만, 싱가포르의 경우는 중국의 부상과 젊은층의 이공계 기피현상에 주로 기인한다. 그리고 관광산업은 인접국인 말레시아, 필리핀, 인도네시아 등과 비교할 때 역사도 일천하고 내세울만한 자연관광자원도 빈약해, 1998년 8% 성장률의 관광산업이 2002년에는 6%로 내려앉았고, 관광객의 평균체류일수도 4일에서 3일로 감소하고 있었다. 관광산업과 제조업의 위기상황은 실업문제에도 악영향을 미치리라는 정부의 정책판단에 의해, 정부는 새로운 경제성장동력으로서 서비스산업 육성에 관심을 갖게 되었다. 따라서 쇠퇴일로의 관광산업을 다시 일으켜 세울 수 있는 미래 대안으로서, MICE산업 육성을 전략적으로 검토하기에 이르렀다. 싱가포르 건국의 아버지인 리콴유의 아들, 리센룽은 2004년 총리에 취임하자마자 일자리 창출과 국가 브랜드 이미지를 위해서 복합리조트사업(IR; Integrated Resort)을 추진하기로 결정했다. 사실 싱가포르는 강력한 통제와 많은 벌금 조항 등으로 깨끗하고 범죄가 없고 부정부패가 없는 도덕국가이긴 하지만 '벌금의 천국'으로 인식되며, 무미건조한 '재미없는 도시(Boring City)'의 이미지도 있었다. 이에 리센룽 정부는 '유연하고 깨끗한 싱가포르'를 지향하면서 활력 있는 싱가포르(A Lively and Livable Singapore)의 이미지를 구축키로 하였다. 그리고 이러한 국가 이미지 리브랜딩의 수단으로 매력적인 관광지 개발 즉, 체류형이 아닌 목적형 관광을 위해 복합 리조트(IR)를 개발하기로 결정하게 되었다. 이를 통해 급격히 증가하는 중국인 관광객을 유치하고 MICE 산업 육성과 고용창출 등 국가발전의 부수적인 측면으로 Gaming 산업을 포함한 복합리조트단지를 구상하기 시작했다.

복합리조트(IR)는 크게 비즈니스형과 패밀리형으로 구분되는데, 싱가포르 다운타운에 건설된 마리나 베이 샌즈(Marina Bay Sands)는 비즈니스형 IR이고, 센토사 섬에 건설된 리조트 월드 센토사(Resort World Santosa)는 패밀리형 IR이다. 마리나베이 샌즈는 라스베가스 샌즈사가 총 개발비용 90억(싱가폴달러, 약 8조원 규모)을 투입해 싱가포르 금융센터 인근에 있는 약 15만 m^2의 부지 위에 총 연면적 58만 m^2로 설립한 복합리조트다. 리조트는 객실 2,560개의 호텔(55개층 규모의 3개 타워, 최상부는 3개 타워를 연결한 하늘공원(Sky park)이 있고, 그 안에는 도시를 한눈에 조망할 수 있는 수영장이 있음), 1만5천 m^2의 Gaming 시설, 대규모 쇼핑몰(7만4천m^2), 극장, 박물관, 나이트클럽,

그림 1-3 마리나 베이 샌즈 시설 개요
주. 1. 호텔, 2. 하늘공원, 3. 게이밍시설, 4. 쇼핑몰, 5. 극장, 6. 박물관, 7. 컨벤션 센터, 8. 크리스탈 파빌리온, 9. 이벤트 프라자

이벤트 플라자 등으로 구성되어 있다. 그리고 4만5천명을 수용할 수 있는 5층 규모 12만 m^2의 컨벤션센터가 연결되어 있다. 컨벤션센터는 동남아시아에서 가장 큰 대연회장(Grand Ballroom)을 포함하고 있어, 적어도 6,600명의 만찬을 한꺼번에 진행할 수 있으며, 11,000명의 극장식 컨벤션 개최도 가능한 시설이다(대한국토 · 도시계획학회, 2012).

리조트 월드 센토사(Resort World Sentosa)는 싱가포르의 유명 관광지인 센토사 섬 남부에 위치해 있으며, 부지규모 48만m^2에 총공사비 66억 싱가포르 달러(약 5조 6천억원)가 투입되었다. 단지 내 시설로는 아시아 지역 최초의 유니버설 스튜디오와 함께 생태공원, 해양사박물관 등이 구성되었다. 그리고 다양한 가족단위 관광객을 만족시키기 위한 크록포드 타워, 하드 록 호텔, 페스티브, 에쿠아리우스, 마이클 등 여러 형태의 호텔들이 건설되었다. 테마파크인 유니버설 스튜디오는 할리우드, 뉴욕, 고대 이집트, 파파 어웨이, SF 시티, 마다가스카, 잃어버린 세계 등 7개의 테마로 구성되어 있다. 총 24개의 놀이시설이 있으며, 이중 18개는 싱가포르에서만 최초로 선보인 독특한 것들이다. 그 안에는 30개 이상의 음식점과 20여개의 상업시설들이 입점해 있으며, 미국의 디즈니 월드를 연상시킨다. 해양생물 생태공원인 마린 라이프 파크는 8만 m^2에 이르는 해양생물 생태공원으로, 5.5톤 규모의 시설에 약 10만종의 물고기들이 관람되고 있다.

그림 1-4 리조트 월드 센토사 시설 개요

주. 1. 유니버설 스튜디오, 2. 마린 라이프 파크, 3. 뮤지엄, 4. Gaming 시설이 두 복합리조트(IR)가 개장된 2010년에 이르러, 관광객은 총 1,164만명으로 2009년 대비 20% 이상 증가했으며, 매출액은 188억 S$로 전년대비 49%의 증가율을 보였다. 2011년에는 관광객이 1,320만명으로 전년대비 12% 증가했고, 2012년에는 1,440만명으로 전년대비 9% 증가율, 매출액은 223억 달러에 이르렀다(대한국토 · 도시계획학회, 2012).

이는 타국가들의 관광산업이 여전히 경제위기 국면에서 벗어나지 못하고 있는 점과 대조를 이루는 것으로, 싱가포르는 IR 개장 이후 급격히 회복국면으로 진입할 수 있었던 덕택으로 보인다. IR 개장 이외에 관광명소 단장 및 신규 관광명소 소개, 경제회복, 여행사 증가 등도 영향을 미쳤으나, MICE 행사 참석률이 15~20% 가량 증가한 점을 감안하면, 주로 마리나 베이 샌즈 및 리조트 월드 센토사 개장에 따른 MICE시설 확대 및 신규 MICE 행사 유치에 힘입은 바 큰 것으로 추정된다.

2010년 기준으로 아시아 국가의 관광수입을 살펴보면, 홍공이 210억 US$, 태국 198억, 싱가포르 188억, 일본 132억, 한국 98억 순으로 나타나 있다. 총 관광수입 면에서 싱가포르는 홍콩과 태국보다 방문 관광객 수는 적으나 1인당 관광수입은 상대적으로 큰 편으로, 타 국가에 비해 고부가가치 관광수익을 창출하고 있는 것으로 해석된다. 또한 한국과 일본에 비해서는 월등히 높은 관광객 규모와 수입을 창출하고 있어, 싱가포르가 적은 인구(510만 명)와 좁은 면적(693km^2)의 도시국가인 점을 감안해 볼 때 관광산업의 흡인력이 상당히 높음을 방증하고 있다.

싱가포르를 방문하는 국적별 관광객은 인도네시아가 가장 높은 비중을 차지하며, 중국, 말레이시아, 호주, 인도 순의 분포를 나타내고 있다. 그리고 아시아 국가를 제외한 기타국가의 비중이 35~40%에 달해, 관광객들이 인접 국가뿐만

▶ **표 1-2 싱가포르 관광객 추이**

	2005	2006	2007	2008	2009	2010	2011
관광객(만명)	894	975	1,028	1,012	968	1,164	1,300
전년대비증감율(%)	–	9.0	5.5	–1.6	–4.3	20.2	11.7

아니라 다양한 국가에서 방문하고 있음을 알 수 있다. 특히 주목할만한 변화는 IR이 개장된 2010년 이후 중국인 관광객이 급증하고(2010년 전년대비 25%, 2011년 40% 증가), 그 비중 또한 늘어가고 있다. 이는 당초 IR 조성시 중국인 관광객이 증가할 것으로 기대했던 바와 유사한 효과로, IR의 관광객 유치전략이 성공했음을 시사하는 측면이다.

한편, 복합리조트에 초점을 맞추어 관광객 추이를 살펴보면, IR 이용자의 70% 이상이 외국관광객으로 구성되어 있다. 또한 IR 내 호텔 투숙객의 85%가 외국관광객인 것으로 조사되며, 특히 IR 내 Gaming 이용자의 65%가 외국인으로 파악된다. 특히 두 가지 타입의 IR 중에서는 Biz 형인 마리나 베이 샌즈의 관광객 유치 효과가 Family 형인 리조트 월드 센토사보다 상대적으로 더 크게 나타나고 있다. 개략적인 연 방문횟수는 마리나 베이 샌즈가 약 2천만 회, 리조트 월드 센토사가 약 1천 5백만 회를 기록하고 있어(이는 중복 계산된 것으로 방문객 수를 의미하지 않음), 도심에 위치한 Biz형이 Family 형에 비해 상대적으로 방문회수가 큰 것으로 파악된다.

관광수입 측면을 살펴보면, 2010년 관광객 1인당 지출액이 1,600S$ 달러로 2009년 1,200 S$에 비해 26% 가량 증가해 있다. 관광객의 지출 부분 중 레

▶ **표 1-3 싱가포르의 국적별 관광객 구성 추이**

관광객(천명)	2008		2009		2010		2011[1]	
합계	10,116	100%	9,683	100%	11,639	100%	13,000	100%
인도네시아	1,765	17.5%	1,745	18.0%	2,305	19.8%	2,548	19.6%
중국	1,079	10.7%	937	9.7%	1,171	10.1%	1,625	12.5%
말레이시아	647	6.4%	764	7.9%	1,037	8.9%	1,079	8.3%
호주	833	8.2%	830	8.6%	880	7.6%	949	7.3%
인도	778	7.7%	726	7.5%	829	7.1%	845	6.5%
필리핀	419	4.1%	432	4.5%	544	4.7%	676	5.2%
일본	571	5.6%	571	5.9%	529	4.5%	634	4.9%
기타	4,023	39.8%	3,677	38.0%	4,343	37.3%	4,645	35.7%

[1] 2011년 자료는 1월부터 9월까지의 기간 기준을 바탕으로 예측

저 및 Gaming의 규모가 전년대비 14배 이상 성장세를 기록해, 2010년 관광객의 지출액 증가는 레저 및 Gaming 시설 이용에 기인한 것으로 추정된다. 이밖에 쇼핑 및 숙박 부문에서도 1인당 지출이 각각 7%, 11% 증가하였으며, 식음료 부문도 13% 증가해 방문객의 양적 증가뿐만 아니라 관광 콘텐츠의 질적 향상에 따른 관광수입의 개선이 현저하게 진행되고 있다. 특히 레스토랑, 쇼핑 등에 세계적인 프랜차이즈 및 유명 브랜드들이 들어옴에 따라 쇼핑의 고급화, 레저 기회의 확대로 지출규모도 크게 증가한 것으로 이해된다.

IR의 매출 구조를 살펴보면, 마리나 베이 샌즈는 2010년 총 16.6억S$(한화 1조 4,933억원)의 매출을 나타냈고, 이중에서 Gaming부문이 약 80%, 호텔 7%, 식음 6%, 컨벤션과 소매업이 약 7% 비중을 차지하고 있다. 리조트 월드 센토사는 2010년 총 27억 S$(한화 2조 4,288억원)의 매출을 기록했으며, Gaming 부문이 매출액의 85~90%, 기타 호텔 · 식음 · 소매 · 테마파크 등이 10~15%를 차지하고 있다(대한국토 · 도시계획학회, 2012).

이상의 매출액 구성을 보면, IR 내 다양한 시설에 대한 방문객들의 Gaming 시설 이용이 IR 매출의 큰 비중을 차지하고 있음을 알 수 있다. 그리고 Gaming 시설 방문객 중 65%가 외국 방문객임을 고려할 때 IR 매출의 상당부

▶ **표 1-4 관광객의 평균 지출비용 변화**

연도	2009		2010		1인당
	1인당 지출액(S$)	전체 지출액 (백만 S$)	1인당 지출액(S$)	전체지출액 (백만 S$)	지출 변화율 (%)
합계	1,280.64	12,400	1,615.31	18,800	26%
쇼핑	320.16	3,100	343.68	4,000	7%
숙박	278.85	2,700	309.31	3,600	11%
음식 및 음료	144.59	1,400	163.25	1,900	13%
의료	82.42	798	81.62	950	−1%
레저 및 Gaming	23.03	223	352.27	4,100	1,430%
기타	391.73	3,793	378.05	4,400	−3%

자료: STB, Tourism Focus, 2010
주 1. 관람과 여가비용은 복합리조트에서 발생하는 여가와 오락시설의 입장료로 구성됨
주 2. 기타 비용은 항공요금이나 항구 세금, 교통수단, 교육에서 발생하는 비용을 포함

▶ 표 1-5 마리나 베이 샌즈의 매출액 구성

2010년 부분별 매출	매출	매출 비율
Gaming	13,25.7백만 S$ (한화 기준 1조 1,925 억원)	80%
호텔	123.1백만 S$ (한화 기준 1,107억원)	7%
F&B	104.4백만 S$ (한화 기준 939억원)	6%
컨벤션, retail, 기타	109.2백만 S$ (한화 기준 982억원)	7%
	총 매출: 16.6억 S$	

▶ 표 1-6 리조트 월드 센토사의 매출액 구성

2010년 부분별 매출	매출
Gaming	85%~90%
호텔, F&B, retail, 테마파크 기타	10~15%
총 매출: 27.0억 S$	

분이 외국 방문객의 소비에서 발생함을 추론해 볼 수 있다.

한편 싱가포르는 IR을 통해 약 3만 3천 명 정도의 고용을 창출한 것으로 분석되고 있다. 2007년 이후로 2009년까지 세계경기 침체에 따라 싱가포르의 실업률이 상승하였으나, 2010년과 2011년에 들어서는 하락추세로 전환하였다. 이는 IR 개장에 따라 관광산업이 성장하고 방문객이 증가한 2010년을 기점으로 싱가포르의 고용이 증가하고 실업이 감소한 것으로 해석되는 증거다. 구체적으로 IR의 직접 고용효과를 살펴보면, Biz형의 경우 40대 이하의 고용자가 약 77%의 비중을 차지하고 있어, IR이 청년 고용 창출에 크게 기여하고 있음을 알 수 있다. 또한 Family 형의 경우도 20~30대 초반의 고용비율이 약 50%이고, 피크 시즌의 경우에는 약 20% 정도의 인력을 임시로 고용하고 있어 청년 실업 완화에 크게 기여하는 것으로 추정된다(대한국토 · 도시계획학회, 2012).

이밖에 IR 도입에 따라 도박세, 상품 및 서비스 세금이 높은 증가율을 보이고 있는데, 도박세(19.3%)와 상품서비스세(16.1%)는 관광객의 증가에 따른 증가분으로 추정된다. 싱가포르 전체로 볼 때 소득세와 재산세, 자동차세가 감소한 것을 감안하면 IR로 부족한 재정을 충당한 것으로 볼 수 있다.

IR 도입후의 경제성장 효과를 측정해 보면, 싱가포르의 2010년 GDP 성장

▶ **표 1-7 싱가포르의 경제성장률 변화 추이**

연도	2005년	2006년	2007년	2008년	2009년	2010년	2011년(주)
GDP	2,088	2,269	2,468	2,505	2,486	2,846	2,989
성장률	7.4%	8.7%	8.8%	1.5%	−0.8%	14.5%	5.1%

주. 2011년의 3분기까지의 자료를 평균하여 계산한 수치임
자료: 싱가포르 통계청(Singapore Department of Statistics)

률은 14.5%, 2011년은 5.1%로 추정된다. 통상적으로 평균 7~8%의 성장률을 기록하는 싱가포르 경제가 2009년 경기침체 영향으로 소폭의 마이너스 성장을 기록했으나 2010년 급격히 반등한 것은 2010년 개장된 IR의 영향이 큰 것으로 분석된다. 싱가포르에서 GDP 비중이 가장 높은 산업은 서비스업으로 약 60~65%의 GDP 비중을 자치하고 있는데, 이 서비스업 중에서 IR과 관련된 산업의 비중은 25~30% 수준으로, 싱가포르 경제의 큰 축을 담당하고 있다. 싱가포르 전체 산업구조 중에서 IR관련 비중은 제조업과 비슷한 규모이다.

IR 오픈 이후 싱가포르 정부가 발표한 자료에 의하면, IR로 인한 부가가치 창출액은 약 37억 S$로, 명목 GDP의 1.7% 향상에 기여하였으며, 약 3만명의 일자리를 창출한 것으로 분석된다. 이밖에 IR의 MICE 기능 강화로 글로벌 기업의 행사 이벤트와 거대규모의 인센티브 행사 유치가 수월해지고 있다. 또한 기존의 산업기반과 IR이 인프라 투자의 시너지효과를 일으켜 새로운 지하철, 조경시설, 모노레일, 주변지역 공원조성 등으로 도시 전체의 매력(attraction)이 강화되고 있다. 또한 IR 건물들의 독특한 건축형태는 도시이미지를 크게 업그레이드 시키고, 특히 마리나 베이 샌즈의 특특한 건축양식은 싱가포르의 중요한 랜드마크로 자리매김 해 도시 브랜딩에 매우 긍정적인 효과를 불러일으키고 있다. 샌토사 섬에 위치한 각종 이국풍의 건물들도 관광객들의 흥미를 자아내고 아름다운 도시로서 싱가포르의 이미지를 강화하는 데 기여하고 있다(대한국토 · 도시계획학회, 2012).

이상의 내용은 싱가포르의 국제회의 개최순위(UIA 기준)가 2010년 세계 3위에서 2011년 1위로 도약한 후 2012년에는 더 큰 폭리 증가세로 1위를 유지하는 데서 MICE 모델도시로서의 성과를 재확인케 해준다.

02 컨벤션을 하는 이유

1 컨벤션, 왜 하는가?

제주도와 제주컨벤션뷰로는 최근 국제협회연합(UIA)이 발표한 '2012 국제회의 개최순위'를 인용해, 한국은 총 563건의 국제회의를 개최하여 세계 5위, 제주는 78건을 개최함으로써 "세계 22위 · 아시아 8위 · 국내 2위"를 기록한 것으로 보도했다. 이는 전년도에 비해 세계 순위에서 4단계, 아시아 순위에선 2단계 상승한 성적으로, 컨벤션 역사상 최고의 성과다. 제주도는 2011년 68건의 국제회의를 개최해 세계 26위 · 아시아 10위 · 국내 3위였다. 여기에서 국제회의는 컨벤션을 일컫는 것으로, UIA의 통계에 집계되는 국제회의의 기준은 참가자 수 50명 이상이면서 국제기구가 주최하거나 후원하는 회의 또는 국제단체 및 국제기구 국내지부가 주최하는 회의 중 참가자 수 300명 이상, 외국인 40% 이상, 참가국 5개국 이상이면서 회의기간 3일 이상인 회의다.

제주도 관계자는 '최근 세계시장에서 아시아 국가 및 도시들이 비약적인 성장과 발전을 이룩했음에도 불구하고, 제주도가 4년 연속 세계 30위권, 7년 연

그림 2-1 일 제주 해비치호텔리조트에서 열린 제8회 제주포럼

속 아시아 10위권에 진입하는 상승세를 이어가고 있다'고 평가했다. 그리고 이는 제주가 MICE를 지역경제를 선도하는 신성장동력산업으로 선정해, 산 · 관 · 학 · 연이 '제주포럼의 다보스화'와 같은 뚜렷한 목표를 설정하고, 중앙정부와 지역주민의 힘을 결집시켜 최선을 다 한 결과로 해석했다(제주의 소리 2013.06.8, 제주관광공사).

국제협회연합(UIA)의 발표자료에 따르면 2012년 한 해 동안 전 세계에서 총 10,498건의 국제회의가 개최되었으며(2011년 10,743건), 한국은 세계시장 점유율 5.6%를 차지하면서 전년대비 개최건수 및 점유율에서 모두 20%가 넘게 상승률을 기록했다. 한국은 2010년 8위(464건), 2011년 6위(469건)에 이어 올해도 순위가 한 단계 상승해, 세계 국제회의 주요 개최지로서 높아진 국가의 위상을 보여주었다. 이번 성과는 문화체육관광부, 한국관광공사 및 각 지역 컨벤션뷰로(CVB), 마이스(MICE) 업계가 2012년 '한국컨벤션의 해' 캠페인을 실시하는 등 국내 국제회의 산업의 규모를 키우기 위해 민 · 관이 협력하여 최선을 다한 결과로 분석된다. 정부관계자는 '국내 마이스 산업이 세계적인 수준으로 성장할 수 있도록 국정과제로 관리하며 노력과 지원을 아끼지 않겠다'는 결의를 다지고 있다(뉴스와이어 2013.06.6, 문화체육관광부).

그러면, 왜 우리나라를 비롯한 세계의 도시들과 나라들이 이렇게 컨벤션에 열심을 내고, 분발을 하며, 순위에 관심을 갖고 경쟁을 할까? 컨벤션 산업계뿐만 아니라 지자체와 정부기관, 학교, 지역주민들까지 왜 컨벤션을 유치하는 데 혈안이 되어 있을까?

과거에는 UN을 중심으로 회원국들이 컨벤션을 열어 정치적 교류와 민간차원의 교류를 통해 세계평화를 유지하고 국제친선을 도모하는 역할을 수행해 왔다. 그러나 최근 들어서는 '굴뚝 없는 황금산업', '관광산업의 꽃' 등으로 불리는 컨벤션의 파급효과에 더 주목하게 되었다. 이 때문에 세계 각국은 전략적 차원에서 컨벤션산업을 21세기 핵심전략 산업으로 선정하여 지원하고 있다. 실제로 컨벤션산업은 전 세계 무역량의 8%, 서비스 수출의 35%를 차지하는 등 석유, 자동차산업과 아울러 세계 3대산업으로 성장하고 있다.

특히, 컨벤션 산업은 관광관련 산업 중에서 가장 높은 성장률을 기록하는 산업으로서, 높은 부가가치를 창출할 수 있는 경제적 파급효과를 갖는다. 실제로 컨벤션도시들은 국제회의 참가자들이 소비하는 관광수입으로 인해 고부가가치산업이 급속히 신장하는 효과를 누리고 있다. 뿐만 아니라 사회 문화적 측면에서도 다양한 효과를 거둘 수 있는 종합산업으로 평가된다.

실제로 국제적 컨벤션 목적지는 다양한 국가로부터 참가자들이 모여들기 때문에 세계의 문화가 접촉하는 요충지가 된다. 이 때문에 방문객들의 언어, 생활습관, 음식 등의 문화적 차이를 극복하는 과정에서 시민의식의 국제화를 도모할 수 있고, 개최지의 문화가 세계적으로 전파되며, 민간 차원의 문화교류를 촉진할 수 있다. 또한 컨벤션 유치 및 개최는 관련시설의 확충과 더불어 도로, 항만, 통신시설 등의 사회간접시설과 환경 개선에도 큰 영향을 미친다. 그리고 컨벤션 산업은 외국자본의 유입을 촉진하는 직접적인 수익원 역할 외에 국내 산업의 활성화를 촉진시키는 간접적인 효과가 높다. 뿐만 아니라 서비스산업으로서 고용을 창출하고 지역경제를 활성화시키며, 외화획득과 세수증대를 가져오는 고부가가치산업일 뿐만 아니라, 개최지역을 국제적으로 알리게 되고 지역사회의 이미지 개선을 통해 지역발전에 순기능 역할을 한다. 세계 각국은 고부가가치 관광산업이며 지식과 정보의 생산과 유통을 촉진하는 지식기반 산업인 컨벤션 산업의 중요성을 인식하여 컨벤션센터를 건립하고 마케팅활동을 강화

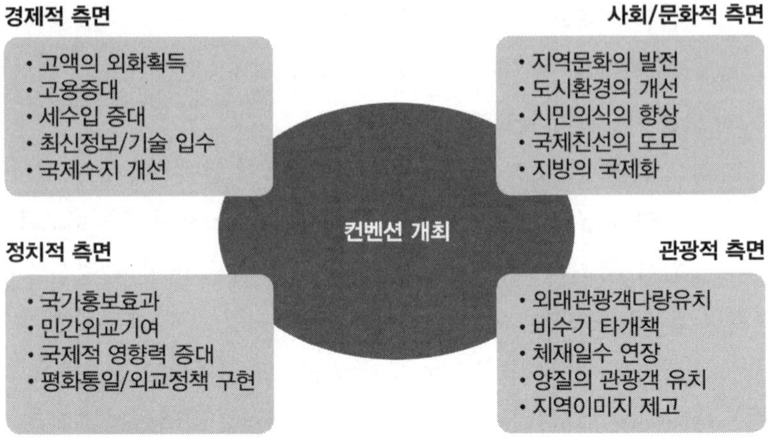

그림 2-2 컨벤션산업의 파급효과

자료: 박의서, 2005

하는 등 컨벤션 유치에 전력을 기울이고 있다.

게다가 컨벤션 참가자들은 대부분 해당 국가의 정치, 경제, 과학, 기술, 문화 등 관련 분야의 전문가로서 지도적인 위치에 있으므로 국가홍보에 큰 도움을 준다. 다보스포럼의 경우 민간 경제교류 촉진이 주된 참가목적이 되고, 제주포럼의 경우 통일 및 외교정책의 토론장으로 기능하며, G20의 경우 국제무대에서의 영향력을 증대시키고, 세계자연보전총회(WCC)의 경우 환경보전과 시민의식 향상에 크게 기여한 바가 있다. 이처럼 컨벤션산업은 국가와 지역 측면에서 국가 및 지역개발의 활력 도모, 대외 무역량 제고, 관광객 유치 증대를 가져오고, 경제적, 사회적, 정치적, 문화적 측면 및 관련 분야에서 많은 기대가 이뤄지고 있다.

2 컨벤션 효과의 사례

2.1 제주국제컨벤션센터(ICC JEJU)와 제주관광

다음은 제주국제컨벤션센터(ICC JEJU)의 구연석 전무가 제주의 소리(2008.12.2)에 '제주의 컨벤션 성과와 과제'를 내용으로 기고한 글로서, ICC

JEJU라는 하나의 컨벤션시설이 지역경제에 9천억원이 넘는 파급효과를 제공하고 있음을 알려준다.

> '흔히 국제회의산업을 '관광산업의 꽃'이라고 일컫는다. 이는 다종다양한 관광산업 중에서도 그 부가가치가 높고 경제 및 사회문화 발전에 있어서의 파급효과가 지대한 국제회의산업의 특성을 잘 나타내주는 말이라고 하겠다.
>
> 제주도의 경우 이러한 국제회의산업의 중심에 제주국제컨벤션센터(ICC Jeju)가 자리하고 있음은 주지의 사실이다. ICC JEJU는 2003년 3월에 개관한 이래 5년 반이 넘는 기간 동안 세계 각국에서 참가하는 유수의 대형 국제회의를 비롯하여 크고 작은 다양한 행사들을 유치하여 발전적인 성과를 거두어 왔다.
>
> 그 성과를 개략적으로만 소개해 보면, 그 동안 총1,000여건의 행사를 통한 직접적인 도내 생산효과만 약4,500억원으로 추산된다. 이는 ICC JEJU의 건립비용(1800여억원)의 2.5배에 달하는 금액으로, 경제사회적으로 이미 투자된 금액을 훨씬 상회하는 성과라고 말할 수 있다. 그리고 이러한 직접적 생산효과에서 유발되는 2차적 경제파급효과까지 감안하면 연인원 약 92만명이 ICC JEJU를 다녀가면서 총 9,000여억원의 경제적 가치를 제주도에 창출한 것으로 집계된다.
>
> 이처럼 ICC JEJU는 제주경제에 있어서 나름대로의 확실한 역할을 다하고 있다. 그러나 ICC JEJU가 아무리 대규모의 국제수준급 회의시설을 갖추고 제주국제회의산업을 이끌어갈 핵심적 위치에 있다 하더라도 그 자체만으로는 한계가 있고, 또 혼자서는 산업 전체를 견인할 수도 없다. 일반적으로 국제회의를 유치하려면 일정규모 이상의 국제수준급 숙박 및 회의장 시설, 식음료 및 외국어소통능력 등의 인적서비스를 두루 갖춘 곳이 필요하다. 제주도의 경우 중문관광단지 내에 위치한 특급호텔들, 제주시내에 소재한 일부 특급호텔, 동부지역에 위치한 몇 개의 호텔 및 리조트 시설들이 대체로 이 범주에 속한다고 할 수 있다.
>
> 따라서 ICC JEJU는 이들 주요 호텔들과 긴밀하게 협력하고 때로는 경쟁하며 제주국제회의산업 발전을 위해 함께 나가야 한다. 비단 유수의 호텔들뿐만 아니라 항공사, 여행사, 관광레저시설업, 음식점, 여타 유관 서비스업 등과 유기적으로 협력체계를 구축해 전체가 하나의 클러스터로서 원활하게 작동케 할 필요가 있다.'

실제로 ICC JEJU의 자료에 의하면, 2003년 개관 이래 2010년까지 지역사회에 1조가 넘는 경제적 효과(직접생산효과 4,693억원, 총 효과 10,707억원)를 유발하고 있다.

이상의 수치는 2012년 8월, 창립 10주년을 기해 발표된 자료를 통해 2003년 3월22일 개관 이래 204건의 국제회의를 비롯해 총 2100여건의 행사를 개최했으며, 이를 통해 1조4,000억원의 지역경제 파급효과를 가져온 것으로 확대됐다.

이와 관련해서 제주발전연구원이 제주지역 컨벤션산업의 지역경제 파급효과를 분석한 바에 따르면, 2010년 한 해 동안 지역경제 생산유발효과가 3,557억원(279건, 72,665명), 부가가치 유발효과가 1,847억원에 이른 것으로 추정된다. 이는 골프관광 보다는 다소 낮은 수준이지만 스포츠이벤트(대회)를 능가하는 것으로, 관광분야에서는 '넘버2'에 해당된다(신동일, 2011). 사실 제주의

▶ **표 2-1 ICC JEJU의 지역경제 파급효과**

(2003.3~2010.10)

구 분	행사건수 (국제회의)	행사 매출액	직접생산 효과	지역경제 파급효과	총참가자수 (도외참가자, 외국인)	주요행사
'03년	82건 (10건)	835백만	279억원	636억원	94,884명 (도외 32,568, 외국 3,341)	
'04년	114건 (9건)	1,890백만	522억원	1,191억원	198,178명 (도외 48,083, 외국인 9,467)	UNEP, PATA, ADB총회 등
'05년	268건 (13건)	1,553백만	739억원	1,686억원	228,012명 (도외 81,074, 외국 10,132)	APEC장관 회의 등
'06년	234건 (18건)	2,013백만	840억원	1,916억원	200,169명 (도외 61,371,외국인 19,214)	ITOP 포럼
'07년	194건 (19건)	2,000백만	503억원	1,147억원	103,805명 (도외39,297, 외국 10,866)	ASTA, UCLG 총회 등
'08년	243건 (27건)	1,800백만	564억원	1,287억원	119,682명 (도외43,512, 외국 12,342)	ASEM 재무장 관회의
'09년	282건 (24건)	1,930백만	637억원	1,454억원	124,110명 (도외35,818, 외국 17,277)	한 · 아세안 특별정상회의
'10.10	209건 (24건)	1,516백만	609억원	1,390억원	136,017명 (도외55,792, 외국 10,635)	한일중정상 회의
합 계	1,626건 (144건)	13,537백만	4,693억원	10,707억원	1,204,857명 (도외 397,555, 외국 93,264)	

자료: ICC JEJU

MICE산업은 지역경제에 미치는 파급효과가 다른 지역에 비해 훨씬 더 크게 나타난다. 2010년 중 MICE 개최의 부가가치 유발효과는 명목 GRDP(2009년 기준) 대비 1.9%로, 서울(0.5%), 부산(1.0%) 등을 현저히 웃돌고 있다. 이와 같은 지표는 제주에서 열리는 국제회의 참가자중 외국인 비중이 31.9%로 전국 평균(22.1%)을 크게 상회하고, 개최기간 2일 이상인 회의 및 컨벤션 비중도 전국 평균이 43.9%인 반면 제주는 88.3%에 이른 데 따르는 결과다. 한국관광공사에 의하면 2010년 기준, 외국인 MICE 참가자의 1인당 지출액은 281만원으로, 내국인 참가자의 53만원보다 현저히 높을 뿐만 아니라 일반 관광객이 지출하는 비용인 37만1000원의 7.5배에 이르는 수치다.

이와 관련해서 한국은행 제주본부가 산업연관표를 이용해 'MICE 유치에 따른 생산 · 부가가치 · 취업유발효과'를 분석한 바에 따르면, 제주는 MICE 효과가 전국 평균보다 최대 1.8배까지 높게 나타나고 있다. 이는 똑같은 재원을 투입했을 경우 그 잠재성과가 타도시보다 더 높다는 사실을 지지하는 수치다. 이러한 지표들을 볼 때 지역경제에 미치는 파급효과 차원에서는 MICE의 규모가 중요한데, 대부분의 기관들이 국제회의만 기준해서 통계를 발표하고 있다. 최근 부상하고 있는 기업체 인센티브투어 및 소규모회의, 틈새회의 등을 감안하면, 제주지역 MICE산업의 실제 규모는 외부적으로 알려진 수치보다 훨씬 더 크다고 할 수 있다(한국은행, 2011).

실 예로, 2011년 국제회의 유치는 92건에 5만737명으로, 2010년 179건 4만6천명과 비교하면 개최건수는 줄었지만, 1만1,200명 규모의 중국 바오젠그룹, 세계소동물수의사총회 3천명, 인피니투스 인센티브투어단 2천3백명 등 대규모 국제회의 유치에 힘입어 참가자 수가 크게 늘었다. 특히 바오젠 그룹의 대형 인센티브행사 유치와 성공적인 개최는 특별한 의미를 갖는다. 사상 처음으로 1만명이 넘는 투어단이 14일간 제주를 방문했고, 행사를 무난하게 치러냈다는 것은 제주 MICE산업의 역사에 새로운 지평을 연 셈이 된다. 이 기간 동안 제주도내의 호텔과 전세버스가 동이 날 정도로 도 전역이 MICE 일색이 되어, 제주도민에게 MICE의 파급효과를 실제로 체감케 하는 기회가 되었다. 또한 MICE 산업 구성원들에게 1만명이 넘는 대형행사를 유치하고 성공적으로 개최해 냈다는 자부심과 '할 수 있다'는 자신감을 심어준 것도 특별한 소득이다. 하지만 무엇보다도 더 중요한 성과는, MICE산업이 제주광역경제권 2단계 선도산업에 선정되는 등 중앙정부 및 제주도가 제주경제의 신성장동력으로 중점 육성하려는 의지가 강력해졌다는 사실이다(제주컨벤션뷰로 내부 자료).

한편, 개별 행사를 통한 지역경제 파급효과를 분석해보면, 2009년 6월1~2일 동안 제주에서 열린 한 · 아세안 특별정상회의 개최로 제주의 대외 이미지 제고 및 홍보 효과가 2,620억원을 넘는 것으로 추계된다. 또한 직접적 효과로, 한 · 아세안 특별정상회의 참가자들의 소비지출과 투자지출로 인한 생산증대 효과가 556억원에 달하고, 부가가치 증대효과는 270억원, 고용유발 효과는 614명에 달한 것으로 추산됐다. 318억원을 투자해 3,000억원의 경제적 파급효과를 거두었으니 황금알을 낳은 셈이다. 하지만 이보다 더 주목해야 할 것은, '회의 참가자의 소비지출과 시설정비 및 회의운영 관련 투자지출로 인한 지역경제 파급효과는 1회성 효과이지만, 국제회의도시 위상 제고로 인한 비경제적 효과는 연간 꾸준히 발생하는 '지속적 확장 효과'라는 사실이다. 즉, 향후 제주관광에 미치는 홍보효과와 제주의 이미지, 제주도민의 자부심 등에 미치는 긍정적 효과가 더 크다'는 사실이다. 한 · 아세안 특별정상회의 참가인원은 외국인이 1,152명, 내국인이 5,713명이었으며, 외국인의 1인당 지출액은 69만9,001원, 내국인의 1인당 지출액은 64만8,148원으로 분석됐다(제주발전연구원, 2009).

또한 2012년 제주지역 컨벤션행사중 가장 규모가 컸던 WCC(세계자연보전총회) 개최에 따른 경제적 파급효과는 1,162억원, 생태관광 파급효과는 628억원, 국가 브랜드 홍보 효과는 1,620억원으로, 총 3,410억원의 경제적 파급효과가 추산된다. 하지만 이보다 더 큰 효과는 환경선진국으로서 한국의 국제적 위상을 높였다는 점이다. 즉, 천혜의 자연조건을 갖춘 제주도를 전 세계에 홍보함으로써 국가 브랜드의 가치를 높이고 제주의 자연과 경제를 가일층 제고하는데 획기적으로 기여했다는 것이다. 게다가 회의장소였던 ICC JEJU는 WCC를 기해 126억원을 투입, 건물 전체를 에너지 절전형으로 리모델링하게 되었다. 뿐만 아니라 냉 · 난방기와 승강 설비를 에너지 절약형으로 교체하였으며, 빌딩

에너지관리시스템을 도입해 에너지 사용량을 절감하게 되었다. 또한 회의용 장비를 친환경소재 기자재로 바꾸는 한편 쓰레기재활용시스템, 초절전 IT회의시스템, 행사모니터링 시스템 등을 구축하고, 옥상 정원 녹지화 등을 바탕으로 친환경건축물 국제인증을 받게 되었다. 이처럼 대형 컨벤션을 통해 회의환경을 정비하고 관련 인프라를 확충함으로써 향후 대규모 컨벤션의 유치 및 개최를 보다 낙관하고, 적극적으로 대응할 수 있게 되었다.

사실 이러한 성과는 ICC JEJU의 설립 목적이자 제주의 희망 사항에 다름 아닌 것이다. 제주국제컨벤션센터(ICC JEJU)가 설립될 당시의 상황을 보면, 제주는 신혼여행 목적지로서의 매력을 잃어가고 있었고, 관광의 패러다임을 획기적으로 전환할 모멘텀이 필요하였다. 바로 그 대전환의 출구로 제시된 것이 컨벤션관광이었고, 이러한 발상의 전환은 결국 2008년 ASEM 재무장관회의를 기해 산업의 동력을 바꾸는 전기가 되었다. 이 회의가 열린 ICC JEJU를 둘러보고 난 후, 제주발전을 위한 토론회에 참석한 이명박 대통령이 '제주는 컨벤션을 통해 관광의 새 길을 열라'고 제안한 것이다. 이후로 제주는 국가의 선도전략산업 시책에서 MICE를 제주의 신성장 동력으로 지정받아 선도산업으로 육성하게 되었다. 결국 이러한 과정을 통해 컨벤션은 '제주관광의 꽃'으로 피어나게 된 것이다. 실제로도 컨벤션산업은 회의장시설을 비롯하여 관광 · 레저, 숙박 · 유흥 · 식음료, 교통 · 수송 등 관광 기반시설을 종합적으로 발전시키므로 꽃의 역할을 한다. 동시에 국제회의 참가자가 지출하는 직접소비액이 일반관광객보다 높기 때문에 식음료 공급업체, 수송업체, 통번역업체, 인쇄업자, 전시업체와 같은 다른 관련업체까지도 활짝 웃게 만드는 향기를 발한다.

그러나 컨벤션 산업을 발전시키기 위해서는 국제적인 항공, 교통, 호텔, 식음료, 쇼핑, 전문인력 등 기본적인 인프라가 필수적으로 요구됨을 유념해야 한다. 이중에서도 가장 먼저 고려되는 것이 컨벤션의 접근성, 즉, 참가자들이 별 불편이나 어려움 없이 회의장소(venue)에 원하는 시간에 도착할 수 있는가?' 하는 문제다. 이 과제를 해결할 수 없는 한 제주의 MICE산업은 얼마 없어 한계에 직면하게 될 것이다. 이 점에서 항공의 문제는 제주의 컨벤션산업이 안고 있는 여러 가지 현안 중 가장 시급히 해결되어야 할 선결과제다. 이 문제가 해결되지 않는 한 한꺼번에 많은 사람이 몰려드는 컨벤션을 관광산업의 중심축으로 삼는 전략은 무력해진다.

다보스라는 스위스의 한 이름 없는 산골마을이 전 세계 오피니언 리더들이 모이는 국제적인 명소, 세계적인 관광지가 된 것도 '다보스 포럼'이라는 컨벤션이 만들어 낸 성과다. 이 점에서 컨벤션은 관광을 주력산업으로 삼고 있는 제주의 희망이자 도전이 아닐까?

그림 2-3 ICC JEJU의 전경

2.2. 지역경제의 인프라, 굴뚝 없는 황금산업

지역의 경제를 활성화시키는 데는 여러 가지 방법이 있겠지만, 국제적인 컨벤션과 전시회를 개최, 유치하는 것은 그 지역에 공헌하는 바가 매우 크다. 이는 국제적인 직접교류 장터를 마련하는 수단으로서, 수출로 이어지는 전시회 참가자들과 바이어들 간의 거래상담 성과뿐만 아니라 하드웨어를 구성하는 부스장치와 비품, 자재공급에서부터 항공사, 호텔, 음식업, 관광관련업종, 통역, 번역, 통관수송업, 인쇄업, 통신업, 교통시설 관련업 등에 이르기까지 그 연관 산업분야는 다 열거하기도 힘들 정도다. 더구나 외국바이어나 참가업체들이 이용하는 시설이용료는 외화수익으로서 이러한 외화가 각 분야로 흡수되어 지역경제에 활력을 더해 준다. 게다가 컨벤션과 전시회의 수준이 높아짐에 따라 이러한 분야에서의 디자인과 품질수준 또한 동반상승의 효과가 있다. 또한 컨벤션 참가자들은 대부분 해당 국가의 정치, 경제, 과학, 기술, 문화 등 관련 분야의 전문가로서 지도적인 위치에 있으므로 경제교류 촉진에도 크게 기여한다.

한국관광공사(KTO)는 국제 전시 · 컨벤션 행사에 100명의 참가자나 관광객을 유치하면 중형 자동차 21대를 수출하는 것과 맞먹는 부가가치가 창출된다고 설명하고 있다. 42인치 LCD TV 1,531대를 수출하는 것과 같은 효과다. 이처럼 컨벤션 산업의 경제적 파급효과는 크다. 2010년 코엑스에서 열린 G20 회의의 경우 참가자 1인당 평균 2,488달러를 쓴 것으로 나타났다. 회의 참가자들은 일반 관광객에 비해 2 배 이상 돈을 쓰는 것으로 분석됐다. 기업에서 실적이 우수한 직원에게 해외여행의 기회를 주는 인센티브 관광도 일반 관광객에 비해 소비 규모가 훨씬 크게 나타난다. 회사가 항공료와 숙박비 등의 주요 경비를 대주는 데다 본인도 개인 돈을 쓰기 때문이다. 이들의 여행패턴을 보면 아침은 호텔에서 먹고, 점심과 저녁은 관광지 내 식당을 이용한다. 단체관광을 제외한 일정을 틈타 백화점이나 재래시장 등에서 쇼핑을 한다. 이게 대규모 관광단이 몰린 지역의 음식점과 상점들이 즐거운 비명을 지르는 이유다.

바로 이 점에서 2000년대 초반부터 우리나라 지자체들은 대형 전시컨벤션센터 건립에 경쟁적으로 뛰어들었다. 대구가 2001년 4월에 엑스코(EXCO)를 개관했고, 부산이 2001년 9월에 벡스코(BEXCO), 제주도가 2003년 제주국제

▶ **표 2-2 국내 주요 컨벤션센터**

단위: m^2

이름	개관연도	위치	전시면적	회의면적
코엑스	2000	서울	36,027	11,113
벡스코	2001	부산	39,731	5,004
엑스코	2001	대구	11,616	5,959
ICC 제주	2003	제주	2,504	11,237
킨텍스	2005	경기 고양	53,541	2,821
김대중컨번션센터	2005	광주	14,858	2,208
창원컨벤션센터	2005	경남 창원	10,626	8,957
대전컨벤션센터	2008	대전	2,520	29,512
송도컨벤시아	2008	인천	8,416	4,020

컨벤션센터(ICC JEJU), 경기도 일산시가 2005년 4월 킨텍스(KINTEX), 광주가 2005년 9월 김대중컨벤션센터(KDJ), 창원이 2005년 9월 창원컨벤션센터(CECO), 대전이 2008년 4월 대전컨벤션센터(DCC), 인천이 2008년 10월 송도컨벤시아(Songdo Convensia)를 개관했다.

이밖에 강원랜드가 2011년 9월 개장한 컨벤션호텔 내에 총면적 5,689 m^2, 2040석의 컨벤션홀과 1,000석의 연회장을 갖추고 첫 번째 컨벤션으로 국제스키연맹총회(FIS)를 유치했다. 2012년 5월 개최된 FIS총회는 세계 110개국에서 1,500여명이 참가하는 대형 국제회의로, 이 대회를 기점으로 강원랜드는 사행성 이미지를 줄이고, 상대적으로 컨벤션 기능을 제고하는 변신을 시도했다(한상진, 2013). 이제는 경주, 전주, 수원 등의 도시들도 대규모 컨벤션센터 건립을 추진하거나 구상중에 있다.

한편 지자체들은 '컨벤션뷰로'라고 하는 전담조직을 통해 MICE 유치 및 개최 지원에 대한 실행조직으로서의 중추적 역할을 수행하는 한편 치열한 MICE 유치 경쟁 과정을 통해 지역경제를 활성화하고자 하는 움직임이 활발하다. 지자체 중에서도 MICE산업에 관한한 빼놓을 수 없는 도시는 역시 서울이다. 서울은 2012년 총 201건의 컨벤션을 개최해 전통적으로 국제기구가 밀집해 경쟁력이 높은 제네바나 베를린을 제치고 세계 컨벤션 5대 도시라는 쾌거를 달성했다. 이는 서울시의 MICE산업 장기 육성전략과 함께 가동된 전략적 유치 마케팅의 성과로 평가된다.

서울은 2006년 관광과 MICE를 신성장동력산업 중 하나로 선정해 육성책을 마련했으며, 2008년 도시마케팅 전담기구인 서울관광마케팅(STO)을 설립해 본격적인 MICE 유치 마케팅을 전개했다. 서울의 장점은 무엇보다 다른 지역보다 우수한 인프라 시설들이 밀집해 있고 교통이 편리한 점을 꼽을 수 있다. 서울은 전시장과 회의장이 세계 20위, 아시아 5위의 수준이며, 숙박은 현재 특1급 호텔 19개 약 1만실을 갖추고 있다. 2011년 한 해 동안 코엑스(COEX)에서는 총 1,810건의 전시컨벤션 행사가 열려 국내외 참가자 수만도 268만명에 달했고, 이로 인한 경제적 파급효과는 약 2,830억원에 이르는 것으로 분석되었다. 서울지역 MICE산업 규모는 약 2조 7,791억원이다(서초 내일신문 2012.03.14 참고).

그림 2-4 코엑스(COEX) 전경

대구의 경우, 2012년 한 해 동안 국제회의를 통해 총 1,198억원의 지역경제 파급효과를 창출했다. 대구컨벤션뷰로가 대구엑스코(EXCO)에서 개최된 55건의 국제회의를 포함한 총 84건의 회의를 바탕으로 분석한 결과, 대구는 약 323억 원의 직접지출효과와 약 875억 원의 간접지출효과를 거두었으며, 식음료와 숙박을 비롯하여 임차, 인쇄, 교통 등 전반적인 산업영역에 골고루 영향을 미친 것으로 파악된다. 이는 2011년 약 917억 원의 경제효과에 비해 30%정도 증가한 수치이다. 이밖에도 532명의 고용유발효과 및 1,431만 달러의 외화가득효과를 창출한 것을 볼 때, MICE산업이 대구 지역경제 활성화에 긍정적인 역할을 하고 있음을 알 수 있다.

이를 위해 대구컨벤션뷰로(DCVB)는 세계곤충학회총회, 세계생명공학대회와 같은 해외 참가자 규모가 큰 국제회의에서 관광프로그램을 운영하고, 관광 · 숙박 · 식음 업체 이용시 할인혜택을 제공하는 대구 Visitors 카드를 배포하는 등 적극적인 노력을 펼쳤다. 2013년에도 전국 최초로 개소한 대구 MICE · 관광진흥센터를 중심으로 국제회의 참가자용 온라인 숙박 · 관광예약 시스템 및 웰컴데스크 운영, 주최자용 회의실 무료 대여 등 서비스를 적극 확대할 예정이다.

정부에서도 경제적 파급효과 극대화를 위해 MICE산업과 관광산업 융합을 강조하고 있는 만큼, 대구시도 관광 프로그램을 적극적으로 운영하며 국제회의 참가자의 투어 참여를 적극 유도하고 있다. 또한 지역대표브랜드 국제회의의 발굴 및 육성을 통해 지속적으로 지역경제 파급력을 높여 나갈 계획이다(영남일보, 2013.3.27).

그림 2-5 대구엑스코(EXCO) 전경

한편 부산은 벡스코(BEXCO)를 기반으로 해서 명실상부한 글로벌 컨벤션 도시로 거듭나고 있다. 부산의 국제회의 개최 수는 2004년 22건 8,365명에서 2011년 352건 17만192명으로 급증했다. 그 사이 외국인 참가자 수는 2,898명에서 4만2,692명으로 증가했다. 6년 만에 건수는 16배, 참가자는 20배로 늘어난 것이다. 2012년 6월에 열린 제95차 라이온스클럽 세계대회는 컨벤션 도시 부산의 힘을 보여준 행사였다. 120개국 5만5,272명이 참가한 라이온스 대회는 한국기록원이 공인한 국내 최대의 컨벤션 행사였다. 윙쿤 탐 라이온스 국제협회장은 '빈틈 없는 준비와 운영을 보여준 부산은 어떠한 컨벤션 행사도 거뜬히

치를 역량을 가진 도시'라고 평가했다. 2013년 라이온스 대회 개최지인 독일 함부르크 라이온스클럽은 부산대회를 성공시킨 부산관광컨벤션뷰로와 업무협약을 맺고 행사 준비 노하우를 전수받고 있다.

UIA가 국제행사 개최 건수와 규모 등을 기준으로 발표한 '컨벤션 도시 순위'에서 2011년 부산은 110건의 국제회의를 유치해 세계 15위를 차지했고, 아시아에서는 싱가포르 · 서울 · 도쿄에 이어 4위를 기록했다. 수도가 아닌 지방 도시로는 바르셀로나(스페인), 제네바(스위스)에 이어 세계 3위다. 2012년에는 58건의 국제회의를 열어 세계 34위, 아시아 11위를 기록했다. 컨벤션 산업이 부산 경제에 기여하는 효과도 크다. 벡스코가 부산발전연구원에 의뢰해 2010년 5월부터 2011년 5월까지 1년간 벡스코에서 열린 전시컨벤션 행사 25건(전시회 9건, 회의 10건, 이벤트 6건)을 표본으로 전체 770건의 전시컨벤션(MICE)행사에 대한 경제적 파급효과를 분석한 결과, 생산유발효과가 9,083억원에 달하는 것으로 나타났다. 또한 부가가치 유발효과는 4,291억원, 소득 유발효과 2,084억원, 취업 유발효과 1만4,565명, 고용 유발효과 8,319명으로 각각 집계됐다.생산유발효과 측면에서는 전시회가 4,599억원, 회의가 3,776억원, 이벤트가 708억원으로 각각 나타났고, 문화관광서비스업, 도소매업, 운수업, 여객운송업, 숙박업, 음식업 등이 대표적인 수혜 산업군으로 조사됐다. 특히 회의분야의 경제적 파급효과가 전체 항목의 40% 넘는 비중을 차지해, 예상보다 상당히 높은 효과를 기록했다.

이는 부산시의 국제회의 중심도시 정책 추진과 부합되는 결과로, 부산이 아시아 4위 국제회의 도시로서의 위상에 걸맞는 실질적인 경제적 파급효과를 거두고 있다는 사실이 입증된 셈이다. 벡스코 관계자는 '이번 조사가 벡스코에서 개최한 전시컨벤션행사의 부산경제 기여도를 계량적 수치로 제시함은 물론, 사회간접자본인 SOC기능이 강한 시설로서 부산지역 연관산업의 성장과 수익창출 지원 기능이 강함을 확인시켜준 결과'라고 밝혔다. 또한 '2009년 한국관광공사에서 조사한 국내 전체 MICE산업통계 조사 연구결과에 기초해서 벡스코의 비중을 분석해보면, 생산유발효과 기준으로 약 14.6%(2009년 마이스산업 생산유발효과는 6조 2,333억원)의 수준에 달해, 향후 부산지역 MICE의 장기적인 활성화를 모색하는 데 중요한 근거를 제시하고 있다. 부산이 이렇게 컨벤션 도시로 부상하게 된 이유는 '한 번 다녀간 참가자들이 호평을 하면서 국제사회에 소문이 돌고, 부산시와 유관 기관들의 연합된 도시 마케팅 노력이 대형 컨벤션 유치에 성공하게 된 때문'으로 분석된다(중앙일보 2012.11.07, 뉴시스 2011.07.20).

2012년 6월, 제 2 전시장과 오디토리움을 개관한 벡스코는 부산, 아시아를 넘어서 세계 전시컨벤션 중심도시로, 컨벤션뿐만 아니라 문화, 관광, 예술의 중심도시로 부상하고 있다. 지리적 산업적 강점인 해양 물류 관련 컨벤션으로 세계해양포럼은 물론 2005년 APEC 이후 정비된 컨벤션도시의 인프라 및 이미지, 시민의식을 기반으로 2011년 세계개발원조총회, 2012년 세계물회의(IWA) 등 우리나라의 대표적인 컨벤션을 치러내고 있다.

그림 2-6 부산 벡스코(BEXCO) 전경

인천 송도컨벤시아(Songdo Convensia) 또한 유엔 녹색기후기금(GCF) 사무국의 송도국제도시 유치 확정과 동시에 그린 월드 컨벤션센터로 거듭나기 위한 준비작업에 박차를 가하고 있다. GCF 사무국 유치에 따라 국제회의만 연간 120회 이상 열리고 컨벤션 관련 경제적 파급효과도 1,200억원에 달할 것으로 추산된다. 송도컨벤시아는 지난 2008년 10월 문을 연 이후 'G20 재무차관 · 중앙부총재회의' '국제모의유엔회의' '세계장애대회' 등 대규모 국제행사를 비롯해 연간 300건이 넘는 국제회의 · 전시 · 이벤트 등을 개최하면서, 인천을 대표하는 MICE 산업의 랜드마크로 자리하였다. 실제로 송도컨벤시아 개장 이후 인천은 MICE 개최도시 4위를 기록했다. 송도컨벤시아 행사 유치율은 매년 증가 추세에 있다. 인근에 인천국제공항이 위치하는 등 접근성이 뛰어나 그간 유치한 국제회의 건수만 해도 무려 110건에 이른다. 특히 2012년에는 기업행사와 의료행사 유치가 활발해, 한국줄기세포학회 학술대회, 국제광자공학회 국제컨퍼런스(SPIE), 전국여약사대회 등 총 7건의 의료행사가 열렸다. 이로 인한 경제적 파급효과는 약 100억원에 달한다. 두산, 뉴스킨, 휠라코리아, IBK기업은행 등 대기업 행사 유치는 2011년에 비해 25% 상승하며 기업 행사 개최지로 각광받고 있다.

향후 GCF 유치에 따른 수요증가를 대비해 송도컨벤시아는 인천경제자유구역청과 함께 중장기계획을 마련 중이다. 연간 120회 이상 열리는 국제회의 장소로는 송도컨벤시아의 공간이 협소하기 때문이다. 송도컨벤시아 1단계 전시장은 연면적 8,400 m^2 규모로 경기 일산 킨텍스(10만 m^2)와 서울 삼성동 코엑스(4만 m^2)에 비해 공간이 턱없이 작다. 이 규모로는 2014년으로 예정된 인천아시안게임 행사 개최도 어려운 실정이다. 따라서 인천시와 인천도시공사는 1단계 건물 옆에 지하 1층, 지상 4층에 연면적 6만1,371 m^2 규모의 건물을 건설하는 송도컨벤시아 2단계 사업을 추진 중이다. 동시에 송도컨벤시아는 단순히 늘어나는 국제회의에만 초점을 두지 않고, GCF 전용 컨벤션센터가 되기 위한 친환경 회의 기반 구축에 심혈을 기울이고 있다. 최근에는 TV 예능프로그램뿐 아니라 각종 CF, 드라마, 영화 등의 촬영장소로 각광받으면서, 행사 주최자뿐 아니라 대중에게도 점차 친근하게 다가가는 국제도시 인천의 대표적 명소로 자리매김하고 있다(한국일보 2012.11.23).

그림 2-7 인천 송도컨벤시아(Songdo Convensia) 전경

한편 경기도 고양시의 킨텍스(KINTEX)는 2011년 9월, 제2전시장을 개관함으로써 전체 부지 40만 m², 전시공간 10만 m²를 상회하는 가운데 연평균 330만 명의 방문객이 찾고 있다. 지난 2002년 12월, 한국국제전시장㈜로 설립된 지 불과 10년 만에 아시아 4위 규모의 전시장으로 성장하게 되었다. 특히 세계 최대 에너지산업전인 '가스텍(Gastech) 2014'와 '2016 로타리 국제대회' 등을 유치하며 명실상부한 국제적 규모의 전시장으로 거듭나게 되었다. 킨텍스는 2012년도 한 해 동안 전년 대비 24% 성장한 총 21건, 참가인원 7만여 명(외국인 2만여 명 포함)에 달하는 대규모 국제회의 및 행사 유치에 성공했다.

이 과정에서 생산유발효과 6,148억 원, 소득유발효과 1,351억 원, 부가가치창출효과 2,850억 원 등 총 1조596억 원에 달하는 경제적 파급효과와 함께 17,713명의 고용창출효과를 거뒀다는 평가를 받고 있다. 2016년에 개최될 로타리클럽 세계대회는 100여개국 2만 9천여명의 외국인을 포함한 총 5만 6천여명이 참가하는 초대형 국제행사이다. 이로 인해 숙박, 음식, 관광, 쇼핑, 운송 등과 관련 외국인 참가자 소비(805억원) 및 주최측 경비지출(약 160억원)로 인한 직접소비지출 효과, 그로 인한 생산유발효과 1,800여억원, 고용유발 2천여명 등 많은 경제적 파급효과가 예상된다. 이는 중형승용차 6,090대 또는 42인치 TV 4만대 수출효과와 맞먹는 것으로서 내수확대 등 지역경제 활성화에 크게 기여할 것으로 예산된다.

그림 2-8 경기도 킨텍스(KINTEX) 전경

이처럼 향후 지역경제에 미치는 영향이 적잖은 가운데 한국전시산업진흥회는 킨텍스가 경기도 전역에 미치는 생산파급효과가 약 1조 원 규모에 달한다고 분석한 바 있다(기호일보 2013.3.22, 중앙일보 2012.11.22 참고).

한편, 2008년 컨벤션센터를 개관한 대

전도 국제회의 유치에 적극적이다. 2011년 대전컨벤션센터(DCC)가 유치한 국제회의 건수는 60건으로 2008년 31건의 2배 수준으로 증가했다. 이에 따라 국제회의 등 마이스(MICE)산업과 관련해 2011년 대전을 찾은 방문객이 처음으로 100만명을 돌파하기도 했다. 이처럼 활성화 된 도시 분위기를 업고서, 대전시는 '한국 MICE산업의 중심 도시 대전'을 모토로 MICE산업 강화에 박차를 가하고 있다. 대전컨벤션센터(DCC) 개관 당시 222건이었던 전시 · 컨벤션 개최건수는 불과 3년만인 2011년 654건을 기록해 3배 가량 증가했다. 2012년에는 전시.컨벤션 행사가 677건으로 3배 이상 늘었으며, 1,547명의 고용창출효과, 1,464억원의 지역경제 파급효과가 발생하였다. 대전시는 올해에도 이런 성장세가 이어져 컨벤션 개최 수 700회, 방문객 수 23만 명을 달성할 것으로 전망하고, 이에 따른 지역경제 파급효과는 1,300억 원에 달할 것으로 예상하고 있다.

최근들어 대전시는 세종시의 정부기관 입주와 오송단지 조성 완료, 과학벨트 조성 등 주변 여건의 변화에 따라 전시컨벤션 수요가 급증할 것을 예상해, 다목적 전시장을 건립키로 했다. 국내외 전시사업의 대형화와 복합화 추세로 전시 · 컨벤션 수요가 늘고 있으나 대전 중심의 중부권에는 대규모 전시시설이 없기 때문이다. 국비와 시비를 합해 총 1,830억원을 투입해, 지하 2층, 지상 4층의 건축연면적 83,000 m^2(전시장 7,500 m^2, 다목적홀 5,000 m^2, 부대시설 27,500 m^2, 주차장 43,000 m^2)을 2016년까지 건립할 예정이다. 여기에다가 호텔과 복합테마파크, 첨단영상산업단지 조성을 추진해 숙박과 관광, 식당 등 편의시설을 완벽하게 갖춤으로써 2016년 이후 대전 경제를 이끌 MICE 단지로 탈바꿈하게 된다. 그동안 DCC는 시설부족으로 전시사업과 중대형 컨벤션 개최가 거의 불가능했으나, 다목적 전시장이 건립되면 시설 부족 등의 문제가 대폭 해소될 것으로 보인다. 특히 세종시 및 국제과학비지니스벨트 조성에 따른 중부권의 전시.컨벤션 수요 증가에 능동적으로 대처할 수 있을 것이다. 과학기술 분야에서는 이미 대전이 컨벤션 중심지로 자리했으며, 기초과학, 로봇, 원자력, 항공우주, 의학분야 등은 대전으로 집중되고 있다(매경 2012.6.12, 미디어 옥션 2013.6.6).

그림 2-9 대전 컨벤션센터(DCC) 전경

현재의 김대중(KDJ)컨벤션센터 내에 제2컨벤션센터를 짓고 있는 광주 역시 국제행사 유치에 심혈을 기울여 각종 행사들을 활발하게 유치하고 있다. 제2컨벤션센터는 국비와 시비 등 총 618억원이 투입되는 사업으로, 연면적 18,489 m^2 지하1층, 지상3층 규모로 2013년 5월말 준공될 예정이다. 이로써 KDJ는 3,000석 수용능력의 다목적 홀과 중 · 소회의실 19실, 부대시설 등을 갖추게 된다. 광주 제2컨벤션센터건립은 KDJ의 부족한 회의 및 전시시설을 보충하고, 전시 · 컨벤션의 대형화와 국제화에 대비하기 위해 추진됐다. 이러한 컨벤션 인프라의 확충으로 광주는 2013년 6월, 1만5,000여명이 참여하는 '세계청년회의소(JCI) 아시아태평양대회'를 개최하게 된다. 또한 10월에는 '제12차 세계한상대회'가 열리고, 2014년 6월에는 '세계수소에너지 학술회의'와 '국제관계배수위원회 총회' 등을 개최할 예정이다.

이러한 대규모 전시회와 국제회의를 통해 광주는 지역경제가 파격적으로 제고되고, 한층 나아진 경쟁력으로 향후 대형 컨벤션 유치에 박차를 가할 수 있을 것으로 기대하고 있다. 한국은행의 집계 결과, 2011년에 KDJ의 방문객은 100만명을 돌파하였으며, 지역경제 파급효과는 3조 3,960억원에 이른 것으로 분석된다(The MICE 2012.8.15, Media1 2013.2.13)

그림 2-10 김대중컨벤션센터(KDJ) 전경

2.3 국제관계의 외교무대, 네트워킹의 브랜드

우리나라의 국격과 컨벤션산업의 위상을 바꿔 놓은 2000년 ASEM, 2005년 APEC, 2010년 G20와 같은 정부회의에는 수 십 개국의 대표들이 대거 참여해 서로 얼굴을 익히고, 위상을 확인하며, 우정을 다지고, 관계를 기약한다. 이 자리를 통해 껄끄러운 관계를 풀고, 기대하는 관계를 확립하며, 회원자격으로 참가하는 미수교국 대표와 교류기반을 조성할 수도 있다. 새로운 무역관계가 형성되고 대규모 투자 프로젝트가 일어나기도 한다. 행사의 과정과 결과를 통해 국가 외교 및 홍보 효과가 제고된다. 이하에서는 2010년에 개최된 G20, 스위스 다보스에서 개최되는 세계경제포럼(WEF), 중국 하이난성 보아오에서 개최되는 보아오 포럼 등에 어떠한 사람들이 모여서 어떠한 일이 벌어지는지를 개략적으로 살펴보고자 한다.

우선 2010년 11월, 우리나라 서울에서 개최된 G20에는 G20 회원국(대한민국, 러시아, 브라질, 영국, 인도, 중국, 프랑스, 남아프리카공화국, 멕시코, 사우디아라비아, 유럽연합 의장국, 인도네시아, 캐나다, 호주, 독일, 미국, 아르헨티나, 이탈리아, 일본,터키) 정상 21명(유럽연합 대표 2명 포함), 스페인 등 초청국 정상 5명, 유엔 등 국제기구 대표 7명 등 정상급 인사 33명이 참석했다. 각국 대표단 4천여명과 외신기자 1천660명을 포함한 취재기자 4천여명 등을 포함하면 정상회의의 관계자는 총 1만명 수준에 이른다. '위기를 넘어 다함께 성장(Shared Growth Beyond The Crisis)'이란 주제로 거시경제와 환율 문제에 대한 국제공조, 금융안전망 구축, 개발 등 동반성장, 금융개혁 등의 의제가 뜨거운 관심을 불러일으켰다.

삼성경제연구소의 분석에 의하면, G20가 한국에 미치는 경제적 파급효과가 21조에서 24조원 즉, 미화로 2백억 달러 안팎이 될 것으로 추산된다. 이는 한국의 경제성장률(2009년 기준) 2퍼센트 포인트에 해당되며 현대 쏘나타 기준으로 자동차 1백만 대, 30만 톤급 초대형 유조선 1백65척(1대당 1억1천만 달러) 수출과 맞먹는 가치다. 세계 각국에서 1만명 넘는 리더와 전문가, CEO들이 한국을 알게 되고, 회의가 성공적으로 마무리 되면 한국의 국가 이미지가 크게 좋아지는 데 따른 간접효과가 엄청날 것이기 때문이다. 더욱이 신흥국에서 최초로 열리기 때문에 해외언론의 주목도가 굉장히 높다. 이 기간 동안 참가자들의 체재비, 부가가치 등을 합한 직접 효과는 1,023억원에서 1,485억원에 이를 것으로 추정된다.

하지만 계량화된 직 · 간접적 경제가치가 빙산의 일각일 정도로, 보이지 않는 효과가 더 크게 가늠된다. 국민의 자긍심 고취, 글로벌 마인드 함양, 기업의 신성장동력산업 확충, 국격의 제고와 수출 증대, 한국경제의 구조적 불안요인 완화 등 측정할 수 없는 무형의 가치가 유형의 가치보다 훨씬 더 크게 잠재되어 있기 때문이다. 외국인을 상대로 한 여론조사에 의하면, 한국에 대한 긍정적인 이미지가 G20 정상회의 개최 이전에 비해서 18% 높아졌다. 사실은 'G20'라는, 세계를 이끌어오던 전통 강대국들과 새롭게 부상하는 신흥권력들의 합의체가 서울에서 열렸다는 사실 자체가 한국을 전 세계에 알리는 브랜드 광고다. 더욱이 '환율 전쟁' 문제가 빅 이슈로 부각돼 세계의 이목이 서울로 쏠린 것은 뜻밖의 보너스였다.

요컨대, G20 서울 정상회의는 대한민국이 국제사회의 주목할만한 리더십을 가진 국가로 공식 데뷔한 무대가 되었다. 2000년 ASEM, 2005년 APEC도 모두 대단한 컨벤션이었지만, G20는 명실상부한 세계의 강대국 정상들이 모두 한자리에 모였다는 점, 그리고 단지 정례적 회의가 아니라 세계적인 빅 이슈를 다루고, 세계경제의 규칙과 질서를 새로 짜는 자리였다는 점에서 특별한 의미가 있었다. 특히 우리나라가 개최국과 의장국을 겸함으로써 아시아의 변방에서 벗어나 세계의 중심국가로 도약하는 계기가 되었다. 즉 회의 개최뿐만 아니라 의제설정, 토론, 결론 도출에 이르는 전 과정에서 주도적인 역할을 맡아 다양한 영향력을 행사할 수 있었다. 우리나라 대통령이 세계의 주요국 수장들과 나란히 정상외교를 펼치면서, 세계 경제질서의 수동적인 역할에서 벗어나 주도적으로 새로운 판을 짜는 나라가 된 것이다.

참고로 G20(Group of 20) 또는 주요 20개국은 세계 경제를 이끌던 G7과 유럽 연합(EU) 의장국에 12개의 신흥국, 주요경제국들을 더한 20개 국가의 모임을 나타내는 말이다. 아시아 금융 위기 이후 금융, 외환 등에 관련된 국제적 위기 대체 시스템의 부재가 문제점으로 지적되면서, 1999년 9월 IMF 연차총회 당시 개최된 G8 재무장관회의에서 G8 국가와 주요 신흥시장국이 참여하는 G20 창설이 합의되었던 것이다. 단, 그 해의 EU의장국이 기존의 구성원일 경우 19개국으로 회담이 이루어진다. 참가 기구로는 IMF, IBRD, 유럽중앙은행, 국제통화금융위원회 등이 있다(위키피디아).

한편, 다보스포럼은 공식명칭이 세계경제포럼(World Economic Forum, WEF)으로서, 스위스의 휴양도시 다보스에서 열리는 민간인 경제포럼이다. 매

년 재계, 정계 주요 인사들이 모일 수 있는 주요 만남의 장소로서, 미래를 함께 고민하고 목소리를 낼 기회의 장으로 활용되고 있다. .본부는 스위스 제네바에 있으며, 주로 다보스에서 열리기 때문에 다보스 포럼으로 불린다. 1971년 독일 태생의 유대인으로 하버드 대학교 클라우스 슈바브(Klaus Schwab)교수가 비영리 재단으로 창설하였다. 초기에는 "유럽인 경영 심포지엄"으로 출발하였으나, 1973년에 전 세계로 넓혀져 정치인으로까지 확대되었다. 1981년부터는 매년 스위스 다보스에서 개최되기 시작하였다. 독립된 비영리 단체로서 세계 각국의 정상과 장관, 국제기구 수장, 재계 및 금융계 최고 경영자들이 모여 각종 정보를 교환하고, 세계경제 발전방안 등에 대해 논의한다(위키피디아).

또한 다보스 포럼은 각 국 정부간에 정책협력을 위한 '공식적 만남'의 장소가 아니라, 전 세계 각 사회계층에서 협력이 필요한 글로벌 이슈를 논의하고 의견을 교환하는 '자발적 모임'이기도 하다. 그러므로 문제의 해결책을 바로 제시하지는 않으나, 국제적 여론의 커다란 관심과 더불어 추후 정책형성에 이바지할 수 있는 중요한 이슈와 지식, 정보, 공감 등을 나누고 제공한다는 점에서 이 행사의 의미와 성과를 찾을 수 있다. 2013년 1월 23~27일 동안 열린 43회 다보스포럼에는 독일 앙겔라 메르켈 총리, 영국 데이브드 캐머런 총리, 러시아 디미트리 메드베데프 총리, UN 반기문 총장, 세계은행 김용 총재 등 주요국 국가원수를 비롯한 정 · 재계 고위 인사들이 2,500명 참석했다. NGO들과 뉴스를 타전하는 취재단까지 포함하면 3천명이 넘는 인원이다. 우리나라에서는 대통령 특사를 포함해서 약 20여명의 주요 정치인과 경제인들이 참가했다. 2013년의 주제는 '회복력 있는 역동성(resilient dynamism)'으로 설정되었으며, 앙겔라 메르켈 총리의 개회사를 시작으로 글로벌 경제침체에서 국제사회가 어떻게 회복할 것인가에 초점을 맞추었다(다보스 포럼 홈페이지(www.weforum.org 참고).

그러나 한편으로는 다보스 포럼이 '부자들의 말잔치'라는 부정적인 견해가 있다. 클라우스 슈밥 WEF 회장은 일각이 제기하는 이 비아냥에 대해 '다보스 포럼은 250여개 세션을 통해 참가자들이 서로 대화하고, 화해하며 세계 경제의 질서와 균형을 도모기 위해 말한다'는 점을 강조했다. 그럼에도 불구하고 다보스포럼의 1인당 참가비가 약 8천만원에 상당하는 고액인데다가, 참가자들 면면이 세계 주요국의 정상들과 빌 게이츠를 비롯한 세계경제를 움직이는 CEO들 중심이어서 '부자들의 모임'임에는 틀림이 없다. 하지만 이들이 컨벤션을 하면서 세계의 정치, 경제, 환경, 복지, 질병 등의 주요 이슈들을 아젠다화 하고, 힘 있는 리더들이 네트워킹 하면서 지구의 현안과 미래를 함께 논의하는 학술회의장이란 사실에 주목할 필요가 있다. 정치적으로 강하고 경제적으로 부요한 이들이 한자리에 모여서 세계 정치와 경제의 현상들을 토론하면서 해결책을 강구하다보면 결과적으로 정치력과 외교력도 발휘되는 것이다.

이에 반해 아시아판 다보스 포럼'이라 불리는 보아오(Boao) 포럼은 학술적이기 보다 네트워크 지향적인 색채가 강하다. 아시아 국가간 교류와 협력을 강화하기 위해 중국 주도로 결성된 이 포럼은 지난 2002년 첫 연례총회를 개최한 이래 매년 4월 보아오에서 고정적으로 열린다. NGO단체인 보아오포럼 사무국이 주최하는 행사이지만, 해마다 국가주석 또는 총리가 참석해 기조연설을 하고 주요 경제 분야 장관급 인사들이 대거 참석해 이 포럼을 중국 주도의 국

제 여론형성의 장으로 이끌고 있다. 2013년도 올해로 12회째를 맞는 이번 포럼에서는 시진핑 중국 국가주석이 기조연설을 하고, 주요 2개국(G2)로 등극한 중국 지도자들을 만나기 위해 각국 전 · 현직 관리, 경제 · 기업인, 비정부기구(NGO)관계자, 학자, 언론인 등 2000여명이 참석했다. 주요 내빈으로 호주, 뉴질랜드, 카자흐스탄, 미얀마, 페루, 잠비아, 핀란드, 멕시코 등의 국가수반인 대통령 및 총리 10명과 국회의장 2명이 이름을 올렸다. 참석자들의 면면이 말해주듯이 보아오포럼은 이들 정상들의 사교장이자 외교무대로 발전하고 있다.

2013년 포럼은 격식이나 규모 면에서 사상 최대를 이루어 이른바 '시진핑 효과'를 나타내고 있다. 다보스가 학술지향적이라면 보아오는 외교지향적이라고 평가되는 이유가 여기에도 있다. 본 포럼의 주제는 '모두를 위해 발전을 추구하는 아시아'이며 약 50개 세션이 개설되었다. 특히 이번 포럼에서는 최근 화두가 된 화폐정책을 비롯해 도하 라운드(Doha Round), 국제통화기금(IMF), 주요 20개국(G20), 채무 리스크 등 글로벌 경제와 아시아 협력, 유럽연맹, 아프리카, 라틴 아메리카 등 지역적 화두가 함께 다뤄졌다. 또한 중소기업, 셰일가스 등 산업 분야와 공익 자선, 사회적 기업, 도시화, 식량 안전 등 사회 · 민생 의제도 논의되었다.

재계에서는 빌게이츠 게이츠재단 이사장, 조지 소로스 소로스 펀드매니지먼트 회장, 크리스틴 라가르드 국제통화기금(IMF) 총재 등이 참석하였고, 우리나라에서는 이재용 삼성전자 부회장과 한덕수 한국무역협회 회장 등이 자리를 함께 했다.

2.4 도시의 얼굴, 랜드마크 효과

흔히 컨벤션센터는 도시의 인프라로서 관광명소로 불려진다. 우리나라의 코엑스, 킨텍스, 벡스코, 엑스코뿐만 아니라 싱가포르의 마리나 베이 샌즈, 홍콩 컨벤션센터, 라스베가스의 시티센터 등도 마찬가지다. 서울에 가면 코엑스를 안내하듯, 부산에 관광을 가면 벡스코가 관광 명소로 소개된다. 제주에서는 ICC JEJU가 중문관관단지 내에 위치해 있고, 내부에 내국인 면세점이 있는데다가 그 마당에 최고의 관광객 기록을 자랑하는 주상절리가 있어, 컨벤션센터 또한 명실상부한 관광지로 기능한다. 게다가 입장료가 없으니 수학여행이나 대학생들에게는 금상첨화의 견학장소가 되기도 한다. 특히 세계무대에서 대형 컨벤션을 유치할 때는 컨벤션센터 건물이 낚시의 미끼처럼 작용할 때가 많다. 표현이 다소 거칠긴 하지만, 솔직히 여러 도시가 경합할 때 참가자들은 '가장 매력적인 장소'에 끌리게 된다. 이 점에서 제주도의 ICC JEJU는 홍콩 컨벤션센터와 다른 끌림이 있다. 무엇보다도 피곤한 일정 중에 치열한 유치경쟁이 불붙으면, '제주에서는 컨벤션이 특별한 휴가가 된다'는 멘트가 투표권을 쥔 참가자들의 마음을 사로잡기 십상이다. '국제무대에서 반드시 유치하고 싶은 컨벤션이 있다면 ICC JEJU와 함께 나가세요'라며 성공을 장담하는 ICC JEJU의 자부심이 결코 자랑만은 아니다. 컨벤션은 도시의 얼굴이기 때문이다.

컨벤션을 성공적으로 치르려면 도시의 재정비, 환경 개선, 인프라 확충 등이 전제되어야 하므로 ASEM, APEC, G20 등을 치루고 나면 도시가 눈에 띄게 달라지는 것이다. 하지만 컨벤션이 지속적인 성공을 거두려면 얼굴만이 아니라 마음으로 통해야 한다. 컨벤션 도시에서 만나는 사람들이 친절하고, 대화가 가능하며, 문화적인 유쾌함이 있어야 하는 것이다. 이 점에서 대규모 컨벤션을 치를 때, 시민의식을 제고하고 친선의 분위기를 조성하고, 지역문화와 교감의 기회를 만드는 것이 중요하다. 컨벤션은 특정 장소(venue)의 행사가 아니라 도시 전체의 축제처럼 치러져야 하기 때문이다. 그래야만 컨벤션을 통해 도시가 활성화되고, 시민의식이 향상되며, 도시 이미지가 고양됨으로써 지방이 국제화되는 것이다. 이것이 보이는 경제적 효과보다 더 중요하게 '컨벤션을 하는 이유'가 될 때, 컨벤션도시가 지속 가능한 발전으로 이어지게 된다.

그림 2-11 제주도 ICC JEJU(제주국제컨벤션센터)

그림 2-12 홍콩 컨벤션센터

03 컨벤션은 만남이다

1 컨벤션센터 CEO의 첫 번째 과업

컨벤션에서 가장 중요한 일은 무엇일까? 컨벤션센터 CEO의 관점에서 이 질문에 답하라면, 두 말 할 나위도 없이 '만남'이라 할 것이다.

2006년 3월 28일은 내가 제주국제컨벤션센터(ICC JEJU)의 주주총회를 통해 대표이사 사장으로 지명되고, 이사회의 승인을 거쳐 컨벤션사업에 첫 발을 내디딘 날이다. 아침부터 시작된 총회와 이사회의 운영과 의전은 눈 코 뜰 새 없이 바쁜 긴장 속에서 순발력과 지혜, 용기, 여유를 요하는 일들의 연속이었다. 가장 많이 보이는 게 사람이었고, 그들과 인사하고 대화하고 관계를 만들어 가는 것들이 주된 일이었다. 그러고 나서 혼자 있을 수 있는 내 방, 소위 사장실로 들어오자마자, 기다렸다는 듯이 직원들이 결재서류를 들고 차례차례 들어오기 시작했다. 아직은 낯설지만, 그래도 직원들과의 만남은 주주나 이사들보다 덜 긴장되고 더 가슴 뛰는 일이었다. 끊임없이 계속되는 지역유지들의 방문이나 언론기관들의 인터뷰, 관련업체들의 요청도 쉽지 않은 업무였다. 물론 컨벤션센터를 구성하는 여러 이해관계자들과의 만남 또한 그렇게 편안치만은 않은 것들이었다.

그렇게 하루 종일 사람들과 어울려서 경황없이 보내다가, 드디어 하루일이 마무리된다 싶은 저녁 시간에 이르렀다. 이제는 좀 한숨을 돌리려나 싶어 조용히 문을 닫고 노을을 보려는 순간, 서울에서 내려온 지사장이 진지한 얼굴로 들어왔다. 그 날 저녁 예정되어 있는 세계소동물수의사총회 아시아지역 회장(Dr. Roger)과의 미팅 건을 논의하기 위함이었다. 행사의 성격과 추진과정, 현안과 미래 가능성 등이 소개되는 중에, 나는 이제 곧 만나게 될 Dr. Roger야 말로 그날 동안 이루어진 모든 만남들보다 중요하고 어려운 사람임을 지각하게 되었다. 사실인 즉, 로저박사는 나에게 CEO 자리를 제공한 주주나 이사들보다 더 실질적으로 내 자리를 좌우할 의사결정자였다. 그 마음에 맞추어 내 진심이 통해야만 더 나은 비즈니스 관계가 진전될 수 있는 상전인 것이다. 소위 내가 맡은 과업과 자리의 존재 이유로서, '고객은 왕'이라고 칭해지는 교과서 속 '왕 중의 한 사람"이 실제로 내 앞에 등장하려는 상황이었다.

2011년에 개최 예정인 세계소동물수의사총회(World Small Animal Veterinary Association World Congress; WSAVA 2011)는 회원 76개국 90여 단체에서 3,000~5,000여명의 수의사들이 모여 소동물(반려동물) 수의학 발전을 위한 학술대회 및 세계 유명 수의학 저자들의 강의와 각국에서 온 수의사들끼리 만남을 통해 우정과 정보를 나누고, 관련산업의 전시행사를 개최하는 대형 컨벤션이다. 이 대회의 한국 유치를 추진하는 한국동물병원협회는 세계소동물수의사회에 2002년 가입해 2003년부터 정식회원국이 되었고, 가입한지 4년만에 세계대회 유치에 도전장을 던지고 있었다.

WSAVA는 대륙별로 각국을 순회하면서 개최되는데, 2007년 호주 시드니, 2008년 아일랜드 더블린, 2009년 브라질 상파울로, 2010년 스위스 제네바에서 개최될 예정이었다. 개최지 선정의 주요 평가요소들은 Location(최근 개최지와의 지역안배) 50점, Accessibility(교통편의) 10점, Affordability(수용태세) 10점, Facility(회의장과 전시장) 20점, Hotels(위치, 가격) 10점, Local

Association(행사경험, WSAVA회원으로서의 활동) 10점, Local PCO(회의전문기획사) 10점, Date(다른 컨퍼런스 일정 및 기후 등) 10점, Scientific Program(과학적인 프로그램) 5점, Tourism Opportunities(관광기회) 10점, Budget(예산) 20 등으로 구성되어 있다.

현재 한국의 당면 과제는 개고기를 먹는 '동물학대국가'라는 부정적인 국가이미지를 극복하고, 인천 국제공항에서 비행기를 다시 갈아타야 하는 접근성의 불리함을 넘어서, 대한민국 제주가 반드시 이 대회를 유치해 그 어느 도시보다 더 성공적으로 행사를 치러낼 수 있다는 당위성과 가능성을 입증하는 일이었다. 이러한 상황에 WSAVA 집행부가 차기 개최지로 말레시아를 더 적합하게 보고 잠정 지명해 놓은 상태라는 소문이 나돌고 있었다. 사실 말레시아는 접근성과 물가 면에서 한국보다 훨씬 더 유리한 환경에 있었다.

나는 Dr. Roger가 이 대회의 방향키를 제주 혹은 말레시아로 돌릴 수 있는 조타수로 보았다. 어쩌면 그의 마음을 돌려놓는 일이 나의 3년 임기 CEO 과업의 첫 번째 과제일 터였다. 일단 그가 청정 제주의 아름다움과 제주 사람들의 동물 사랑을 느낄 수 있도록 해보자는 마음을 먹었다. 다행히 ICC JEJU는 제주도에서도 석양이 아름답기로 소문난 장소였다. 나는 석양을 등지고 앉아, 그 황홀경의 배경사진이 온전히 Dr. Roger의 시야 속에 펼쳐지도록 자리를 디자인하였다. 그것은 마치 밀란 쿤데라의 소설 '참을 수 없는 존재의 가벼움'에 나오는 광경처럼, 석양으로 오렌지 빛을 띤 구름은 모든 것을 향수의 매력으로 빛나게 했다. 피로에 지친 얼굴조차도.

Dr. Roger는 내가 정성스럽게 차려진 제주의 전통 음식을 소개하면서, 그가 내 CEO 취임 후 첫 번째 손님임을 특별히 강조하자, 내심 매우 감동을 받는 눈치였다. 사실, 취임 첫날의 분주한 업무를 마치고서 저녁시간을 함께 하기 위해 황혼녘에 식탁을 마련하는 일이란, 예사롭게 흘려보낼 수 없는 부담과 성의가 배어날 수밖에 없는 자리다. 그 자리를 함께 한 한국동물병원협회 이사도 인상이 따뜻하고 언어가 부드러운 사람이었다. 나는 제주도의 오랜 풍습으로 돼지(pig)를 가족 구성원의 하나로 보고 한 울타리 안에서 함께 살았던 얘기를 전하면서, 제주의 독특한 자연환경과 생활풍습이 얼마나 소동물들에게 친숙하고 자연스러운 것인지를 강조하였다. 흔히 알려지기로는 제주의 전통적인 변소가 돼지우리 속에 설치되어 있어 비위생적인 것으로 인식되어 있지만, 한편으로 생각해 보면 돼지는 당시에 요즘의 반려동물과 같은 가족 구성원 중 하나요, 소중한 가산이요, 일상을 함께 하는 식구로도 볼 수 있었다.

또한 제주국제컨벤션센터(ICC JEJU)는 세계적으로 어디에 내놓아도 손색이 없는 아름다운 국제회의장임을 보여주고 확인시켜 주었다. 한꺼번에 4,300명을 수용할 수 있는 탐라홀과 드넓은 포이어, 전시장, 한라산과 태평양이 동시에 조망되는 로비공간과 다양한 중소 회의장들은 아시아 최고의 회의시설이지 않은가. 또한 행사경험과 수용태세 면에서 ICC JEJU와 제주도, 지역주민들은 WSAVA를 유치하고 개최하기에 충분한 열망과 의지가 넘쳤고, 중문단지에 위치해 있는 고품격 호텔들과 다양한 숙박시설들은 고객에게 맞춤가격을 제시할 수 있는 여지가 얼마나 높은가. 그리고 제주의 가을은 행사를 치루기에 더없이 좋은 기후와 날씨를 자랑하며, 이 모든 것들이 오로지 WSAVA 2011을 향해 준비되고 기다리며 열망하고 있음에랴.

어쨌든 만찬을 화기애애한 분위기 속에서 만족스럽게 마치고 만면에 웃음을 짓고 돌아간 Dr. Roger는 제주도에 기분 좋은 소식을 전해 주었다. 2007년 8월 19일부터 23일까지 호주 시드니에서 열린 제 32차 세계소동물수의사총회에서 제주는 경쟁국인 말레시아와 뉴질랜드를 누르고 '제 36차 세계소동물 수의사총회 개최지'로 결정되었다. 한국동물병원협회의 유치준비위원들과 제주의 유치추진단이 프리젠테이션 자료를 치밀하게 준비하고 각국 대사들에게 개별적으로 접근해서 설득작업을 적극적으로 전개한 노력이 크게 플러스로 작용하였다. 무엇보다도 한국동물병원협회가 동물들의 건강과 질병예방, 동물복지증진 노력 등을 통해 동물들의 삶의 질과 국가 이미지를 높이고, 세계수의사단체에서 한국의 발언권을 강화하고, WSAVA 2011을 한국수의학 발전의 재도약 기회로 삼겠다는 약속들이 신뢰와 지지를 얻게 된 요인이었다. 그리고 2년 전부터 제주도를 한국내 개최후보지로 선정해 제주국제컨벤션센터, 제주특별자치도, 제주컨벤션뷰로, 한국관광공사 등과 합심해서 계획적이고 치밀한 유치활동을 전개한 점이 성공의 중심축을 이뤘다. 하지만 Dr.Rroger가 직접 제주를 방문하고 제주사람들을 만나 진심으로 전해 받은 유치 희망 의사와 정성, 제주의 자연환경 속에서 발산되는 청정한 동물 보호분위기가 모든 요소를 성공으로 매듭짓는 마감재 역할을 했으리라 믿는다. 그리고 Dr. Roger뿐만 아니라 재무이사 Dr. Kirpenstein을 비롯한 전임 회장, 일본, 중국, 대만 회장 등을 수차례 걸쳐 제주에 초청하고 개별적인 설득작업을 진행한 것들이 단단한 접착제로 작용했으리라 생각한다.

이 소동물수의사총회는 2011년 10월 14~17일 기간 동안 세계 53개국에서 5,200명이 참가한 가운데 250여개의 학술강의와 170개의 전시회를 통해 반려동물의 복지와 인수공통전염병 등에 관해 머리를 맞댔다.

이 한 가지 예가 전적으로 시사하는 바는 컨벤션센터 CEO의 첫 번째 과업은 컨벤션을 유치하기 위해 사람을 만나는 일이란 사실이다. 이렇게 시작된 나의 컨벤션 CEO 생활은 ICC JEJU 내에서는 물론 국내외 어디를 가나 컨벤션 현재고객과 잠재고객을 만나는 일로 이어지고 채워졌다. 그야말로 '컨벤션은 만남이다'라고 해도 과언이 아닐 정도로 컨벤션센터 CEO는 컨벤

그림 3-1 세계소동물수의사총회 제주유치 확정 기념: 2007.8.19, 호주 시드니

그림 3-2　세계소동물수의사총회 제주 개최: 2011.10.14, 한국 ICC JEJU

션과 관련된 사람들을 만나고, 그 사람을 통해 새로운 컨벤션을 소개받고, 그렇게 꼬리에 꼬리를 물고서 사람과 사람, 만남과 만남을 이어가며 컨벤션의 지경을 넓혀 가는 만남의 경영자라고 할 수 있었다.

2　컨벤션에서 벌어지는 진실의 순간(MOT)들

진실의 순간(Moment Of Truth: MOT)은 스페인의 투우 용어인 'Moment De La Verdad'에서 유래된 것으로, 스페인의 마케팅 학자인 리차드 노먼(R. Norman)이 처음으로 서비스품질관리에 적용해, '투우사가 소의 급소를 찌르는 순간처럼 실패가 허용되지 않는 매우 중요한 순간'으로 개념화된 용어다. 이미 일반화된 사례로서, 스칸디나비아항공(SAS)의 CEO인 얀 칼슨(Jan Carlzon)이 MOT 개념을 도입해 위기에 빠진 회사를 회생시킴으로써 MOT는 서비스기업 품질경영의 신화가 되었다. 1980년 얀 칼슨 사장이 SAS에 취임하였을 때, SAS는 연간 8백만 달러에 달하는 적자를 보고 있었다. 칼슨은 연간 천만명의 승객이 5명 정도의 SAS 사원과 접촉해 평균 15초의 응대시간을 가지므로, '1회 15초, 1년간 5천만 회'에 걸쳐서 고객의 뇌리에 SAS의 인상이 '결정적 순간'으로 작용하게 된다고 보았다. 그러므로 그는 결국 SAS의 성공을 좌우하는 바로 이 순간에 SAS를 선택한 고객들에게 최상의 인상을 남겨야 한다고 생각했다.

이 MOT 개념을 소개하기 위해 칼슨이 자주 사용한 실 예는 '승객들이 만약 자신의 음식 트레이가 지저분하다는 것을 발견하게 되면 그 순간 자신이 탑승한 비행기가 불결하다고 느끼게 된다'는 것이다. 이처럼 MOT는 서비스 제공자가 고객들에게 서비스 품질을 보여줄 수 있는 지극히 짧은 시간이지만, 그 회사에 대한 고객의 인상을 결정짓는 매우 중요한 순간이 되는 것이다. 그러므로 기업은 첫째, 고객이 누구인지, 둘째, 고객은 우리에게 무엇을 원하는지, 셋째, 고객을 만족시키기 위해서는 무엇을 해야 하는지에 대한 분석을 수행할 필요가 있다. SAS의 경우 고객분석을 통해 비행기로 자주 여행하는 단골 비즈니스맨들을 주고객으로 삼고, 바쁜 비즈니스맨들이 이착륙시간의 엄수와 짐을 싣고 찾는 시간의 단축을 가장 원하고 있음을 포착했다. 그리고 그러한 고객의 욕구를 충족시켜 줄 수 있는 서비스를 개발함으로써 고객지향적 조직으로 거듭나기 위한 노력을 전사적으로 펼친 결과, 고객만족 조직으로 거듭나고, 그 결과, 적자에서 벗어나 흑자항공사를 대표하는 기업이 되었다.

이처럼 MOT는 고객이 종업원과 접촉하는 순간에 발생하지만, 회사의 건물이나 시설, 기계, 프로그램, 서류, 제도, 사람 등과 같은 다양한 환경(servicecape))과 직 · 간접적으로 접하는 순간에 발생할 수도 있다. 여기에서 서비스스케이프(servicescape)란 서비스가 전달되는 물리적, 사회적, 자연적 환경의 총체로서, 고객의 서비스체험에 대한 지각, 가치, 만족, 유지 등을 결정짓는 요소들이다. 요컨대, 이러한 결정적 순간들이 쌓여서 회사 전체의 서비스품질이 결정되는 것이다. 그러므로 기업은 종업원을 비롯한 회사의 유 · 무형 자원들이 고객을 대하는 짧은 순간에 고객으로 하여금 최선의 선택을 하였다는 기분이 들도록 만들어야 한다.

컨벤션의 경우에도 진실의 순간은 컨벤션 유치과정의 팸투어(famtour), 개최지 조사(site inspection), 컨벤션 개최, 개최후의 마무리와 후속조치(AS) 등과 같은 시점에서 다양하게 발생한다. 그러므로 여타 서비스업 경영과 마찬가지로, 이 MOT 관리가 컨벤션의 경우에도 전반적인 성공요인으로 작용하게 될 것이다. 또한 MOT 관리에서 중요한 부분은, MOT는 한 두 순간만이 아니라 서비스가 이루어지는 전 과정에 걸쳐서 다양하게 발생하므로, 어느 하나라도 빠져서 한순간에 고객을 잃어버리지 않도록 MOT 사이클 전체를 관리할 필요가 있다는 점이다. 흔히 간과되기 쉬운 안내원, 경비원, 주차관리원, 전화교환원, 상담접수원 등 일선 서비스요원들의 서비스태도가 회사의 운명을 결정지을 수 있음을 인식해야만 할 것이다. 어쩌면 MOT 하나하나가 그 자체로서 상품이 될 수 있는 요소들이다.

그리고 이 MOT는 고객의 시각에서 관리되어져야만 할 필요가 있다. 이를테면 컨벤션센터나 호텔에서 열리는 세미나의 휴식시간에 우선적으로 고려해야 할 5가지 요소를 조사한 바에 따르면, 세미나 참석자들은 커피나 홍차가 준비되어 있을 것, 신속하게 나갔다가 다시 돌아올 수 있을 것, 화장실이 가까이 있어서 빠른 시간내에 이용할 수 있을 것, 자기 사무실에 손쉽게 연락할 수 있는 채널이 있을 것, 다른 참석자들과 대화를 나눌 수 있는 충분한 공간이 있을 것 등이 중시된다.

이상의 내용을 바탕으로, 이하에서는 컨벤션에서 진실의 순간이 발생할 수 있는 유형과 상황에서 '어떻게 대응해 나갈 것인지'를 점검해 보고자 한다.

2.1 팸투어(Familiarization Tour)

팸투어는 단어의 뜻으로 보건대, 행사의 목적지(destination 혹은 venue)를 친숙하게 만들기 위해 의도적으로 기획된 여행으로 해석되며, '사전답사여행' 정도로 번역이 된다. 또한 팸투어의 팸(fam)은 텔레비전을 텔레비, 에어컨디셔너를 에어컨, 매스커뮤니케이션을 매스컴, 리모트 컨트롤러를 리모콘 등으로 줄여쓰기 좋아하는 일본인들이 만든 단어로 짐작되고 있기도 하다. 요컨대, 팸투어란 항공사나 여행업체, 지방자치단체, 기타 공급업자들이 자기들의 관광상품이나 특정 관광지를 홍보하기 위해 여행사 또는 관련업자들, 유관인사들을 초청해 관광서비스를 제공하는 프로그램이다.

행사의 성격이나 규모에 따라 초청되는 사람들을 기사화하기 위해 기자들을 포함하기도 하고, 홍보에 도움이 되는 유력인사들을 일부러 구성원으로 포함시키기도 한다. 아울러 상품개발을 목적으로 여행업자들을 초청하여 그 지역의 관광자원을 둘러보게 하는 용도로도 사용된다. 최근들어 선풍적인 인기를 끌고 있는 의료관광을 활성화하기 위해 국가 혹은 도시가 이 팸투어 제도를 활용하는 경우도 많다. 우리나라 지자체들이 지역의 관광산업을 활성화시킬 목적으로 SNS 마케팅 차원에서 블로거들을 초청해 지역의 관광지를 둘러보게 하는 사례도 부쩍 늘어나고 있다. 이천 쌀문화축제, 강릉 단오제 등이 바로 그 사례이며, 여수 엑스포, 산청 엑스포 등도 팸투어 제도를 통해 지역 행사를 마케팅하는 경우들이다. 또한 지자체와 관광공사가 함께 해외 소재 여행사를 초청해 신규관광지를 홍보하는 것도 도시마케팅의 새로운 기법으로 각광받고 있다.

컨벤션센터 또한 새로운 컨벤션이나 대형 컨벤션, 국가 주재 컨벤션을 앞두고 관련된 이들을 초청하여 팸투어를 실시한다. 팸투어를 통해 회의장은 물론 숙박, 식음, 관광 등의 주변환경을 소개하고 경험케 함으로써 대상지에 대한 의문이나 우려를 불식시킬 수 있는 효과가 있다. 특히 제주도처럼 장소가 멀리 떨어져 있거나 자연환경 및 기후여건이 독특해서 사전 답사가 필요한 경우에는 팸투어제도가 매우 유익하게 사용된다. 세계소동물수의사총회와 같이 이미 한국을 대표하는 도시로 선정된 경우는 물론이고 학회나 협회, 정부기관이 불특정 다수의 도시를 검토할 경우에도 팸투어를 통해 미리 장소(venue)를 알림으로써 선제적 마케팅 효과를 낳을 수도 있다.

제주국제컨벤션센터의 경우에는 1년에 두 번 정도 정기적인 팸투어를 실시한다. 컨벤션 성수기를 벗어나 장소와 업무가 비교적 한가한 때를 선택해, 미래에 컨벤션을 기획중이거나 그럴 가능성이 높은 잠재고객들을 한꺼번에 초청한다. 다양한 그룹을 한 자리에 모아 놓으면 서로 정보와 경험을 공유할 수 있어, 비교적 호의적인 분위기가 공감되기 쉽다. 또한 비수기를 이용하므로 지역의 호텔이나 관광지 등의 지원을 받을 수도 있어, 지역을 공동으로 마케팅하는 효과도 있다. 뿐만 아니라 타지역이나 타기관에 대한 정보도 나눌 수 있고, 무엇보다도 팸투어단과 직원들이 돈독한 관계를 형성할 수 있어서 일거양득이 된다. 중국이나 일본, 대만, 싱가폴 등 인근의 해외 여행사 CEO들을 단체로 초청해서 제주를 팸투어 할 때는, 한국관광공사(KTO)와 제주관광공사(JTO), 제주컨벤션뷰로(JCVB) 등의 특별한 행 · 재정적 지원을 받으면서 관련제도를 소개할 수도 있다.

한편, 이들 팸투어단이 ICC JEJU에 도착하는 순간이, 내게는 진실의 순간을 만들고 팔 수 있는 절호의 기회가 된다. 통상적으로 그들이 도착하기 전, CEO를 비롯한 임직원들이 미리 현관에 나가 있다가 버스가 도착하면, 손을 흔들어 환영의 뜻을 표한다. 물론 이 팸투어단에는 우리 직원이 인솔자로서 동반한다. 그들이 차례차례 내릴 때마다 일일이 악수하거나 포옹하는 식의 다정함을 표현하는데, 이 순간이 바로 첫 번째 MOT가 된다. 이 때 CEO나 직원들이 특별히 한복을 차려입거나 꽃을 한 송이씩 전하는 등의 남다른 정성을 발휘하면, 대개의 경우 사람들은 어색함을 풀기 시작한다. 그리고 그들을 직접 영접하여 건물 안으로 함께 들어선 순간, 로비층의 안내 데스트 직원들이 큰소리로 환영인사를 하면 특별한 우대를 받은 듯 얼굴에 미소가 번지기 시작한다. 두 번째 MOT가 발생하는 순간이다. 로비를 지나 시설을 둘러보며 팸투어 의식을 진행할 공식 행사장소에 도착했을 때, 특별히 차려입은 식음료팀 직원들이 기다렸다는 듯이 일제히 환영인사를 하며 음료를 제공하면, 바야흐로 세 번째 MOT가 연출된다. 이 경우 인사란 아무리 반복돼도 효력이 저감되지 않는 강력한 환영무기로 작용한다.

팸투어 장소에 미리 준비되어 가지런히 기다리는 테이블로 안내되면, 서로가 자연스레 명함을 교환하고 통성명을 시작하게 되는데, 그 짧은 시간 동안에 상당부분 어색함과 긴장감이 풀렸음이 드러난다. 이때, 잔잔하게 울려 퍼지는 음악은 그래도 남아 있는 긴장감과 피곤함을 산들바람처럼 풀어준다. 마침내 CEO가 일일이 테이블을 돌며 악수를 청하고 고마움을 전하는 순간, 마지막까지 남아 있던 피곤의 찌꺼기들이 눈 녹듯이 사라진다. 설사 마지막 한 사람 혹은 얼마의 긴장감이 남아 있을지라도, 테이블마다 한두 명씩 섞여 앉은 직원들이 그것들을 어루만질 수 있다. 마지막으로, 현수막에서 빛나는 공식적인 환영 인사와 CEO의 환영사가 그들 모두를 VIP 고객으로 모셔 들인다. 화룡점정의 마무리인 셈이다. CEO가 인사말을 마치면서 김춘수 시인의 '꽃'이란 시를 낭독할 즈음, 대부분의 참가자들은 만면에 웃음을 꽃피우기 시작한다.

꽃

김춘수

내가 그의 이름을 불러주기 전에는
그는 다만
하나의 몸짓에 지나지 않았다.

내가 그의 이름을 불러주었을 때,
그는 나에게로 와서
꽃이 되었다.

내가 그의 이름을 불러준 것처럼
나의 이 빛깔과 향기에 알맞은
누가 나의 이름을 불러다오.
그에게로 가서 나도
그의 꽃이 되고 싶다.

우리들은 모두
무엇이 되고 싶다.
너는 나에게 나는 너에게
잊혀지지 않는 하나의 눈짓이 되고 싶다

이 시보다도 더 분명하게 처음 만난 사람들 간의 관계를 끈끈하게 맺어줄 언어가 있을까? 이쯤에서 송악산으로 기울어지는 해가 온 하늘에 드넓은 노을 그림을 막 펼치고, 근사하게 차려입은 식음팀들이 우아하게 식사를 나르기 시작한다. 기분좋게 식사가 시작되면, 투어팀의 연장자에게 건배의 기회를 제공한다. 식사후 경품권을 추첨해 크고 작은 선물들을 나누고, 현수막 아래서 기념사진을 찍고, 시설을 둘러보고, 삼삼오오 자유롭게 대화의 시간을 갖는다. 그리고 자연스레 호텔로 안내되고, 다음날 관광지를 둘러보고, 지역주민들을 만나고, 토속음식을 맛보면서 수많은 MOT가 이어진다. 투어팀이 제주공항을 떠날 때쯤, 이들의 가슴속에는 작은 감동과 추억들이 약속과 결단으로 영글어 간다. 그야말로 팸투어는 제주지역 컨벤션이 관계의 지경을 넓혀나가는 데 특별한 영향력을 발휘한다. ICC JEJU의 컨벤션도 팸투어를 통해 발굴되고 육성되어 마침내 개화하고 결실하는 경우가 비교적 많다. 어쨌든 팸투어는 진실의 순간을 한없이 피워낼 수 있는 비장의 마케팅 카드다.

다음은 필자가 ICC JEJU의 CEO로 있을 때 팸투어로 인해 성사된 한국학술단체총연합회의 통합학술대회 사례다.

그림 3-3 ICC JEJU의 팸투어 사례

2007년 18일부터 20일까지 3일간 제주국제컨벤션센터에서 열린 한국학술단체연합회(회장 조동성, 이하 학단연)의 제2회 통합학술대회는 성공적으로 개최된 것으로 평가되고 있다.

'학문탐구의 지속가능성 모색'이라는 주제로 열린 이 학술대회에는 90여개의 세부학회에서 1000여명의 회원 및 가족이 참여했다. 참가자들은 제주도의 아름다운 자연과 ICC Jeju 시설 및 주변 환경에 대한 만족감을 피력했다. 회의 개최 장소에 대한 만족감은 학단연 회원인 개별 학회들의 향후 개최지 선정에도 긍정적인 영향을 미쳤다. 구체적인 사례로 한국교육학회(2007년 11월, 1000명 규모), 대한약학회(2008년 5, 1200명 규모)가 ICC Jeju를 회의 개최지로 선정했다.

ICC Jeju는 이번 통합학술대회에 참가했던 학회들을 중심으로 추가적인 회의마케팅 활동을 전개해, 추가 회의 유치의 길들을 열었다. 사실 이 행사는 2006년 9월 9일과 10일 양일간 ICC Jeju와 제주컨벤션뷰로가 공동 주관했던 팸투어의 성과로 결정된 것이어서 그 의의가 더 크다. 이 사례는 특정행사의 성공적인 개최가 또 다른 회의 유치와 회의 유치 마케팅활동에 가속도를 높여 줄 수 있다는 교훈을 남기면서 제주특별자치도 · 제주컨벤션뷰로 · ICC Jeju 등 관계 기관들의 회의 산업 육성에 새로운 지평을 제시했다(미디어제주 2007.6.22).

2.2 개최지 현장답사(Site Inspection)

Dr. Roger와의 만남처럼, 컨벤션에서는 수많은 사람들과 무수한 만남들이 벌어진다. 가장 보편적인 것들이 컨벤션을 하기 위해 장소를 둘러보러 오는 회장단 혹은 사절단(site inspection team)과의 만남이다. 이들은 보통 약속을 하고 계획에 의해 방문하므로 미리 시나리오를 작성하여 가장 최선의 모습으로 맞이할 수 있는 장점이 있다. APEC이나 ASEM과 같은 대규모 정부회의를 위한 실사단 방문시에는 공항에서부터 환영 현수막을 내걸어 대대적인 환영식을 개최하기도 한다. 그리고 제주의 경우에는 자치경찰단이 등장해 공항에서부터 행사예정지인 제주국제컨벤션센터(ICC JEJU)까지 앞장서서 행사차량들을 안내하고 차량 통행을 제한하기도 한다. 그리고 행사장에 도착하면 ICC JEJU의 CEO를 포함해 전 직원들이 나와 박수로 맞이하고 회의장까지 레드 카펫을 깔아 방문단의 입장을 최대한 환영하는 환대분위기를 연출한다. 그 전에 중문관광단지와 인접 지역의 시민들이 도로가에 나와 이들에게 환호와 갈채를 보냄으로써 대대적인 환영 분위기를 조성하기도 한다. 통상적으로 엑스포나 올림픽을 유치할 때 주체도시 주민들이 길거리로 몰려나와 환영하는 분위기를 연출하는 경우와 비슷한 상황이다.

이 경우 사절단은 우선 첫인상과 눈에 보이는 이미지들을 통해 개최지의 적절성을 평가하게 되므로 개최지에서는 가장 먼저 물리적 환경에 신경을 쓰게 된다. 소위 서비스품질을 구성하는 요소 중에서 유형성(tangibles)에 해당하는 것으로, 물적 시설, 건물, 회의장, 장비, 직원들의 외모, 시설내 다른 사람들, 전반적인 분위기와 같은 것들을 말한다. APEC과 같이 정상을 수반하는 대형 정부회의의 경우에는 회의장을 선택하는 속성 중에서 회의장 규모와 수, 편의시설, 교통, 안전 등 눈에 보이는 물리적 환경에 더 비중을 두게 된다. 뿐만 아니라 정상들의 숙소로서 호텔의 품격과 규모, 수 등이 매우 중요하게 고려된다. 숙박, 음식, 관광 등의 기본 인프라가 불충분한 도시들은 정상회의 개최지로서 처음부터 고려되기가 쉽지 않다. 물론 도시의 명성이나 시민의식 등도 간과될 수 없는 요소들이지만, MOT 관점에서는 눈에 보이는 유형성 차원의 것들이 중시될 수밖에 없다.

2005년에 개최된 APEC의 경우에는 서울, 부산, 제주가 치열한 유치경쟁을 벌인 바 있다. 당시 APEC 준비기획단 실장은 '현재 신청도시들이 모두 국제회의장을 갖추고 있으므로 새로운 대규모시설은 조성하지 않아도 될 상황'임을 강조하며, 국제회의장이 APEC의 기본전제임을 피력하였다. 더불어서 '5천명 이상을 수용할 수 있는 숙박시설, 공항여건, 경호 및 교통여건' 등 8가지 기준을 토대로 개최도시 결정이 판가름 날 것임을 천명하였다. 이 시설들은 APEC 참가자들의 첫인상을 좌우하는 MOT 포인트로서, 이 진실의 순간들이 연결되고 종합되어서 국제회의도시의 위상이 결정되는 것이다.

그동안 APEC이 열렸던 주요도시들은 싱가포르, 칠레 산티아고, 태국 방콕, 멕시코 로스카보스, 중국 상하이, 뉴질랜드 오클랜드, 말레지아 쿠알라룸푸르, 캐나다 벤쿠버, 필리핀 수빅, 일본 오사카, 미국 시애틀 등이다. 이들의 공통된 특성은 대체로 바다를 끼고 있어서 경관이 수려하고, 행정을 대표하는 제 1도시보다 경제를 대변하는 제 2도시로서의 브랜드를 갖고 있다. APEC을 통해 도시 인프라가 보완되고, 도시 이미지와 시민의식이 개선되며, 도시브랜드가 향상되는 측면을 생각하면 이해가 되는 부분이다. 어쨌든 APEC과 같은 대규모 정상회의 개최지를 실사할 때는 컨벤션 서비스의 유형성에서 MOT를 찾는 것으로 판단된다.

한편 민간인들의 모임인 협회나 학회가 개최하는 총회나 학술대회의 경우에는 인적서비스, 프로그램, 비용 등과 같은 소프트웨어가 하드웨어 못지않게 중시된다. 회의를 유치하는 시설의 사람들, 지역 주민들의 서비스품질과 주최측의 행사 프로그램 등은 서비스의 MOT를 다각도로 확인할 수 있는 요인들이다. 그러므로 정부회의는 간혹 정치적 판단에 다소 영향을 입기도 하지만, 이들 민간회의는 서비스품질에 보다 충실히 입각해서 결정되는 성향이 더 높다. 요컨대 협회나 학회 유치시 행해지는 사전조사에서는 사람들이 연출하는 MOT가 매우 중요한 영향력을 발휘하게 된다. 사람들간에 벌어지는 만남이 보다 중요해지는 것이다.

한 가지 사례로, 내가 ICC JEJU의 CEO로 있을 때, 세계양돈수의사총회를 유치하고자 하였다. 사실상 이 컨벤션은 2008년 남아프리카공화국 더반에서 벌어지는 전차대회에서 개최지를 결정하기로 되어 있어, 총회유치 한국본부 입장에서는 잠정 서울을 개최지로 생각하고 있었다. 그러나 우리는 이 대회가 제주의 환경적 · 경제적 측면과 매우 맞아떨어지고, 대규모 컨벤션을 ICC JEJU에 유치할 경우 지역경제파급효과가 상당하다는 판단이 들어, 적극적으로 개최지 후보 의사를 표명하였다. 우여곡절 끝에 이 대회의 현장실사단이 제주에 도착하던 날, 마침 ICC JEJU에서 회의를 주재하던 제주도지사가 그들을 영접하게 되었다. 예기치 않았던 도지사의 등장과 그의 적극적이고 친절한 유치의사에 감동받아 실사단은 제주유치를 진지하게 검토하게 되었다. 바로 MOT가 결정적으로 작동했던 셈이다.

결국 이 대회는 한국내 개최후보지로 제주를 선택하게 되었다. 그리고 남아공 더반에서 세계 총회 회원들에게 한국 유치를 호소할 적에는 ICC JEJU의 외관과 시설이 그들의 감동을 자아냈다. 봄날의 유채꽃과 함께 ICC JEJU의 건물과 풍경이 바다를 배경으로 파노라마처럼 펼쳐질 때, 사람들은 감동받은 느낌 그대로 '원더풀'을 외쳤고, 제주의 아름다운 자연은 2012년 세계양돈수의사총회를 제주로 유치하는 데 지대한 영향을 미쳤다. 그야말로 사람과 사람의 만남에서 발생하는 진실의 순간과 사람과 자연 사이에서 발산되는 진실의 순간이 그 마음들을 움직여서 행사 유치로 이어진 것이다.

2.3 컨벤션 개최 현장(Opening Place)

유치된 행사가 개최될 즈음, 가장 먼저 신경을 쓰는 부분은 교통과 등록이다. 특히 제주도처럼 공항을 통해 사람들이 한꺼번에 들어올 때는 공항에서부터 안내가 이루어져야 한다. 물론 대형 컨벤션의 경우에는 비행기 내에서부터 승무원의 특별한 환영 인사가 있어, 이 행사의 첫 번째 MOT로 작용하기도 한다. 외국에서 장거리 비행기를 타고 힘들게 목적지에 도착한 경우에는 이러한 작은 환대가 커다란 감동으로 다가올 것이다. 아직 비행기를 내리기도 전, 어떠한 기대도 하지 않은 상태에서 누군가 자신을 알아주고 기다리고 있다는 것은 분명히 흥분이 될 만한 일이다. 대부분의 경우에는 비행기에서 내려 입국장에 도착해 두리번거리게 되는데, 이쯤에서 바로 그 컨벤션 참가자들을 환영하는 현수막이나 광고판을 보게 되면, 참으로 반가울 것이다. 바로 그 환대받는 느낌이 그에게는 강력한 MOT가 되는 것이다.

출국장을 빠져나와 공항로비에 도착할 즈음, 행사에 대한 안내표지나 안내요원들을 만나게 되면, 이 또한 반갑고 안심이 되는 일이다. 순조롭게 버스나 리무진을 타고 행사장에 도착할 때까지 함께 탄 동행들이나 창밖의 풍경들은 또 다른 감흥을 안겨줄 것이다. 때마침 날씨가 화창하고 계절이 아름다운 봄이나 가을이라면, 제주 공항에서 ICC JEJU까지 시원하게 뻗어 있는 평화로를 달리는 동안, 다양하게 펼쳐지는 독특한 풍경들이 여행의 피로를 여유롭게 씻어줄 것이다. 30~40분의 드라이브가 약간의 지루함을 불러일으킬 즈음, 갑자기 펼쳐지는 중문관광단지의 전경과 ICC JEJU의 친숙한 외관은 무사도착의 안심을 심어주기에 족하리라.

목적지에 도착해 버스에서 내리자마자 행사요원들이 달려 나와 반갑게 맞아준다면, ICC JEJU와의 첫 번째 만남은 오랜만의 친구처럼 친밀하고도 포근할 것이다. 드디어 현관을 밀고 첫 발을 안으로 내딛는 순간, 로비에 마련돼 있는 등록데스크들이 질서정연하고, 직원들이 친절한 인사와 익숙한 동작으로 신속하게 등록 작업을 처리해 준다면, '컨벤션에 참가하기를 참 잘했다'는 만족감과 앞으로 벌어질 행사에 대한 기대감이 기분 좋게 심신 상태를 이완시켜 주리라. 실제로 컨벤션이 열릴 때 ICC JEJU에 들어서면, 가장 먼저 눈에 띄는 게 등록 데스크다. 데스크에 도착하면서부터 회의참가 관련 일체 서비스가 원스톱으로 부드럽게 진행되면 개막식, 리셉션, 회의장, 전시관 들이 화기애애하게 돌아간다. 참가자 수나 회의 몰입도, 만족도 또한 평균 이상을 기록한다. 일단 진실의 순간이 통하게 되면, 그 회의는 절반 이상 성공가도를 달리게 되는 것이다.

이처럼 컨벤션의 첫 번째 관문인 등록은 이후에 전개될 개막식과 환영리셉션, 세미나와 포럼, 워크숍, 전시, 폐막식 등의 다양한 행사들이 성공적으로 치러지는 전조가 된다. 또한 모든 행사장의 사인보드와 영상, 음향, 통역, 방향, 자료 등이 회의와 발표, 토론 등의 사람들 간 교류와 만남을 순조롭게 이어줄 것이다. 이 모든 과정과 순간들 속에서 MOT가 살아 움직일 때, 컨벤션은 만남 그 자체로 정의될 것이다. 사실상 컨벤션은 만남이다.

3 그러나, 마지막을 더 화려하게

컨벤션의 마지막 행사는 폐막식이다. 그러므로 폐막식은 행사의 종합점수를 마지막으로 끌어올릴 수 있는 절호의 기회다. 하지만 Richard Chase의 고전적인 글, 'Want to perfect Your company's service? Use behavioral service(행동과학에서 배우는 서비스경영의 노하우)에 의하면, 서비스 기업들은 대개 고객과의 만남의 시작과 끝(service bookends)은 고객이 볼 때 똑같은 중요성을 띠고 있다고 생각한다. 하지만 이것은 매우 잘못된 믿음이다. 현실적으로는 고객의 기억에 남는 것이 결말이므로 사실은 마지막이 훨씬 더 중요하다. 물론 시작단계에서 고객의 기본적인 만족을 이끌어내는 게 중요하다. 하지만 시작은 다소 미약하게 출발하더라도 마지막에 약진하는 기업이 처음에 크게 출발했다가 그렇고 그런 결말에 이르는 기업보다 더 낫다. 소위 '강하게 끝내라'는 이 원칙은 사람들이 발전을 천성적으로 선호한다는 사실에 바탕을 두고 있기도 하다(HBR, 2001).

끝내 대단한 성과를 내지 못하는 경우에도 다소 화려하게 끝내는 편이 현명하다. 항공업계의 경우를 보면, 항공사들은 잦은 운항지연과 취소, 불편한 좌석, 수화물 분실 등으로 인해 고객의 불만과 언제나 대면한다. 분명 이러한 낭패는 고쳐져야만 한다. 하지만 항공사들이 고객과의 마지막 접촉, 즉 수화물 찾는 곳에 좀 더 신경을 쓴다면 상황이 훨씬 더 좋아질 것이다. 수화물 찾는 곳에 도우미를 배치하기만 해도 고객들은 항공사의 배려를 오래토록 기억하게 되니까 말이다.

말레시아 항공은 바로 이 점에 착안해서 수화물 서비스를 제공하기 시작했다. 이 항공사야 말로 고객이 트랩을 내리는 순간 고객과의 관계가 끝나버리는 것이 아님을 아는 몇 안되는 곳이다. 어느 고객이 9살짜리 아들을 데리고 말레시아 항공을 탄 적이 있다. 10년이 더 지난 지금까지도 그녀는 수화물 찾는 것을 도와주고 자동차까지 옮겨준 승무원에 관한 얘기를 즐겁게 반복한다. 항공사가 마지막 순간까지 고객을 지원하는 비용은 큰 것이 아니지만, 이 작은 일로 말미암아 비행기로 여행하게 될 많은 친지들에게 좋은 경험을 애기해 주는 알짜고객을 확보하게 된 것이다. 이 사례는 너무나 단순하게 들리지만, 이러한 조그만 감동이 고객의 기억 속에는 엄청난 효과를 남기는 것이다.

특히 컨벤션에 종사하는 사람들은 'MOT만으로는 어쩐지 2%가 부족하다'는 느낌을 갖게 된다. 왠지 시작은 좋은데 결말이 아쉬운 것이다. 어쩌면 '만남만 있고 이별은 없었으면 좋겠다'는 사람들의 심리가 회의장에서도 작용하는 게 아닐까 싶다. 더욱이 컨벤션(국제회의)은 몇 년 동안 준비한 끝에 여러 국가에서 다양한 사람들이 다소 복잡하고 긴 경로를 통해 모여드는 행사다. 그런데도 전시회와 달리 하루나 이틀, 길어도 사나흘이면 아무리 중요한 회의라도 끝나버리게 된다. 일면 허무하기도 한 작업이다. 잔치가 끝났을 때의 허전함을 회상해 보라.

그래서 ICC JEJU의 경우는 '어떻게 하면 마지막 느낌을 보다 밝고 더 명랑하게 만들 수 있을까' 하는 고민을 해보게 되었다. 갑론을박의 난상토론 끝에, 우리는 '마지막을 화려하게 끝내기'로 마음을 모았다. 컨벤션의 마지막 폐막만찬이 끝난 후 고객들이 퇴장하는 시간까지 직원들도 퇴근하지 말고 고객과 함께 시간을 보내기로 결정했다. 그리고 나란히 줄 지어 섰다가, 폐막식을 끝낸 고객들이 밖으로 나오기 시작할 때, 수 백 명 직원들이 행사 복장을 한 채 손을 흔들고, 박수를 치고, 미소를 보내고, 환호성을 울리는 것이다. 마치 불꽃놀이가 시작되는 축제장처럼 말이다. 그런데 그렇게 연출된 환호를 맞이한 고객들의 반응은 기대보다 더 적극적으로 나타난다. 표정과 동작은 달라도 한결같이 만족스런 웃음이 배어든 얼굴들이다. 뜻밖의 보너스를 받은 것처럼.

이쯤에서 솔직히 고백컨대, '마지막을 화려하게 끝내라'는 것은 우리만의 생각이 아니다. 고객들이 다시 오도록 하기 위해서 서비스의 마지막을 화려하게 끝내야 한다는 알려진 이론을 현장에다 실제로 적용해 본 것이다. 그동안 서비스업계에서는 '진실의 순간'으로 대변되는 고객접점의 시작을 강조하는 바람에 그 마지막에 대해서는 주목하지 못했다. 정작 고객의 기억에 남는 것은 마지막 순간, 바로 그 결말인데도 말이다. 적어도 컨벤션에서는 시작과 나중, 어디가 더 중요하냐면, 나중임을 실증해 주는 사례다. 시작단계에서는 다소 실수나 부족함이 있더라도 마지막을 완벽하게 끝낼 수 있다면, 고객들은 그 행사의 마지막 기억을 영원히 간직하게 된다. 더욱이 ICC Jeju와 같은 국제컨벤션센터는 그저 사람이 모이는 장소가 아니라 관계를 파는 곳일진대, 무릇 다음 만남을 뜨겁게 기약할 수 있어야 하지 않겠는가?

04
컨벤션, 관계를 팔아라

1 컨벤션이 파는 것

컨벤션이 파는 것은 무엇일까? ICC JEJU의 정관에 보면, '회의장, 편의시설, 장비 등을 대여하고 수수료를 받는 업'으로 되어 있다. 우리나라의 서비스업 표준산업분류표에 의거하면 '시설임대업'이라고 할 수 있다. 과연 그럴까?

컨벤션센터 고객들에게 물어보면, 그들이 각종 컨벤션에 참가하는 이유는 1) 전문분야에서의 입지 및 소속감 강화(사교, 친목 등 네트워킹), 2) 신기술, 정보습득 및 의견교류(저명연사 강연청취 등), 3) 사업 목적 및 거래처 확보, 4) 스트레스 해소 및 일상탈출(인근지역 관광, 문화, 레저 포함) 등으로 요약된다. 컨벤션 고객들이 참가비를 내고 등록을 해서 각종 회의나 행사에 참가하는 저변에는 이처럼 다양한 욕구들이 깔려 있는 것이다. 이러한 욕구를 충족시키기 위해 컨벤션을 주관하는 학회나 협회 등은 컨벤션센터의 회의장과 시설, 장비 등을 임대한다. 그리고 그 장소에서 개 · 폐막식, 세미나, 미팅, 워크숍, 연회, 공연, 상담, 관광 등 다양한 프로그램을 펼친다. 그러므로 컨벤션센터는 이 모든 고객들의 욕구를 충족시킬 수 있는 상품을 내놓아야 한다.

하지만 현실적으로 컨벤션센터 직원들에게 '무엇을 파느냐?'고 물어보면, '회의장과 시설, 장비 등을 임대한다'고 대답하는 이들이 많다. 대개 컨벤션을 수행하기 위한 하드웨어로 눈에 보이는 것들을 말한다. 정작 컨벤션센터 고객들이 원하는 것은 다음의 그림처럼 그들이 '컨벤션에 참가하는 이유를 충족시켜 줄 수 있는 요소'들이다. 대부분이 컨벤션을 구성하는 소프트웨어로 눈에 보이지 않는 것들이다.

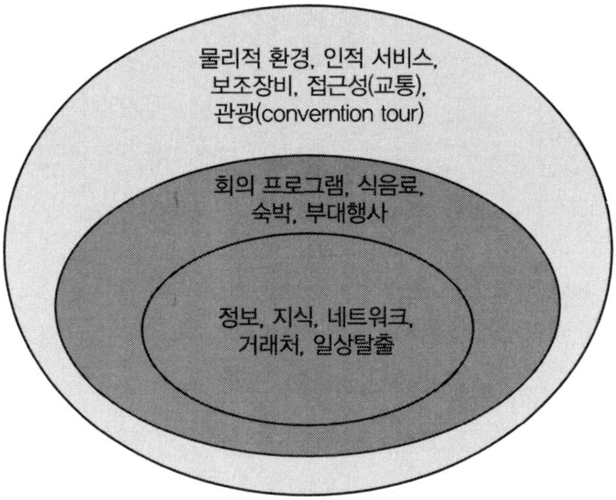

그림 4-1 컨벤션상품의 구성

사실 컨벤션센터가 컨벤션에서 담당하는 기능은 고객들이 컨벤션을 선택하는 속성으로 제시하는 주요시설, 편의시설, 프로그램, 교통, 숙박, 관광, 비용, 인적 서비스 중 일부에 해당하는 것이다(백은희 · 허정옥 2011). 바로 이 차이(gap)를 극복하지 않으면, 컨벤션센터는 고객들에게 100% 만족을 제공할 수 없다. 컨벤션센터가 컨벤션 참가자들의 다양한 욕구를 충족시키려면, 이것들을 모두 아우를 수 있어야 하는 것이다. 이를 위해 컨벤션상품은 회의장, 편의시설 등의 물리적 시설뿐만 아니라 통신, 영상, 컴퓨터 등의 보조 장비, 이들을 제공하는 직원들의 서비스품질, 컨벤션센터의 명성(브랜드), 개최지의 컨벤션 여건과 도시 이미지, CVB를 통한 행 · 재정적인 지원 프로그램 등이 통합된 것이어야 한다. 요컨대 컨벤션 마케팅 담당자는 고객들이 개최지에서 경험하는 컨벤션 서비스 요소들을 모두 묶어서 패키지로 제시해야 한다. 그런데, 이 모든 것을 직접 제공할 수 없으므로 적어도 이들을 총괄하고 조정하고 통제할 수 있는 기능을 갖출 필요가 있다.

그래서 컨벤션센터들은 정관상의 업무영역을 점진적으로 확대해 왔다. ICC JEJU의 경우를 보면, 정관상의 목적사업으로 1) 국제회의 운영, 2) 국제회의·관광 전문인력 양성 단기과정의 연수원 설립 및 운영, 3) 쇼핑센터, 면세점 등 부대사업 운영, 4) 제주도 관광진흥조례에 의한 관광지 등의 개발 및 관광사업의 운영, 5) 관광박람회, 스포츠행사, 전시회 등 각종 이벤트행사 유치 및 개최, 6) 컨벤션센터 부대사업의 임대 운영, 7) 기타 관광사업 및 컨벤션센터 진흥을 위한 사업 등이 규정되어 있다. 여기에 1) 스키장, 골프장 등 체육시설업, 2) 부동산 개발, 매매, 임대, 관리사업, 3) 영화 상영, 4) 상호, 상표 등의 사용허락에 의한 영업(프랜차이즈업), 5) 유통사업, 6) 전자거래 등의 사업이 최근 추가됐다. 게다가 제주도 관광진흥조례에 의한 관광지 등 개발 및 관광사업 운영이 기존 여행업, 관광객이용시설업, 관광편의시설업 외에도 관광숙박업, 유원시설업, 카지노업 등으로 확대되어, 궁극적으로 컨벤션센터의 사업범위가 한층 넓어졌다.

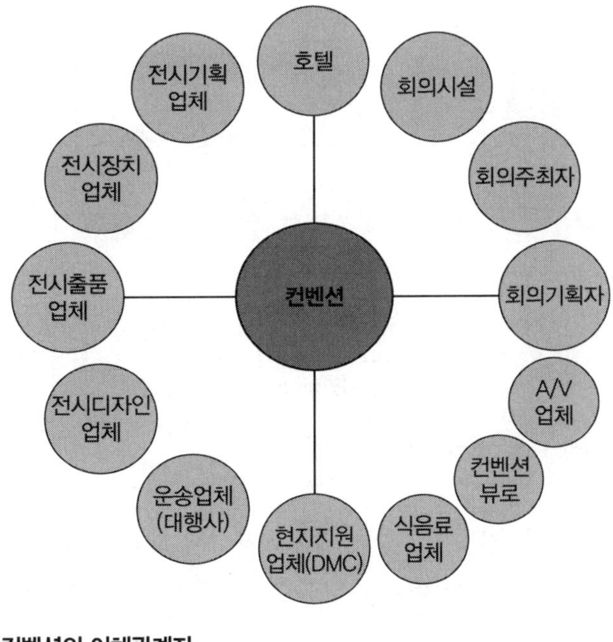

그림 4-2 컨벤션의 이해관계자

그러나 경영의 원리상, 컨벤션센터가 언제까지나 그 사업범위를 계속해서 확대해 나갈 수는 없는 노릇이다. 또한 확대한다 하더라도 어디까지인지 그 범위와 경계를 설정하기가 쉽지 않을 것이다. 현실적으로 컨벤션을 구성하는 이해관계자의 폭이 비교적 넓고 다양하기 때문이다. 또한 그중에는 매우 전문적인 영역과 대규모 투자를 필요로 하는 사업들도 있어, 그 모두를 직접 수행하기가 쉽지 않을 것이다.

그러므로 컨벤션센터가 고객만족을 위한 사업들을 추가하기 전에 먼저 살펴보아야 할 것이 컨벤션의 세부적인 구성요소이다. 다음의 그림을 보면, 컨벤션센터는 컨벤션을 구성하는 회의시설 중 하나에 불과함을 알 수 있다. 또한 경영이란 가장 잘 할 수 있는 부분에 자원을 집중시켜서 경쟁력을 확보해야 하는 것임을 감안하면, 컨벤션의 고객만족을 위해 무한정 사업영역을 넓혀갈 수도 없을 것이다.

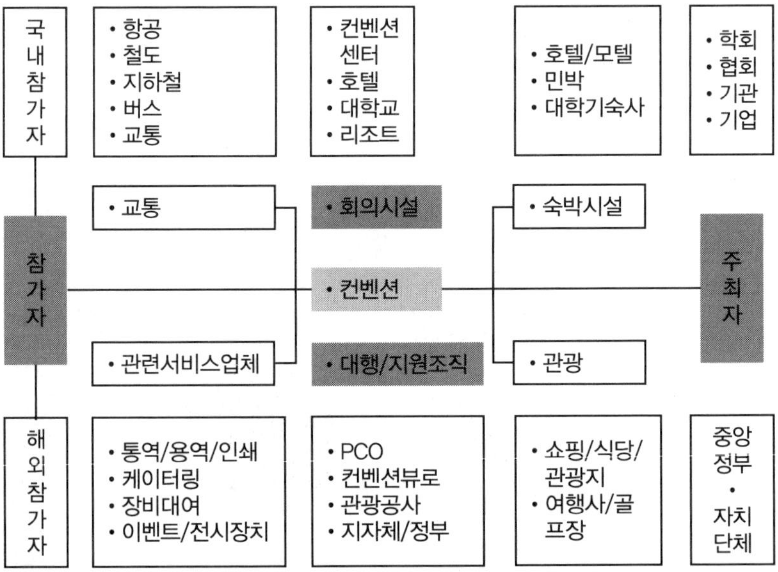

그림 4-3 컨벤션의 세부 구성요소

한편, 컨벤션센터의 고객을 분석해 보면, 다음과 같이 두 가지로 분류됨을 알 수 있다. 첫 번째는 직접 고객으로서 학회 · 협회 등의 조직이요, 두 번째는 간접 고객으로서 이들이 주관하는 프로그램에 참가하는 최종고객이다. 그러므로 컨벤션센터가 파는 것이 그저 시설만이 아님을 알 수 있다. 외형적으로는 컨벤션을 주관하는 조직에게 시설을 팔지만, 내면적으로는 참가자들에게 프로그램을 파는 셈이 된다. 이 두 가지 유형의 고객을 에워싸고서 다양한 이해관계자들이 고객만족을 위해 각각의 상품(서비스)들을 팔고 있는 게 컨벤션 시장의 현 상황이다. 이렇게 복잡하고 다각적인 컨벤션산업의 시장구조 속에서 어떻게 컨벤션센터가 고객이 필요로 하는 컨벤션의 모든 상품(서비스)들을 다 팔 수 있을까? 더욱이 컨벤션이 최종고객에게 팔아야 하는 것이 눈에 확연히 보이지 않는 무형의 '고객만족'임을 안다면, 컨벤션센터가 팔아야 하는 것이 그렇게 단순하지 않음을 가늠할 수 있을 것이다.

2 관계를 팔아라

그러면, 정작 컨벤션센터가 팔아야 하는 것은 무엇일까? 바로 '관계'이다. 컨벤션을 둘러싼 이해관계자들과의 관계를 잘 협력 · 조정 · 조화 시켜서 형성된 총체적 관계를 컨벤션 고객(컨벤션 주최자와 최종고객 모두)에게 제공해 주어야 한다. 이러한 측면에서 볼 때, 그러한 역할을 수행하기에 컨벤션센터처럼 좋은 위치(기능)가 없다. 왜냐하면 컨벤션을 수행해 나가려면 모든 이해관계자들이 컨벤션센터를 거치거나 모이거나 이용해야 하기 때문이다. 더욱이 우리나라 대부분의 컨벤션센터들이 국가나 지자체가 출자한 공기업적 성격을 띠고 있어서, 그러한 역할을 담당하는 데 필요한 리더십과 중립성을 어느 정도 발휘하기가 용이한 편이다.

하지만, 컨벤션센터의 공기업적 성격 때문에 그 직원들은 자신이 하는 일을 관료적으로 수행하려는 경향에 빠지기 쉽다. 고객들이 시설을 둘러보기 위해 방문했을 때, 마치 시청이나 동사무소가 민원인을 대하듯 규정(메뉴얼)이나 사례(관행)에 매일 가능성이 높다는 얘기다(요즘은 공무원들의 서비스품질이 금융기관보다 더 나은 경우도 많다). 아니면 일반기업과 달리 고객의 요구에 대해 수동적으로 혹은 소극적으로 대하기 십상이다. 요구하는 회의장, 시설, 요금, 기간

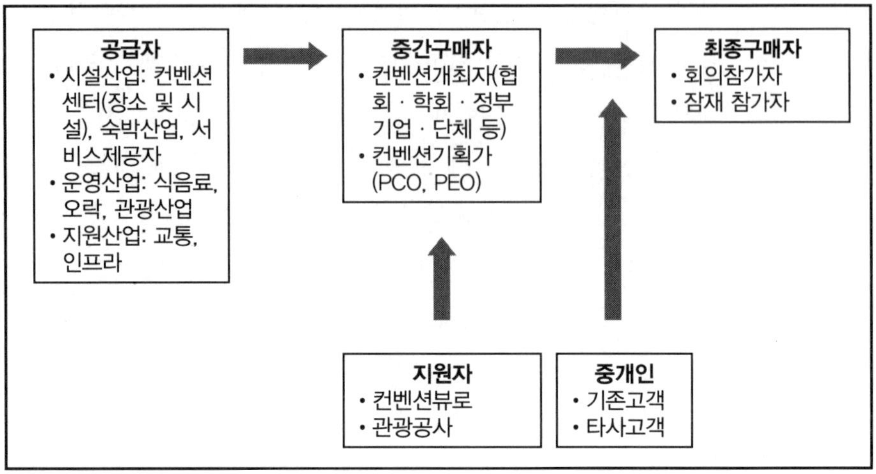

그림 4-4 컨벤션 시장의 구조

등에 한정해서 거기에 타성적으로 반응하기가 쉽다는 소리다. 시설을 주도적으로 마케팅하기보다 관리나 운영에 초점을 맞추어 주어진 일을 해치워나가는 식의 업무지향적 스타일이 되기 쉬운 상황이다. 관공서와 달리 고객 응대를 통해 수익을 창출해야 하는 컨벤션센터 입장에서 볼 때, 고객지향적 업무자세는 컨벤션센터 직원들에게도 예외 없이 적용되는 고객만족의 전제조건이다.

그래서 새삼, 관계를 팔자는 것이다. 여기에서 관계는 '사람과 사람, 사람과 사물 등 둘 이상이 서로 걸리는 일'로 정의되며, 기업과 고객 간의 관계에 한정되는 개념이 아니라, 고객을 포함한 모든 이해관계자(stakeholder)와의 관계를 포괄한다. 그리고 관계마케팅이란 이러한 '관계' 개념을 마케팅에 적용한 것으로서, 고객 등 이해관계자와의 강한 유대관계를 형성하고 유지하며 발전시키는 마케팅활동을 의미한다(Berry, 1983). 그러므로 컨벤션에서의 관계는 사람과 사람, 사람과 장소, 사람과 시설 등이 상호작용하여 형성되는 네트워크와 시스템'으로 정의된다. 바로 이러한 네트워크와 시스템을 이해관계자들 간에 잘 소통시켜서 고객만족을 달성하고, 상호 유대관계를 지속적으로 형성, 유지, 강화해 가는 일이 컨벤션의 관계마케팅이라 할 수 있다.

이쯤에서 잠깐 '관계의 사례'를 한 가지만 살펴보기로 하자(허정옥, 2004, '로라와 조영남이 보여주는 관계'를 재편집).

1970년, 스탠퍼드대에서 열린 로라 나이로 콘서트는 사람들의 기대를 깨트리고 실패로 끝나고 말았다. 그녀는 유명한 노래를 손수 작곡해서 부르는 가수로 명성이 나 있었다. 티켓 한 장에 '4달러' 라는 가격은 대학생들의 등록금에 견주면 캐비어 가격과 맞먹는 고가였다. 포장 또한 완벽해서, 스탠퍼드 대학의 멋진 기념강당은 콘서트 장소로서 완벽한 곳이었다. 요컨대 그녀의 콘서트는 브랜드, 가격, 포장 등이 모두 적절했다.

그런데 커튼이 올라가고 얼마 없어 모든 기대는 박살나고 말았다. 음악이 어쩐지 좋지 않게 들렸던 것이다. 관객들은 불쾌한 기분으로 하나 둘 일어서기 시작했다. 무엇이 문제였을까? 나이로는 콘서트 장소에 있었지만, 그 자리에 함께한 관객들과 연결되어 있지 않았다. 관객들에게 말을 하거나 감사표시를 하기는커녕, 쳐다보지도 않았던 것이다. 때문에 그녀는 관객을 신뢰하거나 존중하지 않는 것처럼 보였으며, 끝까지 그 자리에 모인 사람들을 한마음이 되게 만들지 못하였다(해리 백위드, 2000).

이에 반해 2004년 8월 14일, 제주국제컨벤션센터 탐라홀에서 탐라대학교 발전후원의 밤 행사로 열린 조영남의 콘서트는 그야말로 사람들의 기대를 뛰어넘는 대박을 터뜨렸다. 애초에 예상했던 관객은 700명이었는데, 몰려든 사람들은 1,200명이 넘었다. 부랴부랴 새로 테이블을 마련하고 대기 안내를 하는 동안 관객들의 표정은 점차 굳어지고 있었다. 급기야 여기저기에서 볼멘소리들이 터져 나오기 시작했다. 준비된 음식은 턱없이 모자라서 마치 참새들처럼 조금씩 나눠먹어야 할 지경이었다. 그나마 그조차 제공되지 않는 테이블에서는 고객불만이 폭발 일보직전에 이르렀다.

그런데 조영남씨가 무대에 등장하자마자 상황이 반전되기 시작했다. "음식도 모자라고 자리도 부족해서, 여러분 모두 얼마나 마음이 언짢으세요? 제가 방금 주최측으로부터 특명을 받았는데요, 어서 노래를 시작해서 여러분의 고픈 배를 음악으로 우선 채워드리라는 것입니다"라는 말과 함께 피아노 건반을 힘차고 신나게 두들겼다. 그의 특유한 가창력이 베인 고품질의 노래는 만담과 웃음, 재치와 유머와 함께 삽시간에 장내의 분위기를 바꾸어 놓았다. 무엇보다도 관객 한 사람 한 사람을 진심으로 바라보며 말을 걸고 노래하는 무대 매너에, 관객들은 자연스레 반응하면서 저도 모르게 화를 내려놓고 저절로 한마음이 되고 말았다.

무엇이 탐라홀을 스탠퍼드대 강당과 다르게 만들었을까? 바로 '관계'이다. 부드러운 교감, 끈끈한 신뢰, 뜨거운 열정, 탁월한 전문성과 같은 것들로 형성된 보이지 않는 손길 말이다. 가격, 브랜드, 포장은 품질을 능가한다. 그러나 서비스에는 이들보다 더 큰 힘을 발휘하는 게 한 가지 더 있으니, 바로 관계(relationship)다. 그래서 서비스는 상품(product)의 가격(price)과 유통(place), 촉진(promotion)의 전형적인 4P 외에 물리적 환경(physical evidence: servicescape), 과정(process), 사람(people)이 추가되는 것이다(여기에서 4P는 하버드대 제롬 멕카시(Jerome McCarthy) 교수가 창안하고 필립 코틀러(philip Kotler) 교수가 널리 알린 것으로, 기업이 마케팅목표를 달성하기 위해서는 상품, 가격, 유통, 촉진의 마케팅 수단을 그 효과가 극대화되도록 잘 배합하여 마케팅 믹스(marketing mix)로 전략화해야 한다고 주장한 데서 유명해진 마케팅 개념).

오늘날 사람들이 살아가면서 가장 그리워하는 것이 바로 이 관계, 즉 사람과 사람간의 연결이다. 그러므로 비즈니스를 성공시키려면 고객과의 사이에 강력한 연결고리를 형성해야 한다. 조영남처럼 고객과 관심, 배려, 반응, 열정, 신뢰 등을 나눔으로써 말이다. 그렇게 만들어진 고객과의 만족스런 팬(애인) 관계를 더 강한 애착과 결속의 관계로 발전시켜, 마침내 충성스런 열성팬(부부) 관계로 굳혀가야 한다. 그리고 끝까지 행복하게 살아가는 것, 이것이 바로 관계 마케팅의 의의요 지향점이다.

한편, 실무적인 관점에서 보면, 기업과 고객의 관계는 계속된 만남을 통해 5단계로 발전해 나간다(이유재, 2004).

1) 예상고객(prospect)의 단계로서, 아직은 고객과 기업간 거래가 성사되지는 않았지만 향후 상품구입 가능성이 높은 단계다.

2) 고객(customer) 단계로서, 더 잦은 만남 · 우편 · 전화 등의 다양한 마케팅활동을 통해 첫 거래가 형성된 상태다. 이 단계에서 고객은 주로 가격할인과 같은 재무적 인센티브에 의해 재구매를 결정한다. 구매빈도에 따라 마일리지를 적용하는 상용고객 우대제도가 효력을 발휘하는 시기다.

3) 단골(client) 단계로서, 크게 불만꺼리가 발생하지 않는 한 동일한 기업이나 브랜드를 계속 이용하는 단계다. 이 때 기업은 고객과 금전 거래 외에 사회 심리적인 유대감, 고객 상호간의 유대관계 등을 통해 장기적인 관계를 구축할 수 있다. 이 단계에서 컨벤션의 이해관계자들간 관계를 심화시킬 수 있어야 한다.

4) 옹호자(advocate) 단계로서, 고객이 상품의 지속적 구입을 넘어서 다른 사람에게도 적극적으로 사용을 권유하게 된다. 좋은 이용경험을 전파함으로써

경쟁사의 고객을 끌어오기도 하고 이탈하려는 고객을 막아주기도 한다. 심지어 기업이 재무적 어려움이나 여론의 지탄을 받게 되는 경우에도 기업을 변호하고 옹호하는 역할을 한다.

5) 동반자(partner) 단계로서, 기업과 고객이 함께 완전히 융합된 상태다. 고객이 기업의 의사결정에 참여하고 함께 이익을 나누며 공생공영해 나가는 차원으로서 관계마케팅의 최종기착지다(이유재, 1995).

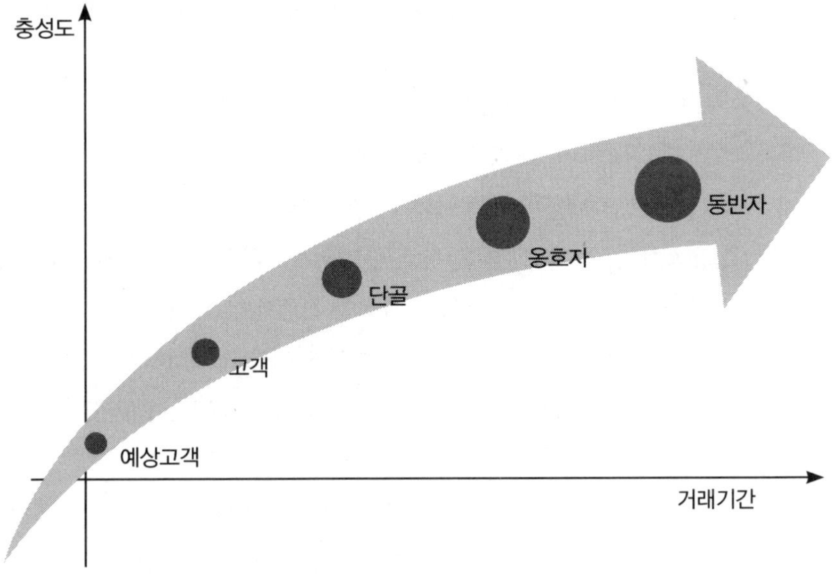

그림 4-5 기업과 고객간의 관계발전 모형

이상의 관계마케팅 발전단계를 두고, 테오도어 레빗(Theodore Levitt), 1983)교수는 기업과 고객의 관계를 결혼에 비유하고 있다. 첫 번째 판매는 단지 구혼을 성사시킨 것에 지나지 않으며, 결혼생활은 그다음에 시작된다. 얼마나 좋은 결혼이냐 하는 것은 판매자가 구매자와 시작된 관계를 어떻게 잘 관리하느냐에 달려 있다. 즉, 부부가 백년해로 하느냐 아니며 도중에 이혼하느냐 하는 문제가 관계에 따라 결정된다는 것이다.

이 보다 더 적절하게 컨벤션과 고객간의 관계를 설명할 수 있는 개념이 있을까? 그러고 보니, 결혼예식을 거행하는 많은 장소들이 그 상호에 '컨벤션'이란 단어를 쓰고 있는 점이 예사롭지 않게 생각된다. 모쪼록 그러한 컨벤션들이 결혼이란 상품으로 하객을 불러 모아 한바탕 잔치를 벌이는 데 그치지 말고, 그들을 평생 고객화할 수 있는 행복의 전당이 되기를 기대해 본다.

3 관계마케팅의 실제

그러면 어떻게 관계마케팅을 실행해 나갈 수 있을까?

혹자는 컨벤션의 경우 세계대회는 대륙별로 순회해서 열리거나 인센티브회의도 장소를 바꿔서 열리는 게 관행이기 때문에 관계마케팅을 적용하기가 어렵다고 말한다. 또한 컨벤션은 구매결정자가 불확실하고, 목적에 따라 고객니즈가 다양하며, 회의 특성별로 리드타임(회의 유치부터 개최까지 걸리는 시간)이 다르기 때문에 누구에게, 언제, 어떻게 마케팅할지가 불명확하다는 문제를 제기한다. 물론, 지금 당장의 단기적 마케팅을 생각하면, 일부 일리가 있는 말이다. 그러나 장기적이고 전체적인 관점에서 보면, 그렇지가 않다. 이러한 시장 특성 때문에 사실 컨벤션은 데이터베이스(database)에 근거한 일대일 마케팅(one-to one marketing)이 필요해진다. 그리고 이 고객맞춤식의 일대일 마케팅이야말로 관계마케팅의 출발점이 되는 것이다.

이쯤에서 다시 한 번 관계마케팅을 정의해보면, 관계 당사자들의 목적을 충족시키기 위해 고객관계를 형성, 유지, 강화, 상업화하는 마케팅활동이라 할 수 있다(허정옥, 1998). 여기에서 상업화란 상품 및 서비스 거래 혹은 상품 및 서비스 시스템에서 수익/비용 비율이 궁극적으로 플러스인 상태를 의미한다(Grönroos, 1990).

일반적으로 고객관계를 형성하고 유지하기 위해서 판매자는 구매자에게 상품, 서비스 시스템, 재무적 해결책, 사회적 접촉, 사후보장 등에 관한 일단의 약속을 제안한다. 그리고 구매자는 판매자에게 상호관계에서 향후 자기책임을 다할 것을 약속한다. 이렇게 만들어진 약속은 쌍방 모두 상대방의 말이나 약속이 믿을만 하고, 교환관계에서 자기의무를 다하리라는 신뢰가 서는 동시에, 상호이익을 위해서 관계가 유지되고 향상되기를 서로 바란다면 지켜지게 되는 것이다. 그리고 이 관계를 제대로 관리하기 위해서는 종업원(employee), 고객

(customer), 업무수행과정(process)의 3자간 통합적인 노력이 요구된다.

약속이 일관성 있게 지켜지는 과정에서 컨벤션과 고객은 현재의 관계를 지속시키고자 하는 욕망을 계속 갖게 되고, 이러한 욕망은 장기적인 관계를 지향하게 된다. 왜냐하면 서비스업에서는 고객관계를 형성하는 데 초기비용이 많이 소요되므로 수익/비용 비율이 플러스가 되기 위해서는 그 관계가 장기적이고 지속적으로 유지될 필요가 있기 때문이다. 이 점은 컨벤션센터가 대형컨벤션을 유치하기 위해 드는 시간과 비용을 생각해보면 상상이 될 것이다. 또한 컨벤션 주최자 입장에서도 컨벤션을 계획하고 개최하기까지 최소한 2~3년(컨벤션의 개최주기)이 걸리고, 보통은 4~5년, 길게는 10년이 넘게 걸리는 경우도 있음을 생각해 볼 필요가 있다. 그 과정에서 컨벤션 개최 장소나 기획사(PCO)가 바뀌는 일은 행사의 유치와 개최에 치명적인 악재가 될 수 있다. 무엇보다도 컨벤션의 최종고객과 컨벤션의 개최지를 결정하는 이사회나 총회에 신뢰를 잃기 쉽다.

이를테면 약속이 일관성 있게 지켜지는 과정에서 컨벤션센터(판매자)와 회의주최자((고객)는 가치 있는 교환관계를 지속시키고자 하는 욕망을 계속 갖게 되고, 그러한 욕망은 장기적인 관계를 지향하게 된다. 왜냐하면 서비스업에서 고객관계를 형성하는 데 초기비용이 많이 소요되므로 수익/비용 비율이 플러스가 되기 위해서는 그 관계가 장기적이고 지속적으로 유지될 필요가 있기 때문이다. 그러므로 이러한 개념들, 약속(promise), 신뢰(trust), 결속(commitment) 등의 개념들이 관계마케팅의 정의 속에 내포되어 있는 것이다.

그리고 이러한 개념들은 실제로 관계마케팅의 기본적인 활동으로서 기업과 고객 간의 약속체결(외부마케팅), 이 약속을 수행할 수 있도록 내부적으로 진행하는 이행준비(내부마케팅), 그리고 기업과 고객이 서로 체결한 약속을 지켜가는 약속 이행(상호작용마케팅)의 과정을 통해 현실적으로 이루어져 간다. 이를 두고 비트너 교수(Bitner, M. J., 1995)는 관계마케팅 그 자체가 모두 약속에 관한 것임을 천명하고 있다.

우선 약속을 먼저 하는 기업은 고객을 먼저 끌어들이고 우선적으로 고객과의 관계를 구축할 수 있다(Reichheld and Sasser, 1990). 이는 컨벤션의 경우에도 마찬가지로 적용된다. 일반적으로 국제적인 대형컨벤션을 유치할 경우, 주최기관이 수행 가능한 컨벤션센터들에게 동일하게 참여기회를 제공하기도 하지만, 관련 정보를 먼저 채취한 곳에서 먼저 손을 내밀 경우 그 손을 잡거나 어느 정도 우선권을 주기도 한다. 따라서 고객을 먼저 유치하고자 하는 기업은 외부마케팅적 노력을 통해서 고객들에게 그들이 기대하고 제공되기 바라는 것들을 경쟁자보다 먼저 약속해야 한다. 제품, 가격, 유통, 촉진 등의 전통적인 4P활동들이 이러한 유형의 마케팅활동을 구성한다. 그러나 컨벤션과 같은 서비스업에서는 고객과 약속을 하는 데 있어서 서비스 종사자들, 서비스시설의 디자인과 장식, 그리고 서비스제공과정 등 추가적인 3P가 고객과 커뮤니케이션하고 고객의 기대를 설정하는 데 도움을 준다. 그리고 서비스에 대한 보증과 양방향 커뮤니케이션이 약속을 효과적으로 커뮤니케이션하는 데 보조적인 수단이 된다. 이러한 외부커뮤니케이션 수단에 의해서 지속적이고 실제적인 기대가 설정되지 않는다면, 관계는 처음부터 흔들리기 쉽다. 더 나가서 만약 지나친 약속이 이루어진다면, 그 관계도 처음부터 금이 가기 십상이다.

한편, 이렇게 형성된 약속을 원만하게 수행할 수 있으려면 종업원과 서비스시스템이 약속대로 서비스를 제공할 수 있는 기술, 능력, 도구, 동기 등을 갖추고 있어야 한다. 즉, 이들이 약속한 서비스를 수행할 수 있는 능력을 갖추고 있어야 하는 것이다. 이러한 본질적인 서비스 마케팅활동이 내부마케팅으로서, 이 기반이 전제되지 않고는 약속의 속성, 즉, 약속이란 하기는 쉽지만 지키기는 어려운 원리에 부응하기가 쉽지 않다. 사실상 내부마케팅은 경영철학이라 할 수 있으며, 성공적인 외부마케팅의 전제조건이 된다. 그러므로 경영층은 종업원들이 천직의식(holistic view)을 갖고서 고객관계에서 자신의 역할을 제대로 이해하고 평가할 수 있도록 적절한 교육제도와 자원, 보상시스템 등을 갖춰야 한다. 이 점에서 컨벤션업계는 내부마케팅의 초점이 '어떻게 고객지향적인 종업원을 끌어들이고 육성해 나갈 수 있는 서비스문화를 개발하고 유지할 수 있는가'에 달려 있음을 인식할 수 있어야 한다.

결국, 약속을 지키는 것은 약속과 관련된 세 번째 단계로서 고객의 입장에서 볼 때 가장 중요한 부분이다. 서비스약속은 보통 기업의 종업원에 의해서 자주

지켜지거나 깨어지면서 그 신뢰성이 검증되는데, 간혹 컨벤션의 경우에는 시설이나 기술적인 문제가 그 원인이 되기도 한다. 이 고객과 종업원의 접점에서 발생하는 마케팅활동이야말로 관계형성에서 가장 비중 있는 기능이며, 고객이 기업과 상호작용하는 진실의 순간(MOT)에, 그리고 서비스가 생성되고 소비될 때 발생하는 마케팅이다. 기업이 한사람 한사람의 고객과 만나는 시간 시간이 바로 서비스관계가 형성되는 진실의 순간이 된다(Bitner, 1995). 이 점이 바로 컨벤션을 일컬어 '만남'이라고 단정할 수 있는 근거가 되기도 한다. 또한 만남은 계속 이어지는 속성을 갖고 있으므로 고객과 한 번 맺어진 관계를 계기(구실)로 삼아 후속작업(follow up)을 전개함으로써 지속적인 관계를 관리해 나가야 할 것이다.

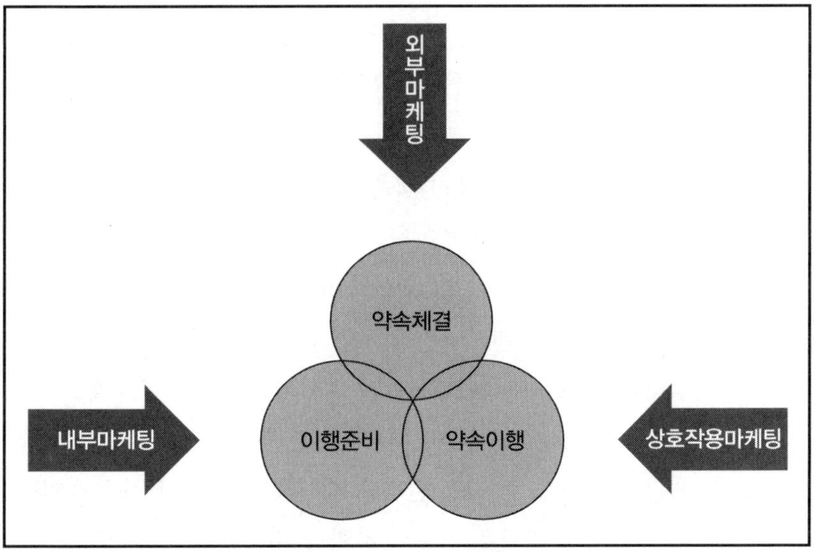

Bitner, M.J.(1995), Building Service relationships: It's All About Promoses

그림 4-6 관계마케팅의 기본활동

그러면 이쯤에서 컨벤션 관계마케팅의 전략적 방향을 정리해보자. 첫 번째는 올바른 고객선택(customer selection)이다. 일반적으로 기업들이 가장 쉽게 돈을 잃은 방법은 이미 틀이 잡힌 기존시장에 뛰어들어서 이미 충성된 고객을 든든히 확보하고 있는 선두기업들에게 정면으로 시비를 거는 것이다. 그것도 별반 다르지 않은 제품을 가지고서 말이다. 2000년대 중반 이후로 우리나라에 컨벤션 붐이 일어나면서 대표적인 도시들마다 대형 컨벤션센터를 건립하기 시작했다. 그리고 저마다 생존과 성장 차원의 회의유치 전투를 벌임에 따라, 업계 내에서는 '과당경쟁'이란 문제 제기와 '동반실패'라는 우려의 목소리가 터져 나왔다. 특히 신설 컨벤션센터의 경우, 과도하게 지원금을 올려 가면서 대규모 국제회의 유치에 뛰어들므로, 업계 전반에 출혈경쟁이 심심찮게 발생하기도 하였다. 가장 큰 문제는 지나친 경쟁이 컨벤션센터들의 적자경영을 부채질하는 동시에 주최측도 행사의 성공과 고객 만족을 달성하지 못한다 점이다. 즉, 적합도가 떨어지는 공급자의 장소와 그 수요자인 고객이 다른 이유로 맺어져서 급하게 관계를 형성하다 보니, 행사의 목적을 달성하는 데 효율성과 효과성이 현저히 떨어지는 것이다. 그러므로 고객만족과 신뢰를 통해 장기적인 고객관계를 형성하고자 하는 기업들은 무엇보다도 자기에게 적합한 상대방을 잘 탐색해서 선택할 필요가 있다. 이와 관련해서 Slyworzky & Shapiro(1993)는 고전적인 논문에서 1) 획득비용이 적은 이동성 고객층(swichables), 2) 최대수익률을 가져다 줄 고이윤성 고객층(high-profit customers), 3) 장기성장에 공헌하는 점유율 결정성 고객층(share determiners)의 세 고객층에 마케팅노력을 집중하도록 권유하고 있다. 여기에서 이동성고객층은 기존 판매자에게서 불만이 있는 고객들이므로, 이들을 획득하는 데 드는 비용이 만족한 이들을 대상으로 했을 때의 1/5~1/10 수준에 불과하다. 컨벤션과 행사의 적합도가 떨어져서 불만이 생긴 경우라면, 더 나은 환경을 제시해 볼 필요가 있을 것이다. 고이윤성고객층은 서비스에 관심을 기울이는 만큼 비용이나 가격에는 관심을 기울이지 않는 고객들이다. 보통 보험사의 연도상시상식이나 네트워크 마케팅사의 인센티브 행사같은 경우가 여기에 해당할 것이다. 그리고 점유율결정성고객층은 시장에서 점유율향상을 달성하고 있는 고성장고객들로서 향후 고이윤성고객층이 될 수 있는 계층이다. 보통 어떤 산업의 평균 성장률보다 눈에 띄게 고속성장하는 기업을 발견해서 고이윤성고객층에 필적할만한 서비스를 제공한다면 밀착된 관계를 형성하고 장래를 기약할 수 있을 것이다.

다음으로, 이렇게 표적으로 선택된 고객들을 만족(customer satisfaction)시키려면 우선 그들과 밀착된 관계를 형성할 수 있도록 종업원들의 애착행위(attachment behavior)와 신뢰구축행위(trust-building behavior)를 증대시켜야 한다. 애착행위는 고객에게 접근해서 염려(caregiving)를 나타내는 것이고, 신뢰구축행위는 종업원이 정직성(honesty), 확실성(dependability), 전문성(expertise)을 갖고서 업무를 수행하는 것이다. 그러므로 종업원 선발시부터 고객관계지향적인 성향과 자질을 구비한 인재를 선택하는 게 중요하며, 이들을 잘 교육 및 훈련할 수 있는 프로그램을 개발해서 관계형성능력을 지속적으로 향상시켜 주어야 한다. 그리고 종업원이 처음부터 관계를 형성한 고객에게 지속적으로 서비스할 수 있도록 제도와 자원을 개선하고 보완할 필요가 있다. Reichheld(1993)에 의하면, 기업에 더 오래 근무한 종업원이 고객에게 더 좋은 서비스를 제공한다. 장기 근속한 종업원들은 기업에 대해 더 잘 알고 있으며, 고객과 밀착된 신뢰감 및 친숙성을 개발할 수 있는 기회를 더 많이 갖게 된다.

동시에 관계마케팅 차원의 고객만족을 수행하기 위해서는 고객기반을 직접 관리함으로써 고객만족을 측정할 수 있어야 한다. 고객기반을 관리한다는 것은 고객들과 직접적인 접촉을 통해서 그들의 행동과 욕구, 의견, 불만 등을 파악한다는 의미가 된다. 또한 기업에 불만을 느낀 고객은 결국 그 기업을 떠나게 되므로 고객기반을 점검해 봄으로써 간접적으로 고객만족도를 가늠해 볼 수도 있다. 사실, 어떤 기업에 대해 완전히 만족한 고객과 대체로 만족한 고객의 충성도 차이는 생사를 결정할 만큼 크다. 완전한 고객만족만이 고객충성심과 장기적인 재무이익을 낳을 수 있다. 컨벤션 고객들 중에는 자신이 주관하는 모든 회의를 특정 장소(venue)에 몰아줄 뿐만 아니라 자신이 어느 정도 결정력을 행사할 수 있는 회의와 지인이 있어 조언이 가능한 회의에까지 그 장소를 권유하는 경우가 있다.

이와 같은 사례로, ICC JEJU에서 있었던 어느 이공계 교수의 '완전한 고객만족'이란 신뢰는 그 위력을 나타내는 단적인 증거다. "ICC JEJU에서 치루는 회의는 100% 완벽한 행사, 고객만족 100% 이상이 될 것을 장담한다. 왜냐하면 ICC JEJU의 직원들은 나의 취향과 원하는 것, 필요로 하는 것, 예측치 못한 문제까지도 잘 이해하고 해결해 주는 데 뛰어나기 때문이다"라는 그의 말(worth of mouth)은 ICC JEJU의 전설로 남아서, 수많은 다른 회의들을 끌어들이는 데 엄청난 영향력을 미쳤다. 요컨대 고객들을 완전히 만족시키기 위해서는 고객의 말을 듣고, 그것을 이해하는 데 탁월하며, 그들이 진정으로 원하는 가치를 제공할 수 있어야 한다. 이를 위해서는 적절한 고객서비스 과정(process)과 시스템(system)이 갖춰져야 할 것이다. 더불어서 커뮤니케이션 시스템을 갖춘다면 고객만족체제가 완전하게 완성될 될 것이다. 기업이 고객과 좋은 감정을 유지하기 위해서는 언제나 솔직하고 자유로운 커뮤니케이션이 이루어져야 하기 때문이다. 그리고 이 커뮤니케이션은 고객으로부터 신뢰를 끌어내며, 신뢰는 관계결속을 가져온다.

마지막으로 점검해보아야 할 관계마케팅의 전략적 방향은 이탈고객의 관리(management of defectors)이다. Jones and Sasser(1995)는 단골고객이 떠나는 이유(Why satisfied customers defect)를 '완전히 만족하지 못했기 때문'으로 규정하고 있다. 고객은 합리적이긴 하지만 완전한 만족을 원하기 때문에 그렇지 못할 경우 달리 선택의 여지가 생긴다면 떠나버린다. 아무리 강력한 고객잡기 프로그램이 있다 하더라도 다른 기업에서 보다 월등한 가치를 제시하게 되면 기회를 보아 떠나버리는 것이다. 고객은 완전히 만족할 때에만 다시 이용하고, 더 많이 이용하고, 남들에게 이용을 권유하는 충성도를 나타낸다.

Levitt(1983) 교수는 기업이 고객이탈을 방지하기 위해서는 고객과 원만한 부부관계를 형성해야 한다는 제안을 하고 있다. 얼마나 좋은 결혼이냐는 고객과의 관계를 얼마나 잘 관리하느냐에 달려 있다. 부부관계에서는 흔히 권태(satiation), 불만(dissatisfaction), 더 좋은 사람(superior alternatives), 갈등(conflict) 등이 대표적인 이혼사유다. 고객관계에서도 이러한 요인들이 결별사유가 된다. 그러므로 처음부터 시간을 충분히 투입해서 고객과 성공적인 결혼관계를 유지할 수 있는 상호 호혜적인 시스템을 튼튼히 구축할 필요가 있다.

고객을 만족시키는 능력이 탁월한 기업들의 대부분은 고객만족경영의 가장 중요한 요소를 '불만족한 고객에 대한 반응능력'이라고 답한다. 하지만 Goodman의 조사결과에 의하면 불만을 가진 소비자 27명 가운데 경우 한 명만이 불만을 바깥으로 드러낸다. 그러므로 고객의 불만은 기업이 결코 쉽게 얻을 수 없는 귀중한 정보이다. 이탈한 고객을 대상으로 그 이유를 들어보면 분명한 이유 없이 거래를 중단했거나 질문에 비협조적인 고객들도 많다. 그러므로 이탈고객을 제대로 관리하기 위해서 기업은 적어도 고객이 불만을 표출할 수 있는 기회를 제공해야 하며, 궁극적으로는 고객의 불만을 적극적으로 해결해 줄 수 있어야 한다. 그리고 모든 이탈고객들을 다 되돌아오게 할 필요는 없지만, 단골고객에 대해서는 특별한 관리프로그램을 만들어서 주의 깊게 관리할 필요가 있다.

이상의 내용을 기초로 해서 컨벤션 서비스의 관계마케팅 전략을 모델화 하면, 다음과 같은 그림이 그려진다. 컨벤션센터(venue)의 서비스품질과 명성, 커뮤니케이션, 종업원특성과 같은 내부마케팅 요소가 고객 신뢰에 긍정적인 영향을 미칠 때 약속체결을 통해 관계가 형성되고, 컨벤션과 고객간 서로 약속을 준수해 나갈 때, 상호 밀착과 결속의 단계로 관계가 장기적인 발전과정을 밟아 나간다. 동시에 예상고객은 고객, 단골, 옹호자, 동반자 순으로 관계의 깊이를 더해 한다(허정옥, 2004b; 2007).

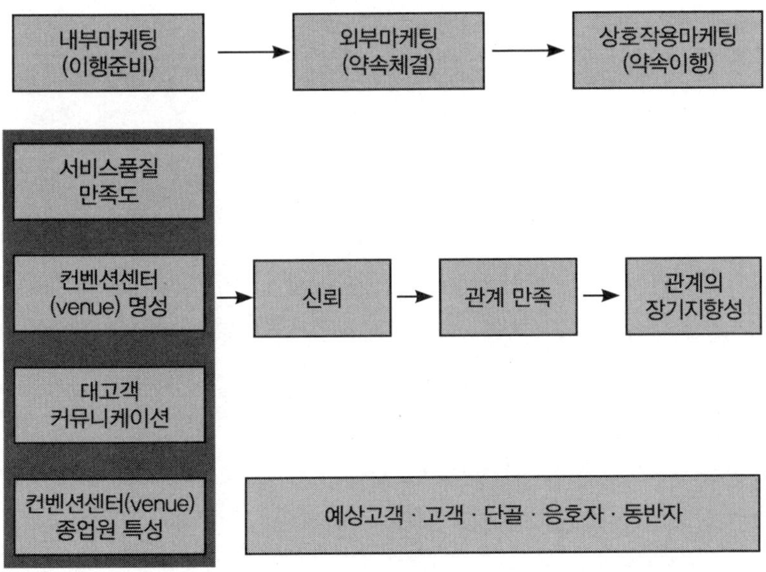

그림 4-7 컨벤션 서비스의 관계마케팅전략 모델

05

컨벤션 유치 과정과 사례

1 컨벤션 장소 선정

컨벤션을 주최하는 학회나 협회(수요자) 입장에서 보면 개최지 선정이 회의 성패를 좌우하는 가장 중요한 요소다. 물론 그 선정과정은 주최기관의 예산, 규모, 준비기간 등의 여건과 회의 특성에 따라 다양하게 이루어질 것이다. 그럼에도 불구하고 다음의 질문들은 컨벤션 장소 선정(site selection)의 기본적인 틀이 된다(황희곤 · 김성섭, 2002).

▶ 표 5-1 컨벤션 장소선정(site selection)의 기본 사항

- 컨벤션 운영에 적합한 지역인가?
- 예상 참가자들을 모두 수용할 수 있는가?
- 여행거리에 따른 참가자들의 반응은 괜찮은가?
- 숙박시설이 양적으로 충분하고, 질적으로 수준급인가?
- 회의실의 수와 크기는 적절한가?
- 교통상의 문제는 없는가?
- 적절한 여흥 프로그램을 준비할 수 있는가?
- 관광측면에서 특수한 매력이 있는가?
- 기후는 적당한가?

Crouch & Ritchie(1998)에 의하면 협회 및 학회의 사무국이나 회장단과 같은 장소선정 의사결정자들은 개최지를 선정하기에 앞서 첫째, 초기 기획을 통해 선행조건(antecedent condition)을 살펴보아야 한다. 즉, 협회 및 회원 · 임원의 특성, 과거의 경험, 개최지 선정 방침, 환경적 요인, 회의 목적, 회의 일정, 잠정 예산 등을 검토하고, 전차대회의 경험이나 특수한 협회정책 등을 고려해야 한다. 둘째, 개최지에 대한 상세한 정보를 수집해서 개최지 분석 및 추천 단계(site analysis & recommendation)를 거친다. 보통 학회 임원진이나 회의 기획 및 개최를 전담하는 PCO(professional convention organizer)가 현장을 방문하는 경우가 대부분이지만 대규모 회의인 경우 공급자(CVB, 컨벤션센터 등) 쪽에서 팸투어를 초청하거나 입찰방식을 취한다. 임원진이나 PCO는 이러한 정보를 종합적으로 분석해서 최적 개최지를 추천한다. 셋째, 개최지 선정단계(site selection)로, PCO의 추천을 근거로 협회 임원이나 이사진, 총회의 안건에 붙여 최종 결정을 내린다. 이 때 참가자를 많이 유치하여 최대한 수익을 올려야 하거나, 협회의 이미지를 제고할 필요가 있거나, 협회의 인지도를 높이고자 하는 등의 특별한 목적을 고려하게 된다. 넷째, 컨벤션을 개최하고, 개최 후 장소로서의 적정 여부를 평가한 후 차기 개최지 선정에 반영한다.

이상의 개최지 선정 모델을 참고로, 개최지 마케터(CVB 혹은 컨벤션센터 마케팅 담당자)는 회의 주최측(협회 · 학회 · 정부 · 기업 등)에서 개최지를 선정할 때 어떠한 요소를 중심으로 장소에 대한 평가를 수행하고 의사결정을 내리는지 관심을 가질 필요가 있다. 가능하다면 주최측이 개최지를 방문해서 장소를 조사, 선정할 때 참고하는 행사내역서(specification)의 내용에 맞춰서 대응하는 게 바람직하다. 보통 행사내역서에는 1)행사 예정일 및 선호 일자, 2)객실의 종류와 수, 3)회의장의 용도와 수, 사용횟수, 4)지불 예상 요금 범위, 5)식음료 행사의 종류와 일정, 6) 전시 등의 특별한 행사나 활동 등이 포함되어 있다. 그러나 이러한 내용들을 입수하기에 앞서 더 중요한 것은 회의 주최측과 '호의적인 관계'를 형성해 놓는 일이다.

통상적으로 주최측은 회의장소를 선정할 때 3~4개의 개최지를 검토하므로 개최지 마케터는 그들의 회의장소가 고려상표군(consideration set)에 포함될

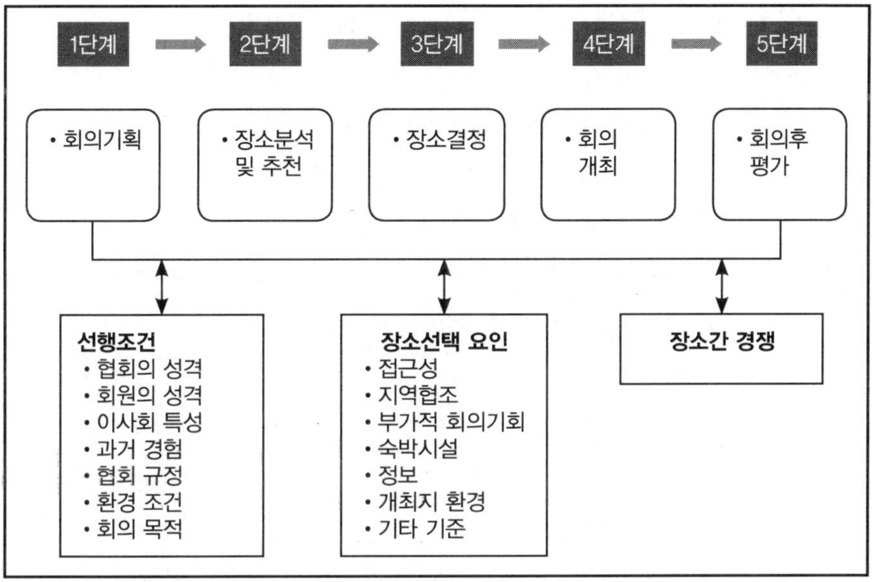

그림 5-1 개최지 선정 모형

수 있도록 사전 마케팅활동을 펼쳐야 한다. 회의장소를 순환(rotation)하는 경우에는 색다른 장소나 새로움을 제공하는 개최지를 선호하므로 주최측의 시각에서 준비할 필요가 있다. 동시에 회의장소에 대해 주최측이 지각하는 위험요소들(risk factors)을 공감하고 그들의 입장에서 대응해야 할 것이다. 일반적으로 회의 주최자들은 다음의 4가지 위험요소를 회피하고자 한다; 1) 재정적 위험(financial risk: 협회나 학회의 연례회의는 참가자등록비에 의해 대부분의 수익이 창출되므로 회원들에게 비매력적인 장소는 재정확충의 위험을 안고 있음), 2) 결과적 위험(consequential risk: 회의 실패의 위험을 줄이기 위해 주최측은 가급적 기존에 확인하고 고려했던 지역을 선호함), 3) 사회적 위험(social risk: 주최측의 이미지와 상반되거나 사회적으로 명성이 좋지 않은 지역을 선택하는 데 따른 위험이 내재된 장소는 고려대상에서 제외함), 4) 물리적 위험(Physical risk: 주최측의 내부 구성원간 의사결정의 역학관계에서 발생되는 위험으로서, 의사결정권이 어디 있는지 파악할 필요가 있음).

한편 개최지 선정은 주최측의 임원진으로 구성된 개최지선정위원회나 회의기획가(PCO)에 의해 대체로 다음과 같은 기본적인 단계를 거친다;

1) 회의목적 확인(Identify meeting objectives): 회의를 개최하는 목적이 교육, 비즈니스, 사교 및 친목도모, 전문지식 및 정보 제공, 스트레스 해소 및 일상 탈출 등 어디에 있는가? 보통 회원들의 회의참가동기에 해당하는 요인으로, 회의후 결과물로 성취하고 평가받고자 하는 게 회의목적이 된다. 바로 이 회의목적이 회의장의 적정성을 가늠하는 기준이 되는 것이다. 이를테면 회원들의 일상탈출이 목적이라면 도심지의 회의장보다 리조트가 더 적절하다.
2) 회의 일정 계획 및 개발(Develop the format): 회의목적을 달성하기 위해 필요한 회의 수, 회의 구성(위원회의 일일회의, 동시회의 등), 전시일정, 준비 및 철수 시간 등의 일정 및 시간 계획을 개발한다.
3) 물리적 요구사항 결정: 과거의 회의자료를 통해 선호일정, 참가자, 객실, 회의장, 식음료행사, 전시, 등록, 부가적 공간 등의 정보를 입수해서 준비중인 회의의 물리적 요구사항을 결정하고, 회의에 영향을 줄 외적요인 등을 점검한다.
4) 참가자의 요구와 기대 고려: 기존 참가자들로부터 수렴된 의견이나 평가를 통해 참가자들의 요구나 기대, 기호를 충족시켜줄 수 있는 환경과 프로그램을 준비한다.
5) 개최지역과 시설의 종류 선택: 회의 목적과 물리적 요구사항을 반영하여 회의개최지는 일반적으로 회의개최 경험이 있는 장소가 선호된다. 몇몇 주최자들은 회의 개최지를 고려하기 전에 지역 회원이나 회의개최지로부터 초대나 경쟁을 요구하기도 한다. 지역에서의 참가자수와 그들의 회의후원능력이 개최지 결정의 관건이 되기도 한다. 대규모 컨벤션의 경우에는 대륙별 지역별로 개최지를 순환하는 게 일반적인 패턴이다. 예상 참가자들의 여행수단을 고려해서 접근성을 높이는 것도 개최지 선정의 중요 고려사항이다. 시설의 종류로는 컨벤션센터(Convention center), 호텔(Hotel), 대학 등의 컨퍼런스센터(conference center)를 고려하되 도시(Inner-city), 교외(Suburb)), 공항(Airport), 리조트(Resort) 등 각각의 위치가 회의목적에 부합되는지를 유념할 필요가 있다.
6) 평가와 선정: 대부분의 국제회의도시들은 주최측이나 PCO에게 실질적

인 정보를 제공하고 선택상의 도움을 주기 위해 컨벤션센터, 컨벤션 뷰로(Convention & visitors Bureau), 관광협회(공사), 상공회의소 등이 연합하여 회의유치추진단을 결성하기도 한다. 이들은 회의시설, 수송 및 교통 정보, 대표적인 관광지 및 위락시설, 쇼핑시설, 행정지원상 필요한 접촉자 명단 등을 제공한다. 또한 주최측의 현장 방문을 위해 팸투어(Fam Tour)를 제안하는데, 이는 개최지 여행서비스로서 무료 항공티켓 및 숙박, 식음시설 체험 및 관광지 안내, 행정기관 방문 등으로 구성하여 회의를 유치하기 위한 제도다. 개최지에 따라서는 팸투어가 필요한 잠재고객들을 정기적으로 모아서 단체로 실시하기도 하고, 특정 회의를 위해 개별 초청하기도 한다. 개최지 및 회의 환경의 적합성을 판단하기 위해서는 직접 잠재 개최지를 방

▶ **표 5-2 개최지 선정 기준**

평가 항목	평가 요소
개최지	– 접근성: 비용, 편리성, 공항접근성, 항공기 운항 회수, 공항–회의장 연결교통, 공항지원 서비스, 주차장, 셔틀버스, 개최지의 혼잡도(비 · 성수기) – 환경: 관광지, 쇼핑시설, 위락시설, 식음시설, 기후 조건, 오시 환경 및 외적 조건, 안전성, 지역경제의 건전성, 지역 이미지 및 시설의 명성, 지역 CVB의 지원과 협조, 컨벤션관련 업체들의 유용성
회의장	– 공식행사에 필요한 회의장 수, 위원회 및 비즈니스를 위해 필요한 회의장, 회의장 상태 및 형태, 회의장별 참가자 수용능력, 회의장의 높이 · 기둥 · 시청각장비 설치 구조, 회의준비 및 대기 공간, 장애인 시설, 통 · 번역실, 조명 · 방향 · 음향 상태, 입 · 출입문의 위치, 의자 및 집기 비품 상태, 회의장 분할 가능성, 등록 데스크, 인터넷 환경, 편의점 및 복사 · 팩스 등의 편의시설, 식음시설 및 관리 주체, 보안 및 안내 서비스 등
숙박시설 (Hotel)	–서비스제공자들의 친절성 및 효율성, 객실의 안락함과 청결도, 장애자를 위한 객실, 스위트룸의 수와 환대관련 행사의 적절성, 예약절차 및 규정의 편의성, 객실 분류와 각 종류별 사용가능성, 로비의 매력성 및 청결도, 등록데스크의 접근성 및 친절도, 엘리베이터 상태, 복도의 청결성 및 조명도, 서비스직원들과의 접촉 용이성, 약국 등 편의시설 충분성, 조기도착 및 지연출발시 가능한 객실 여부와 수, 할인율, 예약금, 체크인 · 아웃 시간, 예약만료일, 결제수단 등
식음 서비스 (F & B)	–외관과 청결성, 음식준비지역의 청결성, 피크타임시의 직원배치, 직원들의 서비스태도, 신속하고 효율적인 delivery 서비스, 메뉴의 다양성, 비용의 적정성, 예약 규정 및 방침, 시설 내 대중 식음시설 여부, 외부 음식의 반입 가능성, 커피 브레이크의 비용 및 편의성, 주류, 특별서비스, 연회 테이블 크기, 룸서비스 등
사무실 및 기타 서비스	–비즈니스에 필요한 시설과 장비 공간, 위치, 조명, 구내전화, 보안 등

문해 볼 필요가 있다.

그리고 개최지를 방문해서는 기본적으로 다음의 개최지 선정기준을 미리 숙지하고, 항목별로 체크리스트를 만들어 꼼꼼하게 평가점수를 기록해 놓는 게 중요하다.

2 컨벤션 유치 과정

컨벤션을 유치하기 위해서는 주최측의 본부가 설정한 개최지 선정 요인에 기준해서 적합성 및 매력도를 인정받아야 한다. 컨벤션 유치에 영향을 미치는 사

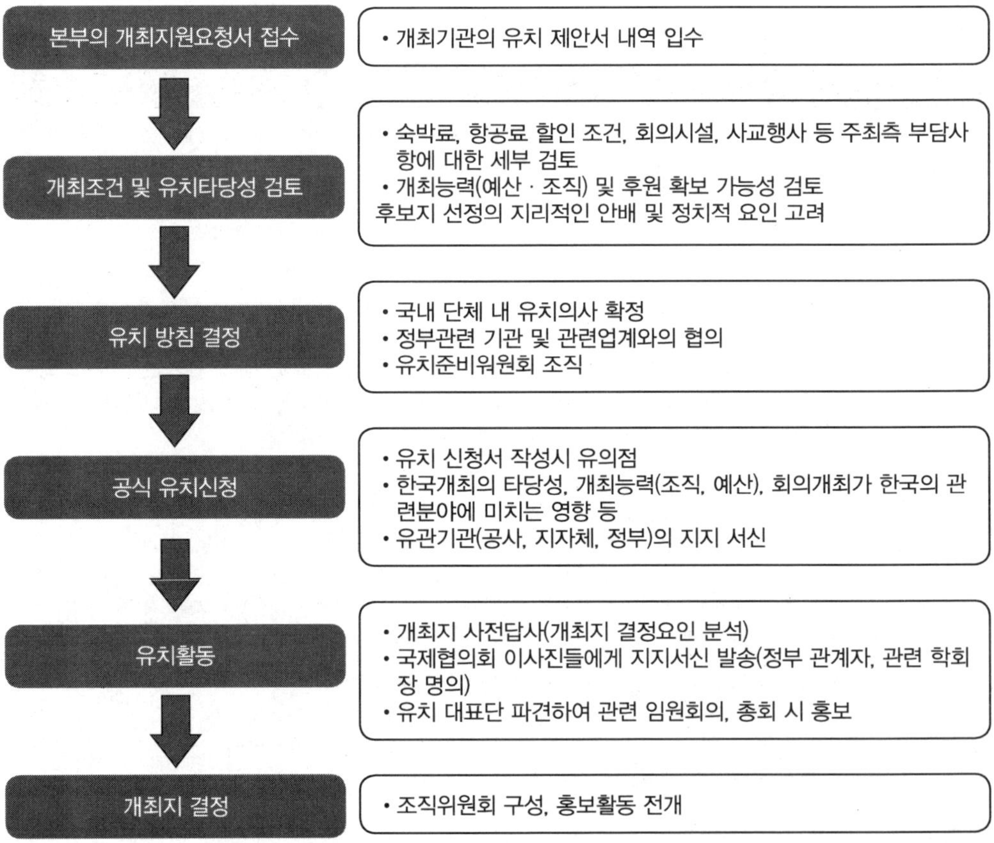

그림 5-2 컨벤션 유치 과정
(자료: KTO)

람들은 해당 컨벤션의 세계본부회장, 조직위원장뿐만 아니라 세계본부에 소속되어 있는 컨벤션기획사(PCO)들이다. 이들은 주최자(협회 · 학회 · 정부 등) 및 컨벤션의 특성에 따라 개최지를 결정하는 방식이 다르기 때문에, 그에 따라서 유치과정도 달라져야 한다. 그러나 일반적인 유치과정은 1) 본부로부터 입후보 신청서 접수, 2) 입후보 조건 및 유치 타당성 검토, 3) 유치방침 결정, 4) 공식유치신청서(Bidding Document) 준비, 5) 유치활동, 6) 개최지 결정 등의 순서로 이루어진다.

2.1 개최 지원요청서 접수

국가별 도시별 국제회의 개최순위를 발표하는 국제협회연합(Union of International Association: UIA) 산하에는 세계를 무대로 활동하는 5만개가 넘는 국제기구들이 등록되어 있다. 그러므로 국제회의를 유치하려면 우선 이들 국제기구 및 컨벤션관련 전문단체(PCO, CVB 등)와 접촉하거나 이들 국제기구에 소속되어 있는 국내 단체 및 주요 인사들로부터 관련정보를 입수할 필요가 있다. 일반적으로 개최 지원요청서에는 회의 개요(회의 기간, 참가자 규모 등), 회의개최시 필요한 사항(회의장, 숙박시설, 재정분담금, 사교행사, 무료초청 증), 주최측 부담사항(사무국 요원 체재비 등), 신청서 제출방법 등이 기재되어 있다.

이상은 유치신청서양식에 공통적으로 들어가는 내용으로서, 주최하는 국제기구에 따라 양식이 다르나 다음과 같이 정리해 보면 좋다.

▶ 표 5-3 컨벤션 유치신청서 양식의 공통사항

1) 개최 예정일자, 장소, 시설 현황
2) 주최측 프로그램(hosted program): 개회식 및 폐회식, 사교행사, 관광행사 등
3) 항공료 할인 및 객실료 할인 범위와 블록 가능 수
4) 관련기관의 국제회의 개최 지지 서신
5) 소요 예산 및 예산 확보 방안
6) 국제기구에 대한 분담금 비율(개최 예정 수입의 일정 % 혹은 확정 금액)

2.2 개최조건 및 유치 타당성 검토

국제기구 본부가 컨벤션 유치 신청 조건으로 가장 중요하게 고려하는 사항은 주최기관인 국내 본부의 조직력 및 개최능력이다. 그러므로 국내 본부는 구체적이고 체계적인 유치 타당성 검토를 반드시 실시해 보아야 한다. 이 때 가장 중요한 고려사항이 전체 예산 규모인데, 이를 위해 유치에 다른 추정 대차대조표(B/S) 및 손익계산서(P/L)를 회의예상 규모에 기초해서 작성해볼 필요가 있다. 회의 예상 규모를 파악하는 동시에 참가자들의 등록비 외에 유관기관들의 금전적 비금전적 후원 확보, 전시회 등 추가예산확보를 위한 자금조달 방안이 강구되어야 한다. 이 단계에서 회의참가자를 늘리기 위한 주최측의 프로그램, 개최장소(도시), 시기 및 기간, 회의장, 숙박시설, 교통편의성, 지자체와 정부의 참가 및 지원 등이 중요한 변수로 작용한다.

2.3 유치 방침 결정

무엇보다도 국내 주최측의 실질적인 유치의사가 확정되어야 하는 바, 이를 위해 주최측은 지자체 및 중앙정부, 관광공사(관광협회), CVB 등 유관기관과 사전협의를 거치고, 호텔, 여행사, 항공사, 회의시설업체, PCO 등과도 긴밀한 의견교환이 필요하다. 유치방침이 결정되면, 유치추진을 위해 주최기관의 핵심인사들로 유치준비위원회를 조직해야 한다.

2.4 공식 유치 신청

국제기구가 요청하는 유치제안서 내역을 입수한 후 개최지 선정에 결정적 영향을 미치는 요소를 고려해서 유치신청서를 작성한다. 이 때 과거 3~4회 동안의 회의개최 연혁 등 관련사항을 파악하고, 이전의 개최도시와 접촉해서 개최경험 등을 듣고 신청서 작성과 제출방법에 피드백한다.

공식 유치신청서에는 주최기관장의 공식 유치표명 서신을 선두로, 개최지로서의 우위성과 신뢰성을 부각시킬 수 있는 각종 서신과 단체 등을 포함시키고, 우리나라를 소개하는 책자 및 영상자료 등을 첨부해서 제출한다.

▶ **표 5-4 유치신청서 작성의 중요 사항**

1) 주최기관장의 공식 유치표명 서신 2) 주최기관의 유치 타당성 설명(배경, 추진 경위 등) 3) 정부기관의 장, 지방자치단체장 등 관련 공공기관장의 유치 지지서신 4) 준비위원회 구성 및 후원단체 소개 5) 개최 예정일 및 개최장소, 컨벤션 시설 현황 6) 항공 및 교통편, 호텔 및 객실요금, 관광자원 및 관광 프로그램 7) 회의 주제 및 일정 제안 8) 수입 및 지출 예산안, 예산확보 방안, 국제기구에 대한 분담금 비율

2.5 유치 활동

컨벤션 유치를 위해 가장 먼저 추진해야 할 사항은 본부의 의사결정권자로 하여금 개최지의 회의시설, 숙박시설, 관광지 등 현장을 답사하도록(site inspection) 하는 것이다. 현장답사에서는 유치지원서의 기술적 측면에 대한 검증이 이루어지므로 팸투어 등을 통해 조사단이 개최지의 문화 및 관광매력을 체험케 하고, 유치기관의 열의와 지지를 입증시키며, 회의시설 등에 대한 위생과 안전, 수익성 등에 대해 신뢰할 수 있도록 자신감을 보여줄 필요가 있다.

실사단의 보고서가 개최지 선정에 결정적 영향을 미치므로, 컨벤션 참가자의 입국에서부터 출국에 이르기까지의 전 과정에 대한 세밀한 준비가 필요하다. 그리고 개최지를 결정하는 총회에 대표단을 파견해서 한국의 밤(Korean Night) 행사 등을 열어 유치 관계자들과 주요 회원들을 초청하고, 회의장 내 홍보데스크를 운영하는 등의 다양한 유치활동을 통해 한국과 개최지를 부각시킨다.

2.6 개최지 결정

개최지 결정은 일반적으로 이사회에서 심의하여 결정하거나 총회에 보고하여 결정하지만, 후보지역이 둘 이상일 경우에는 투표로 결정한다. 그러나 반드시 투표를 하기보다 후보지들간 사전 조율을 통해 합의로 개최지를 선정하는 게 선호된다. 개최지가 결정되면 국제본부로부터 결정통보서를 서면으로 받도록 한다.

2.7 컨벤션 유치 활동의 주체 및 역할

이상의 컨벤션 유치과정에서 등장하는 컨벤션 유치 활동의 주체 및 유치 기관들의 역할을 요약하면 다음과 같다.

▶ **표 5-5 개최지 결정 과정 및 유치활동**

구분	결정 과정	유치 활동
회원국 순차적 유치 또는 단독 후보	이사회 가결 ➔ 총회에서 정식 결정	유치 의사 표명 및 신청서 작성
이사회에서 결정	이사회 가결 ➔ 총회에서 정식 결정 (대부분 consensus 형식)	임원 대상 유치활동: 유치취지서 발송, 본부 임원 초청, 유치단 파견, 홍보데스크 운영, 기념품.홍보물 제공
총회에서 결정	이사회에서 후보지 압축(short-listed candidates) ➔ 총회에서 투표	각국 대표 대상 유치활동: 유치취지서 발송, 유치단 파견, Korean Night 개최, 홍보데스크 운영, 기념품.홍보물 제공
기타	회의참가 희망자들이 이메일 투표로 결정(World Science Fiction Convention)	

자료: KTO 자료 참고, 보완 편집.

▶ **표 5-6 컨벤션 유치 및 개최 활동의 주체와 역할**

주체	대상회의	역할	회의 사례
1) 중앙정부	정부주관 대규모 국제회의	예산 및 행정지원	• G-20/APEC/람사르 총회 • WCC
2) 지자체(CVB)	지차제 주관 국제회의	유치 및 행 · 재정지원	• 세계지반자치단체연합(UCLG) 총회(제주) • 국제수변도시회의(부산) • 월드그린에너지포럼(경북) • 유니버시아드대회(광주)
3) 공공기관	기관 주관 국제회의	국제기구 접촉창구, 유치 및 개최 실무	• 세계철도연맹총회 • 세계물포럼
4) 학회/협회	학회, 협회 주관 국제회의	유치 및 개최 실무	• 세계유기화학총회 • 세계양돈수의사총회
5) 공동	공동주최 회의/관련협회 협조요청 회의	제반 역할 협력	• IAC(한국항공우주연구원/지자체) • 세계마술대회(마술협회/지자체)
6) 컨벤션센터	자체기획 회의 및 전시	시설지원, 공동유치 및 개최	• 부산국제기계대전(벡스코)
7) PCO	요청된 회의	유치 및 개최 대행과 자문	• 세계에너지총회(MECI)

*대규모행사 유치시: 지자체, CVB, 기관/학, 협회, 컨벤션센터, (PCO)공동중소규모행사 유치시: CVB, 기관/학, 협회

2.8 한국관광공사(KTO)의 국제회의 유치사업 소개

- 유치가능 국제회의 발굴
- 국제회의 유치의향 조사 (국제기구가입 2,500여개 국내단체 대상)
- 국제기구 자료에 의한 유치가능 국제회의 조사
- 유치가능성이 높은 국내단체에 대한 세일즈콜 및 유치권유 활동
- 유관인사 방한 초청지원
- 국제회의 유치에 대한 원스톱서비스 제공
- 국제회의 유치절차 안내 및 자문
- 유치제안서 작성 및 환영 서신 제공
- 보조금 지원(유치제안서 인쇄, 국제기구 간부 사전답사, 기념품 등)
- 한국홍보 간행물 및 영상물 제공
- 한국홍보데스크 운영 지원
- 공사 해외 지사망을 통한 유치활동지원
- 국내개최가 확정된 국제회의 주관단체에 대한 지원
- 당해년도 개최지원
- 국제회의 개최관련 정보제공 및 자문
- 보조금 지원 (참가안내서 인쇄, 관광프로그램 운영, 문화예술 공연 등)
- 한국홍보 간행물 및 영상물 제공
- 한국홍보영상물 상영 및 관광안내데스크 운영 지원
- 참가자 유치증대를 위한 사전홍보
- 공사 해외 지사망을 통한 홍보
- 보조금 지원 (기념품 등)
- 한국홍보 간행물 및 영상물 제공
- 컨벤션 마케팅 활동
- 컨벤션 전문전시회 참가 및 한국 홍보관 운영
- 컨벤션전문지 광고 게재 및 기사화
- 해외 컨벤션 로드쇼 (유치 설명회) 실시 및 세일즈콜 실시
- 홍보간행물 제작, 배포 : 홍보영상물, 컨벤션 시설 안내 책자(영문)

- 컨벤션산업 육성 기반 조성
- 한국MICE육성협의회 (Korea MICE Alliance) 운영
- 컨벤션산업전 개최
- 지방 컨벤션 유치세미나 개최
- 컨벤션 정보 수집 및 제공
- 컨벤션 홈페이지 구축 · 운영(국문, 영문)
- 국제회의 주최기관정보 수집 및 제공
- 국제회의 개최실적 및 계획 · 조사
- 국내외 컨벤션 전담조직 및 전문시설 조사
- 컨벤션 캘린더 및 국제회의 개최현황 책자 발간 · 배포
- 한국 컨벤션 e-newsletter 제작 발송
- 국제기구와의 협력활동
- 국제관광기구 관련 회의 유치 지원
- PATA, UNWTO 등 국제관광기구와의 협력활동
- 컨벤션 부문 국제기구 회의 참가(http://www.visitkorea.or.kr/).

3 컨벤션 유치의 사례

다음은 필자가 2006년 3월부터 2008년 3월 동안 ICC JEJU의 대표이사 겸 제주컨벤션뷰로(JCVB)의 이사장으로 재직하던 시절, 국내의 여러 도시들이 세계무대에서 국제회의를 유치하는 데 성공한 사례들이다. 이들은 한국관광공사(KTO)가 글로벌 컨벤션 유치 사례로 모아, '컨벤션 유치스토리'란 책으로 펴낸 내용 중 일부이다. 특히 2012 세계양돈수의사대회(IPVS: International Pig Veterinary Society Congress)와 2014 세계전문직여성(BPW) 세계대회는 필자가 직접 유치에 참가한 경우라 보다 상세하게 기록하였다. 내용은 IPVS의 이원형 조직위원장과 ICC JEJU의 한성희 과장의 글을 참고하였으나 필자의 기억과 의견을 덧붙였다.

3.1 2012 세계양돈수의사대회 (IPVS: International Pig Veterinary Society Congress)

1 행사 개요

제 1차 세계양돈수의사대회(IPVS)는 1969년 영국 캠브리지에서 500여명의 양돈 관련 수의사가 참석한 가운데 개최되었다. 2000년 제 2회 대회부터는 짝수 해에만 개최키로 하고(행사주기 2년), 그 전에는 유럽에서 연속 2회, 타 대륙에서 1회 개최하는 것을 원칙으로 하였다. 그러나 2002년 미국 대회 이후로는 자유경쟁체제로 바뀌어 독일(Hamburg), 덴마크(Copenhagen), 남아공(Durban), 캐나다(Vancouver) 순으로 개최되었다. 행사규모는 약 3,500명이며, 국제기구는 세계양돈수의사회(IPVS: International Pig Veterinary Society)이고, 국내기구는 한국양돈수의사회(KASV: Korean Association of Swine Veterinarians, http://www.kasv.or.kr)이다.

▶ 표 5-7 IPVS 역대 행사개최지

년도	국가	도시	기간	참석인 원
2012	제주개최확정			
2010	Canada	Vancouver	7.17~22	2,000
2008	South Africa	Durban	6.22~25	3,000
2006	Copenhagen	Denmark	7.16~19	3.200
2004	Germany	Hamburg	7.27~8.1	2,600
2002	U.S.A.	Ames	6.2~5	2,000
2000	Australia	Melbourne	9.17~21	1,600
1998	United Kingdom	Birmingham	7.6~10	1,800
1996	Italy	Bologna	7.7~10	1,700
1994	Thailand	Bangkok	6.26~30	1,600
1992	Netherlands	The Hague	8.17~21	1,200
1990	Switzerland	Lausanne	7.1~5	1,200
1988	Brazil	Rio de Janeiro	8.14~17	1,100
1986	Spain	Barcelona	7.15~18	1,000

2 유치 신청 결정

한국은 1994년 제 13회 태국대회를 기점으로 해서 참가자가 급격히 늘고 발표 논문 수도 증가함에 따라 '대회를 한국으로 유치해 보자'는 생각을 자연스럽게 하게 되었다. 하지만, 2002년 미국대회에서는 2006년도 대회를 한국으로 유치해 보고자 하였으나 준비부족으로 포기하고 돌아왔다. 대신에 2003년, 서울 교육문화회관에서 제 1회 아시아양돈수의사회(Asian Pig Veterinary Society)를 개최, 30여개국에서 500여명 정도가 참석해 성황을 이루었다. 이를 계기로 2007년 6월, 한국양돈수의사회의 강화순 회장이 2012 IPVS 유치를 다시 제안했고, 이사회가 이를 승인함으로써 정식으로 유치신청을 하기로 결정하였다. 유치신청 결정 후, 유치위원회를 결성해 역할분담과 예산을 작성하고 유치활동을 시작하였다.

3 국내 개최지(제주) 결정

국내 개최지는 실사를 바탕으로 행사장의 시설 및 임대료, 유치과정에 대한 지원, 접근성, 호텔, 관광프로그램 등 10여개 항목을 선정해 심사한 결과 제주로 확정되었다.

하지만 본래 이 대회는 당초 서울 개최를 당연시 하고 제주는 참고장소로만 고려되었다. 그런데 ICC JEJU 담당자가 이 행사의 관련정보를 입수하고, 이 행사와 제주의 적합도, 즉 유치 타당성이 매우 높음을 인식하게 되었다. 사실, '제주' 하면 자동적으로 돼지고기가 연상되지 않는가? 실제로도 제주는 수출되는 돼지고기의 주산지이면서 청정브랜드를 부착한 '흑돼지'는 제주관광의 토속음식 자리를 박차고 나가 전국적으로 명성을 날리고 일본으로 수출까지 되고 있다. ICC 직원은 제주관련 기본정보를 KASV에 제출하고, 8월에는 유치위원의 제주답사를 제안하였다. 제주에서는 제주국제컨벤션센터(ICC JEJU), 제주컨벤션뷰로(JCVB), 동물병원협회, 제주자치도 축정과 등과 공동으로 이 대회의 제주유치활동을 전개했고, 8월 23~24일 기간 동안 유치위원회의 제주답사시 도지사 면담 등을 통해 제주의 강력한 유지의지를 전달하였다.

여기에서 특별히 강조하고 싶은 것은 유치위원회가 제주와 처음으로 대면하여 갖게 된 첫인상(MOT: Moment of Truth)이다. 사실 유치위원들이 대회 장소가 될 ICC JEJU에 도착해서 이루어질 프로그램에 제주도지사와의 만남은 애초에 계획되어 있지 않았다. 그런데 우연히도 그 시간에 이곳의 다른 행사에 참석키 위해 도지사가 미리 방문해 있었고, 우리는 '천우신조'의 느낌으로 급하게 도지사와 유치위원회의 미팅을 주선하였다. 뜻밖에 제주도지사의 환영을 받게 된 자리에서 바로 도지사의 강력한 유치지원 의사를 얻게 된 유치위원들은 상당히 고무적인 반응을 보였다. 그 바람에 제주도와 KASV 간에는 IPVS에 대해 공동운명과 같은 끈끈한 관계가 형성되었다. 이 순간의 감동을 살려서 ICC JEJU는 강화순 회장 등 유력인사들과 계속 접촉하면서 관계의 끈을 강화해 나갔다. 그리고 9월 6일의 세계대회유치위원회 발족식에 제주자치도 축정과 담당자가 ICC JEJU 직원과 함께 방문해 '개최지로서 제주의 강점'을 진정성 있게 호소하였다.

한편 제주도에서는 이 대회를 제주로 유치하기 위해 적극적인 유치지원을 표명했고, 9월 20일 서울에서 개최된 양돈수의사회 세미나에 참석해 회장 등 주요 위원들에게 제주의 강력한 유치의지를 전달하였다. 그리고 10월 10일에 열린 유치 대상 개최지 프리젠테이션에 제주 컨벤션 뷰로(JCVB) 이사장이 참석하여 서울 등과 유치경쟁을 벌인 결과, 제주가 국내 개최지로 확정되었다. 10월 24일, 제주도와 KASV간 협약을 체결해 향후 세계대회를 공동으로 유치하기 위한 추진계획을 협의하였다.

4 세계대회 유치 활동 전략

개최지 선정방식에 주목, 지지자를 잡아라

개최지 선정 방식을 미리 알고 유치활동을 벌이면 효율성과 효과성을 동시에 높일 수 있다. IPVS의 경우 총회에 참가한 수의사들이 거수로 개최지를 결정하므로, 참가국의 성향, 개인적으로 희망하는 참가국, 주요 스폰서인 다국적 기업의 투표동향 등이 매우 중요한 영향을 미친다. 따라서 각 대륙 및 국가별 오피니언 리더, 특히 제 20회 남아프리카공화국 대회에 가장 많이 참가가 예상되는 유럽의 영향력 있는 인사의 확보가 관건이었다. 동시에 국내 참가자를 늘리기 위해 관련 회사마다 참가요청 공문을 발송하였다. 또한 유치준비를 위해 유치위원뿐만 아니라 PCO를 미리 선정해 ICC JEJU와 함께 전문적 역량을 모았다.

2008년 1월, 한국이 IPVS 유치를 희망하고 준비중이라는 뉴스레터를 전 세계 참가예정자들에게 보내는 동시에 3월 31일에 유치제안서를 IPVS 사무국에 제출했다. 제안서에는 지지서신, 행사제안 일자 · 행사장 · 접근성 · 숙박 · 가격 등 행사환경, 학술 프로그램, 사교행사 프로그램, 유치 및 조직위원회 명단, 예산 등의 내용을 충실히 담았다. 5월초에 유치제안서가 통과되자 이어서 3회에 걸쳐 참가예상자들에게 뉴스레터를 발송하고 홈페이지를 만들어 한국을 적극적으로 홍보하기 시작했다. 이밖에 2008년 3월에는 북미양돈수의사회(AASV)에 참가하여 유력인사들에게 한국 지지를 부탁했다. 특히 큰 소득은, 차기 캐나다 IPVS 대회장인 Dr. Ernest Sanford를 만나 준비과정에 대한 조언과 예산, 총회발표 등에 대한 중요정보를 입수한 것이었다. 6월초에는 2009년 대회 개최국인 일본을 방문해 한국지지 약속과 지지서한을 수령하였다.

남아공대회에서 한국 지지를 호소할 현지홍보 준비도 함께 이루어졌다. 부스에 사용될 X-banner, 홍보엽서, 벽면 장식물, 하회탈 목걸이, 전통부채, 보드멤버용 USB, 명찰 등에 부착할 2012 IPVS 로고 스티커, 동영상 상영을 위한 PDP, 안내 책자, 전통한복, 유치위원회 유니폼 등을 준비했다. 특히 남아공 대회에서는 이사회(Board member)에 프레젠테이션을 하고 총회에서 참가자 거수로 개최국이 결정되므로 발표자료 준비에 최선을 다했다.

필승전략, 유럽표를 확보하라

유치의 최대 관건은 예비등록자만 840명이 넘는 유럽표를 끌어들이는 것이었다. '어떻게 해야 유럽 참가자들을 설득하고 그 표들을 끌어올 수 있을까? 바로 한국이 IPVS를 개최해야 할 명백한 당위성을 근거로 설득하는 게 정공법이었다. KASV는 양돈산업과 관련된 비즈니스 측면에서 아시아가 세계 최대 규모이며, 한국이 그 허브역할을 수행할 수 있다는 점, 이번 대회는 아시아에서 개최되어야 대륙간 균형을 유지할 수 있다는 점, 제주도와 ICC JEJU의 볼거리와 좋은 시설, KASV를 중심으로 한국 내에서는 IPVS 유치가 관련기관의 광범위한 지지를 받고 있는 점 등을 유치 타당성으로 정립하였다. 이를 기반으로 남아공 대회에 참가할 전 세계 IPVS 회원들에게 설득 커뮤니케이션을 전개할 계획도 수립했다.

6월20일, 드디어 남아공 더반을 향해 출발했다. 현지에서 BA사의 국제마케팅 매니저인 Dr. Susann은 대회기간 내내 유럽 참가자들의 지지성향, 관심사, 투표참가 예상인원 등의 정보를 제공해 주었다. 우리는 유럽인을 비롯한 많은 아시아 참가자들과 접촉하면서 지지약속을 받기 위해 분주히 움직였다. 21일에는 BA사의 국제심포지엄에 참석해 각국에서 참석한 250여명의 참가자 자리마다 홍보엽서 한 장씩을 놓아두었다. 저녁 만찬장에서도 심포지엄에서 만난 사람들과 인사하면서 한국을 재차 알렸다. 주요 임원들이 대부분 부부동반으로 참석했으므로, 이원형 조직위원장과 JCVB 이사장이 현장에서 부부로서 역할을 담당하기도 했다. 호텔의 친교자리에서는 2006년 덴마크 IPVS대회장인 Dr. Bent Neilsen을 만나 대회관련 질문들을 던졌다. 그는 자신이 중립임을 강조하면서 보드멤버 중 영국과 미국 대표가 사정상 참가하지 못할 것이고 한국과 멕시코가 마지막 결선을 벌일 것 같다는 심중을 전해주었다. 또한 월요일 이사회모임에서는 한국이 대회를 유치할 수 있음을 입증할만한 조직, 개최에 필요한 예산확보 방법, 학술 및 관광프로그램을 중심으로 발표하고 최종 투표일에 투표자의 관심을 끌만한 내용이 필요하다는 조언을 해주었다. 이러한 정보는 유럽의 경향을 파악하는 데 크게 도움이 되었다.

6월 22일 오후에는 현재까지의 상황분석, 부스운영계획, 다음날 활동사항에 대해 논의하였다. 부스는 요일별로 판촉물과 이벤트를 달리 하였고, 23일에는 한국관광공사에서 준비한 한국 전통의상을 입히고 사진 찍어주기, 홍보엽서와 책갈피 나눠주기 계획 등을 세웠다.

득표비결, 현장홍보에 집중하라.

6월 23일부터는 부스를 오픈하면서 본격적인 홍보경쟁이 시작되었다. 한국관광공사는 방문자들에게 한복을 입혀서 사진을 찍어주었고, 한국홍보 책자 및 엽서를 나눠 주었다. 한복의 아름다움은 많은 사람들을 부스로 끌어들여 이내 주변 전체가 성황을 이루었다. 멕시코 부스에도 그런대로 방문객이 많이 오갔으나, 벨기에와 체코는 상대적으로 한산했다.

오후에는 이원형 조직위원장과 학술위원장 박봉균교수가 Board Meeting(이사회)의 발표장으로 향했다. 이사회에서의 프레젠테이션 내용의 적합성과 실행가능성이 제안의 수용여부를 결정하게 되어 있었다. 발표 시에는 '한국이 왜 IPVA 개최의 최적지인지' 하는 유치 타당성에 초점을 맞추었으며, 학술프로그램, 예산, 관광프로그램 등에 대해 12분 정도 설명하였다. 발표 후 질문에도 적절히 대응해 반응은 그런대로 괜찮은 느낌이었다.

발표가 끝나고 우리들은 어느 다국적기업이 주최한 저녁만찬에 나가서 2~3명씩 짝지어 참가자들과 어울렸다. 비공식적인 자리에서 호의적인 인상과 인간적인 우정으로 접근했으며, 비즈니스를 떠난 장소였으므로 한국에 대해 자연스레 좋은 인상을 심어줄 수 있었다.

6월 24일이 되자 각국의 홍보전이 한층 치열해졌고, 여전히 한국부스는 인기가 높았다. 추진위원들과 한국 참가자들이 부스지킴이를 도와 방문객들에게 뜨거운 환대를 퍼부었으며, 더러는 부스 밖으로 나가 눈에 띄는 화려한 문양의 부채를 나눠주며 더 적극적인 유치 호소 마케팅을 전개하였다.

6월 25일이 되자 예상득표수를 개략적으로 가늠해 볼 수 있었다. 소극적인 계산으로는 50%를 밑돌 수도 있겠다 싶어, '그동안의 노력이 물거품이 되는 게 아닌가' 하는 불안감도 들었다. 강적인 멕시코가 스페인과 브라질 등 남미표를 합해 만만찮은 결과가 나올 것 같았다. 그러나 어쩌랴. 마지막까지 최선을 다하자는 생각으로 더 열심히 서로를 격려하면서 홍보활동에 박차를 가할 수밖에.

프레젠테이션, 유럽의 벽을 넘다

6월 26일, 드디어 결전의 투표일이 밝았다. 총회장은 참가자들로 가득 찼으며, 유치희망국들의 최종발표가 시작되었다. 가장 먼저 벨기에가 스타트를 끊었는데, 의외로 발표가 평범하고 지루한 느낌이었다. 두 번째는 한국의 차례였다. 관중의 이목을 집중하기 위해 우리나라의 과거와 현재의 아름다움이 공존하는 애니메이션 동영상으로 분위기를 띄웠다. 그러고 나서 박봉균 위원장이 무대에 등장해 한국 개최의 당위성을 역설하고, 역대 대회와의 차별성으로 독특한 볼거리, 풍부한 먹거리, 가장 저렴한 참가비를 내세워 한국의 매력을 부각시켰다. 마지막으로 회의장소인 ICC JEJU의 전경이 한라산을 배경으로 푸른 바다와 노란 유채꽃에 휩싸여 파노라마처럼 돌아가게 연출했다. 그 순간, 장내에는 작은 탄성과 술렁거림이 일었다. 저도 모르게, 이국에서 느껴지는 자국에 대한 자긍심이 눈물 핑 도는 감격과 감사를 일으켰다. 그토록 아름다운 우리의 모습이 외국인들을 사로잡는 일이란 사실 자긍심을 넘어 애국심을 불러내기에 족한 감격이었다.

발표가 끝나자 장내가 뜨겁게 달아오르는 분위기였다. 특별히 공을 들여 제작한 한국홍보 동영상과 슬라이드 내용이 관중의 이목과 심중을 강력하게 사로잡았다는 느낌이 들었다. 역시 발표준비에 그토록 열을 올린 준비위원들의 지략이 통했구나 싶었다. 이어서 등장한 체코는 동부유럽의 아름다움을 강조하였으나 청중을 사로잡을만한 매력은 드러나 보이지 않았다. 마지막으로 무대를 장식한 멕시코는 대사의 찬조연설까지 곁들여 제법 성의 있는 프레젠테이션을 하였으나 내용의 독특함이 느껴지지 않는 평범한 발표였다.

모든 발표가 끝나고 발표순서에 따라 청중들의 거수로 투표가 시작되었다. 개최지 결정은 총회(General Assembly)에서 참석자들의 거수로 결정되는데, 과반수 이상의 득표국가가 나올 때까지 최소 득표국을 탈락시키면서 계속 이어지는 방식이었다. 1차 투표에서 가장 적은 득표율을 기록한 벨기에가 탈락했다. 가슴 철렁한 순간이었다. 그리고 2차 투표에서 체코가 7.8%, 한국 52.34%, 멕시코 39.9% 순으로 득표율을 보였다. 우리가 과반수 이상을 득표함으로써 게임은 끝났다. 우리가 승리한 것이다. 모두가 환호했고, 감격의 눈물과 기쁨의 웃음이 교차했다. 부둥켜안고 승리를 확인했으며, 주위에 감사의 인사를 무수히 올렸다. 처음의 만남부터 환희의 순간까지를 이어온 준비위원들의 활동상이 주마등처럼 지나갔다. 지성이면 감천이요, 꿈은 마침내 이루어지는 법, 뜨거운 악수와 포옹의 몸짓들이 보는 이들조차 흐뭇하게 만들었다. 그 와중에도 아쉽게 떨어진 경쟁국들에게 위로의 말을 전하고 보드멤버들에게 감사인사를 전하는 준비위원장과 발표자, 회장단 멤버들이 참으로 돋보였고 자랑스러웠다. 그들이야말로 이 전투를 승리케 한 주역이었다.

회고해 보면, 1년여 동안의 준비와 노력, 수많은 회의, 부스를 통한 현장 홍보, 유치위원 및 한국참가자들의 인맥을 통한 각개전투, 만찬과 모임을 통한 인간적 접근, 고치고 또 고치는 발표연습 등은 '반드시 유치에 성공하겠다'는 목표와 '이번에는 할 수 있다'는 자신감, 그리고 '다함께 해내자'는 일치감이 없었다면 실로 견뎌내기 힘든 고역중의 고역들이었다.

IPVS 유치 성공의 핵심에 대해 이원형 조직위원장은 '홍보경쟁이 반'이라고 결론짓는다. '2012 세계양돈수의사대회를 한국에 유치해야만 하는 타당한 이유를 들고, 남아공 현지에서 유럽표를 끌어들이기 위해 불꽃 튀는 홍보경쟁을 벌였다. 홍보 마케팅을 철저히 준비하여 마지막까지 최선을 다한 결과, 경쟁국들을 제치고 마침내 유치성공의 결승라인을 힘차게 밟을 수 있었다'라고.

마지막으로 유치의 성공요인을 요약하자면, 1) 체계적으로 유치계획을 차질 없이 진행한 준비위원회의 탁월한 팀워크, 2) 대규모 참가단의 열성적이고 조직적인 홍보활동, 3) 현장발표의 인상적인 동영상과 프레젠테이션, 4) 대회 유치의 동반자로 선택된 제주와의 파트너십과 최적지로 소개된 제주의 차별적 강점 등이라 할 수 있다.

5 ICC JEJU의 소감

국제회의 유치를 담당하고 있는 입장에서 볼 때 모든 회의유치는 정녕 많은 시간과 노력 위에서만 얻어지는 소중한 결과물들이다 하지만, 이번에 남아공에서 제주유치가 결정된 2012년 세계양돈수의사대회는 가장 극적인 유치 신화의 하나로 오랫동안 기억될 만큼 특별한 사례로 생각된다.

당초에 한국양돈수의사회에서는 그 누구도 이 회의의 국내개최도시가 서울로 결정될 것임을 의심하지 않았다고 한다. 단지 유치위원 중 한 분만이 직감적으로 제주유치를 주장하고 있었을 뿐이었다. 그러나 많은 설득과 노력 끝에 결과적으로는 한 분의 생각을 모든 사람의 생각으로 바꿔서 압도적인 지지 속에 국내개최후보지를 제주로 선정하게 되었다.

그러나 이후에도 공동유치의 과정은 결코 쉽지 않았다. 전통적으로 유럽이 주도권을 가지고 있는 회의의 성격상 벨기에와 체코라는 유럽의 경쟁국들이 만만한 상대가 아니었고, 세계적인 휴양지 캔쿤(Cancun)을 내세운 멕시코 역시 강력한 복병이었다. 수많은 회의를 통해 전략을 세우고 준비를 해나가면서 이메일로 뉴스레터를 발송하고 중요한 회의에는 직접 참석하여 한 명 한 명 지지지자를 확보해나갔다. 특히 모든 등록자가 한 표씩 행사할 수 있다는 결정과정의 특성을 고려하여 현장에서의 홍보를 준비하는데 특별히 공을 들였다.

드디어 남아공으로 출발했고, 초반부터 한국과 제주의 아름다움을 강조한 우리의 홍보는 큰 호평을 받았다. 그러나 전통적인 지지기반을 확보한 유럽 국가들과 화려한 관광지를 내세운 멕시코와의 치열한 접전이 결과를 예측하기 힘들게 하였다. 준비위원들은 매일 밤늦게까지 상황을 파악하고 전략을 수정해 나가면서 투표상황에 대해 만반의 준비를 해 나갔다.

그리고 투표일, 다행히 특색 있게 준비한 동영상과 제주의 여건 및 지원조건을 소개하는 프레젠테이션이 성공적으로 진행되었고, 2차 투표에서 우리는 극적인 역전우승의 신화를 만들어 낼 수 있었다.

끝으로 이와 같은 극적인 드라마는 단지 요행 또는 기적으로 일어나지 않는다는 점을 덧붙이고 싶다. 천혜의 회의여건을 갖추고 있는 제주 그 자체의 매력에 제주도와 컨벤션뷰로를 포함한 관련 기관들의 뜨거운 열정이 보태져 IPVS 총회 유치의 성공이라는 열매로 안겨 온 것이다(ICC JEJU, 한성희).

그림 5-3 2012 세계양돈수의사대회(IPVS) 유치 부스: 남아공의 더반

그림 5-4　2012 세계양돈수의사대회(IPVS) 유치 확정 기념

3.2 2014 BPW 세계대회 : Congress of the International Federation of Business and Professional Women(국제전문직여성연맹총회)

1 행사 개요

BPW 세계연맹(International Federation of Business and Professional Women,: http://www.bpw-international.org)은 1930년 비즈니스와 전문직에 종사하는 여성들을 지지하고 활성화하도록 설립된 단체로, 현재 120개국 40만 명 이상의 회원을 가지고 있는 세계에서 가장 영향력 있는 여성단체 중 하나다. 3년 단위로 세계대회(International Congress)를 개최하는데, 행사규모는 약 2,000명 정도이며 전 세계의 전문직 종사 여성들이 전문성과 리더십을 함양하고 네트워킹을 강화하기 위한 행사다.

BPW 한국연맹은 1968년 창립된 이래, 금융기관을 시작으로 사무직 여성의 결혼퇴직제도를 폐지하는데 선도적 역할, 은행에서 여성 책임자 및 최초의 여성 지점장 배출, 여성차별 정년 무효 확인 소송을 후원하여 성공, 여성장관 · 국회의원 · 사회지도층 여성 배출, 한국이 유엔 여성차별 철폐협약에 가입하기까지 축구운동에 앞장, BPW Gold Award를 매년 남성에게 시상함으로써 여성들의 승진 및 고용창출에 기여 등 국내 전문직 여성의 권익보호 활동을 다양하게 전개해 왔다. 특히 전문직에 종사하는 여성들의 리더십 함양과 네트워킹 작업을 주도적으로 지원해 왔으며, 2007년 아태지역대회와 Young BPW 세계대회를 성공적으로 개최한 저력 있는 단체다.

▶ 표 5-8 BPW 역대 대회 개최지

년도	국가	도시	기간	참석인원
2014	제주개최확정			
2011	Finland	Helsinki		
2008	Mexico	Mexico City	10.24~10.28	800
2005	Switzerland	Lucerne	6.17~6.20	1,160
2002	Australia	Melbourne	10.2~12	1,800
1999	Canada	Vancouver	9.19~9.24	1,500
1996	Italy	Venice	7.8~7.14	1,006
1993	Japan	Nagoya	7.3~7.9	1,000
1991	Kenya	Nairobi	11.2~11.8	1,000
1989	Bahamas	Nassau	10.15~10.20	1,000

2 유치 신청 결정

BPW 세계대회는 다양한 회의와 워크숍, 전시, 사교행사 등을 통해 각 나라 연맹 회원들 간 경험을 나누고 연대를 공고히 다지는 축제의 장이기도 해서, 유치 경쟁이 매우 치열하다. BPW 한국연맹은 2008년과 2011년 세계대회를 유치하고자 도전했으나, 성공하지 못했다. 두 번의 실패 원인을 분석해 보면, 외부의 전문적인 도움이나 예산 지원 없이 회원들이 서로 품앗이 형태로 유치 업무를 분담하여 전문성이 떨어졌던 것으로 보인다. 그리고 유치관련 정보의 부족으로 세계연맹 내부의 협력이나 주요 국가 연맹들의 지지를 받는 등의 구체적인 전략을 수립하고 체계적으로 실행하지 못했던 것으로 이해된다.

사실 BPW 세계대회 개최지의 최종결정은 전전차대회의 대의원회의에서 투표를 통해 이루어지는데, 각 국가별 대의원 수는 해당국가의 회원수에 비례

하여 결정된다. 2014년 세계대회의 경우는 2008년에 개최된 멕시코시티대회에서 최종적인 결정이 이루어졌다. 그리고 이에 앞서 세계연맹회장의 요청에 따라 후보국들의 여건을 비교하기 위한 제안서 제출이 있고, 이를 통해 회장은 해당 후보국에서 실제로 세계대회를 성공적으로 개최할 수 있는지를 검토하게 된다. 그밖에 현장에서 후보국가들이 홍보부스 운영, 리셉션 주최 등을 통해 회의참가자들과 대의원들에게 유치 의사와 가능성을 선보이게 된다.

이러한 배경에서 BPW 한국연맹은 2008년 멕시코대회에서는 '2014 BPW 세계대회를 반드시 유치하리라'는 열망과 각오를 단단히 다지게 되었다. 한국 전문직 여성들의 위상을 볼 때 2014 대회 유치는 이미 늦은 감이 있고, 이미 두 번이나 실패한 점을 되돌아볼 때, 이번에는 반드시 유치하여 자존심을 지켜야 한다는 비장감이 감돌 정도였다.

3 국내 개최지(제주) 결정

BPW 한국연맹이 세계대회를 한국으로 유치하려면 우선 국내 개최도시를 미리 선정해야 하는데, 이미 두 차례의 도전 과정에서 국내 도시들간 경쟁이 벌어지고 있었다. 대회 유치를 희망하는 도시들은 적극적인 지원을 약속하면서 BPW 주요 임원들을 상대로 설득과 친교의 관계를 적극적으로 도모하는 중이었다. 국내 개최도시를 결정하는 평가전에는 주로 제주, 부산, 대구 등이 치열한 각축전을 벌이고, 가끔 대전이나 광주, 그리고 최근에는 인천이 공격적인 움직임을 보이는 편이다. 서울은 비교적 느긋해서 특별히 매력적이거나 참가 권유가 없는 한 그다지 적극적이지 않는 입장이다. 그런데 BPW 세계대회에 관한한 이들에 비해 제주가 정보입수나 유치 의사 표시, 참가준비가 늦어지고 말았다.

사실 제주는 전통적인 '여다(女多)의 섬'으로서 국내 어느 도시와 비교할 수 없을 정도로 여성의 이미지가 강한 곳이다. 그래서 제주도정부는 여성정책을 전담하는 특별보좌관을 중심으로 여성을 주제로 한 국제포럼을 구상하고 있었는데, 마침 서울에서 열리는 MBC 주최의 '세계여성포럼'이 눈에 들어왔다. 이 포럼을 제주도와 공동주최하면서 국내와 아시아 지역으로 여성 참가자의 외연을 넓히면, 더 없이 훌륭한 여성컨벤션이 창조될 것처럼 보였다. 그런데 한 발

앞서 서울시가 보다 풍부한 예산으로 이 포럼과 협력관계를 구축함에 따라 제주도는 쫓던 닭이 지붕위로 올라가버린 격이 되고 말았다.

바로 이러한 상황에서 발견된 BPW 세계대회는 제주에게 절박한 운명이요, 간절한 바람으로 다가왔다(특히 고김영란 여성특보의 소원어린 기도는 보는 이의 가슴에 소명감을 불태웠다). 따지고 보면, 제주도야말로 국내 최초(세계적이라 주장할 만도 하지만)의 전문직여성이랄 수 있는 해녀가 일하는 곳이고, 여성의 경제활동참여율이 가장 높은 지역이며, 여전히 여다의 섬으로서 가장 BPW와 궁합이 맞는 곳이었다. 제주는 달아오르는 유치열망에 천혜의 수려한 자연환경과 도정부의 뜨거운 지원의지, BPW 제주클럽의 적극적인 바람을 한 덩어리로 모아 불태웠다. 어느 누구랴 그 간절한 소원과 절절한 노력을 외면할 수 있으랴. 지성이면 감천이라 하였던가. 그렇게 해서 제주는 BPW 세계대회가 유치될 한국내 개최지로 선정되었고, 2008년 6월 19일, 제주컨벤션뷰로와 BPW 한국연맹간 '2014 BPW 세계대회유치를 위한 공동협약'을 체결하기에 이르렀다. '이번에는 반드시 유치에 성공하리라'는 무거운 사명을 함께 짊어지고 세계무대로 나가는 공동 파트너가 된 것이다.

4 세계대회 유치 활동 전략

사실 국내 개최지를 선정하고 본격적인 유치활동을 전개하기 전부터, 이미 한국BPW는 세계연맹의 주요 인사들에게 유치의사를 밝히고 각종 회의와 이메일, 전화 등을 통해 지지를 호소해 왔다. 한국이 목표하는 2014년 세계대회는 전전차대회인 2008년 10월 멕시코대회에서 결정될 예정이라, 전략상 미리 '우리 것'이라고 찜을 해 둘 필요도 있었다.

본격적인 유치활동은 2008년 6월 15일에 개최된 일본연맹 50주년 기념행사 참석부터 시작되었다. 이 행사에서 한국연맹과 제주클럽 회원들은 참가자들을 상대로 2014년 대회의 한국 유치를 공식화 하고 홍보와 함께 협조를 요청하였다. 동시에 태국출신인 Dr. Chunchanon Viravan 세계연맹 현직 회장과 차기 회장으로 유력시 되는 인사를 9월 한국연맹 40주년 기념식 및 세계대회 유치위원회 발족식에 초청하면서 지원 요청과 함께 경쟁국 현황 등 필요한 정보수집도 함께 하였다. 이때 파악된 경쟁국은 이집트, 에콰도르, 뉴질랜드, 미국, 이탈리아 등으로, 그 면면이 치열한 접전을 예상케 했다. 그러나 일본연맹 행사 기간 중 미국의 뉴욕클럽을 맡아 있으면서 차기회장으로 유력시 되는 Liz Benham에게 손을 내밀어 한국유치를 절실히 호소하였다. 마침내 미국이 한국의 손을 잡아주고 한국지지를 표명하면서 유치를 철회했다. 얼마 없어 뉴질랜드도 한국지지를 약속하면서 물러나, 경쟁자는 4개국으로 압축되었다. 기선을 제압하는 분위기로 한껏 고무된 한국은 경쟁국가와 관련된 기본정보, 상대적인 강약점 등을 조사하면서 적극적이고도 철저하게 대책을 마련해 나갔다.

2008년 8월 31일, 세계연맹의 요청에 따라 한국은 공식제안서를 제출하였다. 세계연맹이 요청한 기본요건(RFP)에는 개최도시 여건뿐만 아니라 현지클럽에 대한 정보, 자세한 예산서까지 꽤 많은 자료들이 망라되어 있었는데, 다행히 한국의 제안서가 가장 우수하다는 평가를 받았다. 이는 제안서 작성과정에 ICC JEJU와 제주컨벤션뷰로의 전문성이 가미된 영향이 커 보인다. 제안서 집계 결과, 경쟁국은 한국 · 이집트 · 이탈리아의 3파전으로 확인되었다.

이제부터는 제안내용을 실행에 옮겨 승리를 구체화시켜 나가야 할 터였다. 우리는 2주에 한 번씩 유치위원회의를 진행하면서 사전홍보와 멕시코대회에서의 현장홍보 등 유치전략을 협의, 조정하였다. 그리고 결과들을 이메일로 정리해서 뉴스레터로 만든 다음, 전 세계 회원국들에게 한국유치의 당위성을 알리는 메시지로 날렸다. 무엇보다도 중요한 것은 사전에 각국의 대의원 명단을 확보해 이들에게 직접 설득작업을 전개하는 일이었다. 그러나 미처 명단이 작성되지 않았다는 정보를 받고, 대신에 국가별 회장단 명단을 파악해서 공략해 들어갔다.

2008년 9월 5일, 한국연맹 40주년 기념식을 기해 2014 BPW 세계대회유치위원회 발대식을 가졌다. 조선호텔에서 개최된 이 행사에는 한국연맹측 임원과 역대 회장단, 세계연맹 회장, 일본연맹 대표단 등이 참석한 가운데 특별히 대통령 영부인과 제주도지사가 함께 자리해, 2014년 대회의 한국유치 의사를 대내외에 강력히 천명하였다. 이 자리는 주최측인 한국연맹과 개최지인 제주도의 유대관계가 공고히 다져지는 계기가 되었고, 세계연맹 회장 등 주요 인사들에게 한국의 조직력과 유치열의가 그대로 전달되는 성과가 있었다. 그리고 이 행사에 바로 이어서 9월 6일부터 7일까지 이틀간, 세계연맹 회장과 일본연맹 전 회장, 동경클럽 회장 등을 제주로 초청해 제주의 아름다운 자연경관과 우수한 컨벤션시설을 보여주었다. 뿐만 아니라 제주클럽의 뜨거운 환대와 T.V 및 신문을 동원한 매스컴의 관심, 제주도의회 여성의원들과의 간담회, 도지사의 따뜻한 식사대접, 성산일출봉을 비롯한 UNESCO 세계자연유산 관광, 제주향토음식 탐방 등을 통해 제주사람들의 정성과 열의를 확인시켰다. 이러한 여러 가지 움직임들을 통해 BPW 세계대회의 중요성이 홍보됨에 따라 국가차원에서도 적극적인 지원이 개시되었다. 재외공관 및 한국관광공사 해외지사에서 직접 싱가포르, 아일랜드, 대만, 수단, 나이지리아, 네덜란드 등 많은 회원국가의 회장단을 방문해 한국정부의 지원의지와 준비여건에 대해 소개함으로써 멕시코대회 기간 중 각국 대표단이 한국을 지지토록 하는 데 크게 영향을 미쳤다.

한편, 개최지 결정은 현장에서 투표로 결정됨을 감안해 멕시코대회에서 진행될 홍보부스 설치, 한국의 밤(Korean Night)과 같은 특별행사, 유치 프레젠테이션과 영상물 준비 등이 동시에 진행되었다. 그동안 두 차례나 벌어진 BPW의 실패경험과 제주컨벤션뷰로의 성공사례를 바탕으로 해서 다양한 전략들이 수립되고 대안들이 마련되었다. 결국, 홍보부스에서 다양한 이벤트와 기념품을 활용해 적극적인 홍보를 펼치고, 최종결정이 이루어지는 비즈니스 세션장에서 시연될 홍보영상물과 프레젠테이션을 특색 있게 꾸미는 것으로 기본전략이 마련되었다.

2008년 10월 22일, 드디어 한국유치단은 멕시코시티를 향해 떠났다. 이번 만큼은 반드시 성공하고 돌아오리라는 각오로 전문직인 현업을 장기간 비워야 하는 부담감도 과감히 떨쳐버린 많은 회원들이 멕시코 행을 결행하였다. 이들과 함께 제주특별자치도, 제주컨벤션뷰로, 제주국제컨벤션센터 등의 관계자들이 가세해, 한국유치단은 그야말로 대대적인 드림팀을 형성하게 되었다. 미국을 거쳐서 가는 멀고도 긴 여정이었지만, 모두가 각자의 활동계획을 수립하고 결의를 다지느라 좋은 꿈을 꿀 만큼 눈을 붙일 수 없는 게 유감이었다.

2008년 10월 23일, 공식행사가 시작되기 하루 전, 한국유치단 일행은 각국의 대의원들을 대상으로 국회의사당에서 개최된 오찬장에 전원 참가했다. 그리고 일제히 참가자들에게 태극기 모양의 스티커를 붙여주면서 말을 걸고, 자기 소개를 하고, 기념촬영을 하고, 친밀감을 형성하면서 은근히 홍보활동을 시작하였다. BPW 성격 자체가 자연스러운 네트워킹과 교류의 장이라 그런지, 참가자들이 대부분 호의적이고도 친절하게 개인적인 관심을 보여주었다. 유치단으로선 크게 힘이 되고 기분 좋은 출발이었다.

그런데 첫날부터 멕시코대회 운영에서 문제점들이 드러나기 시작했다. 심각한 교통체증과 준비부족 등이 복합돼, 참가자들을 1시간 이상 기다리게 하면서도 전혀 설명이 없거나, 현수막과 기념품이 모두 스페인어로 되어 있는 등의 허술함 들이 드러나, 참가자들의 불만이 곳곳에서 새어나오기도 하였다. 그러나 우리들은 그러한 불편함에 반응하지 않고, 전반적인 분위기 파악과 성공적인 유치기반을 확보하기 위한 활동의 기회를 포착하는 데 주의를 기울였다. 행사 개최장소인 Gran Melia 호텔 측의 준비 미숙으로 홍보부스 설치가 늦어지고, 이메일과 국제전화를 통해 확인해 두었던 사항들이 전혀 반영되지 않아 당황스러웠다. 하지만 유치단원들이 모두 머리를 맞대고 팔을 걷어붙여 힘을 모았으므로, 밤늦은 시간에 이르러서는 부스장식을 그런대로 마칠 수가 있었다.

본격적인 행사가 시작된 둘째 날, 아침 일찍부터 유치단은 부스에 모였다. 나름의 이유를 가지고 준비한 배지와 리플렛, 책갈피 등 각종 기념품을 정성스럽게 전시하고, 한복입고 사진 찍는 이벤트도 준비하였다. 특히 BPW 세계대회 부스의 특징은 각 국가별 연맹에서 해당국가의 특산품과 각종 상품을 판매하는 것인데, 우리는 배지를 무료로 달아주고 사진촬영을 서비스하였다. 특히 차별적인 우리만의 전략은 대회참가자들이 대부분 여성이라는 점을 감안해 '제주컨벤션뷰로의 핸섬한 남자직원이 전통결혼예복의 신랑복장을 하고 방문객과 함께 폴라로이드 카메라로 사진을 촬영하는 프로그램이었다. 전통 신부의상이 워낙 화려하고 아름다운데다가 촬영 후 바로 사진이 제공되니, 방문객들은 한결같이 환호성을 지르면서 '원더풀'과 '땡큐'를 연발하였다. 그리고 그 기분 그대로를 다른 회원들에게 표현하고 만족감을 전달함으로써 부스가 홍보되어, 하루 종일 부스 주위가 방문객으로 가득 찼다. 마치 제주도의 가문잔치처럼 인심 좋고 넉넉하고 흥겨워서, 한국부스의 인기가 가장 높았다. 참고로 제주도에서는 잔칫날의 혼인예식은 신랑 신부와 그 일가친척 중심으로 동네 마을회관이나 인근 예식장에서 치러지고, 동네 사람들과 일반 축하객들을 위한 가문잔치는 하루 전날 하루 종일 먹는 잔치로 식당이나 마을회관에서 진행된다.

한편 연맹회장과 국제관계위원장 등은 오전부터 대의원회의에 들어가 주요 인사들을 대상으로 경쟁상황을 들으면서 한국지지를 개별적으로 호소하였다. 저녁에는 각국 대표단이 고유의 전통의상을 입고 국기를 들고서 무대 위로 입장하는 개막행사(Official Opening)가 있었다. 한국측 대표단이 모두 아름다운 한복을 입고 연단에 오르자, 이곳저곳에서 환호성을 지르며 카메라 셔터를 눌러댔다. 특별히 벌어진 사진촬영 세례는 이후에 전개될 한국의 인기를 예고하는 전조처럼 느껴졌다. 하지만 기존의 세계대회에 비해 참석자 등록이 적은데다가 개막식장의 스크린 화질이 떨어지고 음향 등의 기술지원이 낮은 등 운영상의 문제가 많았다. 그럼에도 불구하고 별다른 불평 없이 밝은 얼굴로 유연하게 행사장을 빛냈으니, 결과적으로 이러한 부족함들이 오히려 한국을 돋보이게 하는 이점으로 작용하게 되었다.

셋째 날도 전날과 비슷하게 홍보부스 운영이 이루어졌다. 그리고 세계연맹회장의 제주방문시 맺어진 인연으로 제주컨벤션뷰로 이사장이던 필자와 제주클럽 회장이 각각 워크숍에서 발제를 하게 되었다. 이 또한 한국을 홍보하고 대회를 유치하기 위한 홍보의 자리로 활용되는 효과가 있었다. 저녁 때 개최된 우정의 밤(Friendship Night) 이벤트에는 유치위원장과 제주컨벤션뷰로 이사장이 방문해 주요 참가자들과 교제하면서 한국유치를 홍보하였다. 천우신조로 비공식적인 채널을 통해 대의원 명단도 입수하게 되어, 저녁부터는 국가별 대의원들의 예상 투표 국가를 예상하고 그 결과에 따라 중점공략대상과 2차 공략대상의 시나리오를 작성, 다음날의 유치활동에 적용키로 하였다.

넷째 날은 부스 홍보와 주요인사 개별접촉 외에 전날 밤에 수립된 세분시장별 차별화된 집중공략 전략에 따라 해당 국가별로 맨투맨 접촉을 전개하였다. 동시에 경쟁국의 동향도 파악해 전략에 반영하는 여유를 찾았다. 이탈리아는 부스를 설치하긴 했으나 지키는 사람이 없어 거의 방치에 가까운 상태였고, 이집트는 화려하게 꾸며놓고 음식대접도 하였으나 참가회원들이 적어서 홍보의 열정은 부족해 보였다. 게다가 한국부스의 열성적인 운영에 호감과 우의를 보이는 사람들 중에는 멕시코대회 조직위원들이 많아서 은근히 우리에게 유익을 주기 위한 제스처가 보였다. 저녁에는 Gala Dinner가 있었는데, 2014년 유치 후보국들이 전통공연을 선보이는 자리가 마련되었다. 한국측은 BPW 회원들로 구성된 십여명의 공연팀이 '어우동'을 추었다. 그 아름다운 한복과 운치 있는 모자, 귀여운 표정과 우아한 손놀림이 참가자들의 탄성과 웃음을 끌어냈다. 공연이 끝난 후 유치위원장이 한 명 한 명 공연자들의 이름과 직업, BPW 소속을 소개하니, 관중들이 더 크게 박수를 보냈다. 전문직을 가진 회원들이 성의껏 시간을 내어 연습을 한 작품이라니, 아무래도 더 공감과 칭찬이 더해지는 탓이리라. 더욱이 앞서 공연한 이집트팀이 전문댄서를 고용해 유명한 밸리댄스를 선보인 점과 대조를 이루어, 세계의 BPW 회원들이 응원을 통해 동조와 지지를 표명하는 결과로 이어졌다. 또한 한국관광공사의 'Fantasy Korea'란 한국 홍보 영상물이 역동적인 음악과 사진, 환상적인 장면으로 관객들의 숨죽인 반응을 끌어내, 한국의 매력을 감동으로 승화하는 효과를 거두었다. 이 갈라디너를 통해 참가자들은 한국의 철저한 준비와 간절한 열망을 공감하게 되었고, 이 시간 이후로 '한국이 유치에 성공할 것'이라는 소리들이 새어나오기 시작했다.

다섯째 날, 드디어 유치성공의 분수령이 되는 새 날이 밝았다. 오전에 벌어진 유치후보국의 프레젠테이션이 바로 유치전의 핵심이었다. 발표순서는 이집트–이탈리아–한국 차례였다. 이집트는 동영상의 품질이나 프레젠테이션이 특별하게 인상적이지 않았으나 아프리카 국가의 대표들이 한꺼번에 나가 이집트를 지지하는 이벤트가 나름 호소력 있어 보였다. 이탈리아는 발표용 동영상이 제대로 상영되지 않아 한바탕 소동이 일었고, 결국 발표자가 이탈리어로 진행을 하게 되어 참가자들이 알아듣지 못하는 현상이 벌어졌다. 한국은 유치위원장을 비롯한 유치위원들 20여명이 전원 단청문양으로 만든 스카프를 두르고 연단으로 나가 승리의 구호를 외친 다음 발표자의 배경이 되어 뒷자리에 둘러서 섰다. 그런데 유치위원장이 발표를 하려고 동영상을 틀었는데, 이탈리아 경우처럼 작동하지를 않았다. 어쩔 수 없이 동영상을 생략하고 프레젠테이션으로 들어가는 수밖에 없었다. 다행히 사전에 수많은 논의를 거쳐 만든 프레젠테이션에서 한국유치의 당위성을 BPW의 글자를 본따 "Beautiful Congress, Powerful Congress, Win-win Congress"로 외치자 청중석에서 공감하는 반응을 환호하기 시작했다. 개최지로서 제주의 장점을 부각시키기 위해 멕시코대회 현장의 불편과 불만을 감안, 무비자 입국과 안전한 환경 등을 강조하자 호응도가 커지더니, 한복 제공 등 특별제안들이 발표될 때마다 우레 같은 박수가 터져 나왔다. 마지막으로, 그 사이에 수리된 동영상이 드디어 화면위로 제주의 자연풍광과 회의장인 제주국제컨벤션센터의 모습을 드러내자 탄성과 환호가 장내 가득 울려 퍼졌다. 전문적이면서도 열성적인 우리의 발표가 한국의 유치역량을 보여주었다는 긍정적인 평가들이 은근하게 나타나더니, 오후 들어서는 많은 사람들이 한국의 승리를 드러내놓고 장담하기 시작했다. 이러한 상황에서 마침내 이탈리아가 유치 의사를 철회하기에 이르렀다.

때맞춰 그날 저녁에는 한국의 밤(Korean Night) 행사가 있어, 참가자들의 기분을 한껏 고조시킬 수 있었다. 멕시코 주재 한국대사께서 부인과 함께 행사장 입구에서 BPW 회원들을 환영해 주었을 뿐 아니라 공식 인사까지 곁들여 주어서 행사의 품격이 한층 높아지는 듯 했다. 그리고 제주클럽 회원들이 준비한 제주도 전통 굿거리 공연이 참가자들의 호기심과 관심을 끌어 모을 만큼 독특하고 의미 있었다. 게다가 정성껏 마련된 식사와 경품추첨, 음악이 곁들어진 여흥시간은 모든 참가자들을 하나 되게 하고 우정을 느끼게 하는 사교의 장이 되었다. 더욱이 현장에서 급하게 마련한 멕시코 밴드의 연주는 참가자들이 모두 손을 잡고 원을 그리면서 춤을 추게 만드는 파티 분위기를 이끌어냈다. 역시 '유종의 미'가 멕시코에서도 통하는 듯, 코리안 나이트의 화려한 마침은 대단원의 막을 내리는 행사로서 '그만'이다 싶게 훌륭했다.

2008년 10월 28일, 드디어 결전의 날, 개최지가 결정되는 투표일이 밝았다. BPW 참가자들의 전반적인 반응과 우리 스스로의 느낌으로도 승리의 여신은 이미 우리에게 미소를 보내는 듯하였다. 그러나 최종결정은 개표가 되어봐야 아는 법, 기대가 큰 만큼 불안과 긴장도 더 크게 우리를 둘러쌌다. 이러한 상황을 알아차리기나 한 듯이 투표장에는 멕시코 주재 한국대사와 연합통신 특파원까지 함께 가세해 주었다. 드디어 유엔총회를 연상케 하는 방식의 BPW식

전자투표가 실시되었다. 대의원들이 저마다 지지국가의 버튼을 누르자마자, 화면위에 바로 투표결과가 떠올랐다. "한국 94표, 이집트 28표", 압도적인 우리의 승리였다. 모두가 환호하며 한 덩어리가 되어 얼싸안는 순간, 이때를 놓칠세라 연합통신 기자는 부지런히 셔터를 눌러댔다. 이 순간을 위해 몇 년의 먼 길을 돌고 돌아서, 그렇게도 숱한 밤을 보내며, 결심하고 다짐하며 부둥켜안고, 승리를 약속하며 이곳까지 날아왔던가. 눈물을 보이는 유치단의 둘레에 이제는 한 식구처럼 익숙해진 다른 나라의 대의원들이 화사하게 웃으면서 진심어린 축하의 박수를 보내주었다. 결국, 꿈은 이루어진다더니, 2014 BPW 세계대회의 꿈이 눈부시게 나래를 펼쳐서 제주의 품으로 날아들어 왔다. 여성이 창조하고 여성이 가꾸어 온 1만 8천 여신들의 땅, 여다의 섬으로! BPW의 새로운 역사와 그 찬란한 비상을 기대하면서.

5 ICC JEJU의 소감

그동안 다양한 회의들을 유치해 보았지만, 2014 BPW 세계대회는 운명적인 인연과 결사적인 소명, 혼신의 노력이 깃든 한 편의 드라마와 같았다. 제주와 함께 짝지어질 때부터 알 수 없는 흥분과 기대가 감돌았고, 그러한 느낌과 기운은 구성원 전원을 연대의식과 자매애로 결속시켰다. 우리는 마치 오래 전부터 이 일을 함께 하기 위해 태어난 것처럼 소통했고, 매사에 믿음과 열정이 솟구침을 공감했다. 제주가 개최지로 결정되던 그 순간부터 우리는 하나가 되었고, 준비과정 하나하나에서부터 말로 표현할 수 없는 진심과 우정이 승리의 그 순간까지 모두를 휘감아 도는 느낌이었다. 알 수 없는 흥분이 매사를 예사롭지 않게 만들었다. 상서로운 기운을 느꼈다면, 그까짓 회의 하나 놓고 표현이 지나치다고 웃을는지 모르지만, 이상스레 우리를 몰고 가던 '처음부터 끝까지의 연대와 낙관의 느낌'은 지금도 여전히 신비롭다.

이러한 경험을 한 마디로 정리해서 소위 다른 회의 유치시의 '교훈(insight)'으로 삼는다면, '정신일도 하사불성'이라고 표현할 수 있을 것이다. 그리고 필요는 발명의 어머니이듯, 어떠한 전략보다도 '한마음으로 똘똘 뭉친 목적의식'으로 문제에 직면한다면 반드시 돌파구와 해결책이 나오리라'고 선포하고 싶다.

물론 그 바탕에는 최선을 다 해 정보를 입수하고, 자료를 준비하며, 네트워킹을 추진하고, 현지의 상황 변화에 따라 적절히 대응하고 조정하는 능력이 충분히 깔려 있어야 할 것이다. 여기에다가 평소에 세계대회의 경험을 쌓고, 인맥의 저변을 넓혀 놓는다면, 위기시의 정세판단과 사람에 대한 안목, 상황에 대한 의사결정이 효과적으로 이루어질 것이다.

결론적으로, '컨벤션은 만남이다'라는 말로 2014 BPW 세계대회의 유치 과정을 매듭짓고자 한다. 무엇보다도 제주도의 진가를 발견해 준 BPW 한국연맹 사람들과의 만남이 참 좋았고, 여기에 손뼉을 같이 쳐준 제주특별자치도, 제주컨벤션뷰로, BPW 제주연맹 사람들이 다 좋았다. 또한 한국관광공사와 재외공관, 멕시코주재 한국대사관, 연합통신 기자에 이르기까지 이 일의 중요한 순간에서 시의 적절하게 등장해 준 모든 사람들이 보석같이 빛난다. 그러고 보니, 컨벤션은 '사람들 간의 비즈니스'다. 어떠한 사람들이 어떠한 목적을 가지고 어떻게 모이느냐에 따라서, 그리고 무엇을 어떻게 해 나가느냐에 따라서 컨벤션이 이루어지고, 그 성과와 내용이 결정되기 때문이다(ICC JEJU, 한성희).

그림 5-5 BPW 한국연맹과 제주컨벤션뷰로간 협약식

그림 5-6 2014 BPW 세계대회 유치를 위한 프레젠테이션, 멕시코 Gran Melia 호텔에서

06

컨벤션 유치 스토리와 제안서 사례

여기에 소개된 컨벤션 유치 스토리는 한국관광공사(KTO)가 발간한 '열정과 도전으로 일군 컨벤션 유치 스토리(2008)'와 'WHY KOREA? YES KOREA!-한국관광공사 글로벌 컨벤션 유치 사례 모음집-(2012)에서 주제, 유치특성, 개최지 등을 중심으로 전국의 컨벤션센터(Venue)가 골고루 포함될 수 있도록 발췌하여 정리한 것들이다.

대부분은 KTO 자료 중에서 컨벤션의 종류, 개최지, 활동 특성 등을 참고로 임의 선정해 요약하였다(한국관광공사 2008). 대부분 저자의 설명내용을 그대로 옮겼으나, 요약과 재미를 위해 약간의 각색을 곁들였다. 저작권의 문제를 생각하면 매우 조심스러운 작업이나, 우리나라 MICE산업의 발전은 당분간 '국제회의 유치가 활력'이 될 것임을 믿기에 재인용하고 강조하였다. 특히 상세한 개최지 선정 방식과 유치과정, 유치의 노하우, 실패와 실수 스토리 등은 보통의 책에서는 맛볼 수 없는 살아 있는 지식, 나누고 재창조 되어야 할 경험들이다. 이 글을 통해 우리나라에서 개최되는 컨벤션의 유치과정에 관심을 갖게 되고, 보다 상세한 내용을 위해 KTO의 원자료가 다시 읽혀지는 것도 일면 의미 있는 일로 생각된다.

이를 통해 5장에서 익힌 컨벤션 유치과정의 이론을 유치현장의 컨벤션뷰로와 주최기관, Venue 등의 융합된 실전경험을 통해 보다 생생하게 이해할 수 있을 것으로 기대하며, KTO와 각 저자의 수고에 경의를 표한다.

1 컨벤션 유치 스토리

1.1 제주국제컨벤션센터(ICC JEJU): 2014 아시아태평양 가금학회 (APPC: Asia Pacific Poultry Conference)

ICC JEJU는 2011 세계소동물수의사회 총회와 2012 세계양돈수의사대회를 유치하고 개최하였다. 이 두 컨벤션을 통해 제주는 청정한 자연환경, 1차산업 우위의 인프라, 지자체의 적극적 지원 등의 강점으로 농축산분야의 컨벤션 경쟁력을 확인할 수 있었다. 그 결과, '개, 고양이, 그리고 돼지에 관한 국제회의를 다 해 보았으니, 다음 차례는 닭이지?' 싶은 우스개를 하게 되었다. 바로 이 엉뚱한 물음 한 마디에 운명처럼 이끌려서, ICC JEJU의 컨벤션 유치팀은 '닭과 관련된 회의로 무엇이 있을까?' 탐색하기 시작했고, 양계보다 더 넓은 범위의 가금(poultry: 알, 고기, 깃털의 생산 목적으로 가축화된 조류) 분야에 관련된 국제회의가 몇 건 있음을 확인할 수 있었다.

우선, 세계가금학회가 2016년 중국에서 개최될 예정이란 사실이 가장 실감있게 다가왔다. 이 행사를 다시 아시아권에서 유치하기란 상당한 시간이 경과해, 2022년이나 되어야 가능한 일로 여겨졌다. 그렇다면, 그 전에 아시아태평양가금학회(APPC)를 먼저 유치하면 어떨까? 바로 이 생각을 우리는 한국가금학회 회장단에게 제안했고, 얼마 없어 한재용 부회장으로부터 '유치해 보자'는 답변을 받았다. 개최도시 결정까지 3주일 정도 남은 시점이었다. 역대 그 어느 컨벤션보다 유치 준비기간이 짧아서, 모두가 한마음으로 총력을 다 해 열정을 불태워야만 할 상황이었다.

APPC는 3~4년을 주기로 학술회의를 개최하는데, 약 1,000명이 넘는 아시아 · 태평양 지역의 학자들이 모여서 닭, 오리, 칠면조 등 가금류에 관한 학술발표를 하고, 기술개발 및 정보교류의 시간을 갖는 컨벤션이다. 바로 이 학술회의가 진행되는 동안 이사회가 유치 후보도시의 프레젠테이션을 들은 후 무기명 투표를 통해 다음 개최도시를 선정한다. 사실, 한국은 이미 1993년에 서울에서 이 회의를 개최한 경험이 있어, 유치과정에 대해 어느 정도 숙지가 되어 있는 상태였다. 하지만 워낙에 시간이 임박해 있어, '이 시간의 한계를 여하히 극복해 낼 것인가' 하는 우려가 난관으로 작용했다.

2011년 2월 27일, 우리는 한국가금학회와 첫 번째 실무협의를 시작하였다. 투표일이 3월 20일이니, 겨우 3주일이 남아 있는 시점이었다. 그런데 싱가포르가 이미 오래 전부터 APPC를 유치하기 위해 학회 이사들을 상대로 적극적인 유치활동을 전개하고 있다는 정보가 입수되었다. 어쩌면 이 시점에서 싱가포르에게 도전장을 던지는 게 무모한 일일 수도 있었다. 하지만 우리가 싱가포르보다 회원수나 국제회의 경험이 앞서 있고, 국제 네트워크가 강하며, 학문 및 산업적 기반도 우수한 것으로 파악되었다. 그러므로 우리측의 풍부한 인맥을 총동원해서 승부욕을 가지고 도전한다면 승산이 있는 싸움이었다. 특히 ICC JEJU의 유치대행서비스는 이러한 도전을 과감하게 결행시킬 수 있는 전력이 풍부했다. 유치대행서비스란 국제회의 유치과정에서 필요한 프레젠테이션 자료 제작, 홍보전략 수립 등 다양한 실무를 대행해 주는 실무시스템이다.

우리는 주어진 '3주를 3년처럼 활용하자'는 기치 하에 효율적인 업무분담과 발빠른 진행을 원칙으로 일사불란하게 움직였다. 우선 유치위원회는 APPC 이사들을 사전에 설득할 것과 프레젠테이션의 차별화로 표심을 이끌 것을 필승작전으로 설정했다. 따라서 학회 임원들은 최대한 인맥을 활용해서 APPC 이사들을 맨투맨으로 설득했고, ICC JEJU는 프레젠테이션 준비에 집중했다. 이 두 가지 일의 접점은 APPC 이사들을 설득할 'Why Jeju, Korea?'의 논리를 개발해 제주유치의 당위성을 확실하게 제시하는 것이었다. 조사 분석 결과, APPC 이사들이 개최지를 결정할 때 안정적인 행사운영과 참가자들의 관심에 부합하는 프로그램, 그리고 장소의 매력성을 중요하게 평가하는 것으로 확인되었다. 이에 우리는 조류 인플루엔자(Avian Influenza)나 구제역 등 가축관련 전염병이 없는 청정 제주의 이미지, 뛰어난 국제회의 인프라, 아름다운 관광자원 등을 강조해 제주가 APPC 개최를 위해 안성맞춤처럼 준비된 곳임을 부각시키기로 하였다. 따라서 유치제안서에다 제주 개최의 당위성으로, 1)한국가금학회의 저력과 경험, 2)완벽한 회의 개최지로서의 제주, 3)산업과 회원들에게 기여할 수 있는 기회 제공 등 세 가지 조건을 제시했다. 홍보 리플릿은 일반 참가자들을 대상으로 제주에 대한 기본정보(한 번 꼭 가보고 싶은 곳으로서의 매력성)와 한국 유치의 열망을 엽서형태로 만들었다. 현장에서 배포할 기념품은 한국적이면서도 개성이 뚜렷한 디자인을 골랐으며, 특히 투표권을 가진 이사들에게는 한국의 이미지를 잘 보여줄 수 있는 자개장식의 명함지갑과 USB를 준비했다.

다른 한편으로 생각하면, 3주간의 짧은 준비기간이 오히려 유치위원회와 ICC JEJU를 한 덩어리로 만들어 주는 촉진제로 작용했다. 우리는 원활한 의사소통, 합리적 의사결정, 신속한 움직임, 책임 있는 역할 수행 등을 통해 스스로도 놀랍고 대견할 정도로 실수 없이 유치 준비를 해나갈 수 있었다. 하지만 결전의 장인 대만으로 출발하는 ICC JEJU의 유치팀은 무겁고 비장한 마음으로 '반드시 성공해야 한다'는 각오에다 부담감을 가중시켜 천근만근 무거운 발걸음이었다. 다행히 현지에 도착했을 때, KTO 타이베이 지사에서 인력을 파견해 주고, 제주컨벤션뷰로에서도 직원을 보내주어 마음 든든히 홍보활동을 시작할 수 있었다. 한복을 곱게 차려입은 홍보요원들이 기념품과 리플릿을 나눠주며 명랑하게 활동을 시작하자, 현장의 분위기가 달아오르면서 이목이 우리에게로 집중되었다. 해외에서 더 빛을 발하는 우리의 한복이 얼마나 고마운지, 경쟁국 싱가포르가 우리의 위세에 압도당한 듯 보였다.

드디어 프레젠테이션 시간, 한국가금학회의 한재용 교수는 그 이상 더 잘 할 수 없을 정도로 차분하고 저력 있는 발표를 해주었다. 정성스럽게 편집된 동영상이 상영되었고, 이사들의 질문에 대한 답변도 깔끔하게 이루어졌다. 그리고 마침내 무기명 투표가 진행되었다. 결과는 7:5로, 우리의 승리였다. 환호성과 함께 아찔함이 교차하였다. 단 2표 차이로 기적과 같은 성공을 이루었기에 가슴이 철렁하고 눈물이 핑 돌 정도로 감사했다.

회고해 보면, APPC 유치의 성공은 우리에게 의미 있는 교훈을 남겼다. 불과

한 달도 안 되는 시간에 최대의 집중력을 발휘해 성공을 거뒀으니, 컨벤션 유치의 효율성 측면에서 보면 새로운 모델을 제시한 셈이다. 더불어서 발상의 전환을 통해 레드 오션을 피하고 블루오션에서 성공을 낚을 수 있었던 점도 공유할 수 있는 전략중 하나다. 2014 APPC를 지나 2022년 세계가금학회 유치의 꿈을 꾸면서, 프레젠테이션에서 약속한 사항들, 그 이상을 반드시 지켜 내리라 다짐해 본다. 우리를 선택해 준 고객에게 이 이상의 보답이 어디 있으랴! '개봉박두의 대만족 서비스품질을 기대하시라'는 심정으로 2014년의 D–Day를 준비한다(한성희 ICC JEJU, 한국관광공사 2012).

Success Note:

1. 시각을 바꾸면 새로운 기회가 보인다: 의뢰받는 일을 지원하는 것이 아니라, 스스로 새로운 컨벤션을 발굴하고 유치할 수도 있다는 생각의 전환이 곧 새로운 기회를 만들어냈다.
2. 내게 맞아야 비로소 강점이 된다: 새로운 가능성도 내게 맞아야 현실이 된다. APPC는 청정 제주의 이미지, 환경, 인프라를 고려했을 때 매우 적절한 컨벤션이었고, 이것이 유치성공의 배경이 된 것이다.
3. 시스템과 소통의 기술로 효율성을 극대화하라: 성공의 경험도 실패의 경험도 체계적으로 축적해야만 노하우가 된다. ICC JEJU의 '유치대행서비스'를 활용하지 않았다면 짧은 시간에 이처럼 큰 성과를 달성할 수 없었을 것이다. 또한 유치단과 ICC JEJU의 의사소통과정이 합리적으로 구축되지 않았다면 실무력이 아무리 뛰어났더라도 유치에 성공하지 못했을 것이다. 이처럼 효율성의 극대화는 성공을 이끄는 강력한 힘이다.

1.2 서울 코엑스(COEX)

1 2012 ICME 국제수학교육대회

국제수학교육대회(International Congress of Mathematical Education: ICME)는 약 3,000명의 수학교육자, 수학자, 수학교사, 수학교육행정가 등이 모여서 다양한 학술활동을 통해 수학교육에 관한 국제협력 및 상호이해증진을 도모하는 국제적인 축제다. 1969년 프랑스 LYON에서 제 1회 대회가 개최된 후, 2008년 멕시코에서 11회 대회가 개최되었다. 한국은 이 11회 대회를 놓고 멕시코와 치열한 경합을 벌였으나, 아쉽게 실패하고 말았다. 하지만, 이 실패가 자극이 되어 2012년 제 12회 대회 유치에 박차를 가하기로 관련자 전원이 만장일치로 의결을 하였다.

2005년 11월말까지 제12회 대회의 유치의향을 국제수학교육위원회(International Commission on Mathematical Instruction: ICMI) 사무총장에게 알리고, 2006년 10월 31일, 유치제안서를 제출하였다. 제안서에는 국제적으로나 국내적으로 대회유치를 통해 달성코자 하는 목적을 담아, 유치타당성을 확고히 했다. 예산 운용 계획, 예산안의 현실성, 숙박시설의 적합성, 인적자원 능력 등 개최능력을 프레젠테이션에 충분히 담았다. 그리고 2006년 3월 13일, ICMI 실사단의 한국 방문시 코엑스 아셈홀에서 제안서를 프레젠테이션 하였다. 오후에는 교육인적자원부 장관과 서울시장 면담이 있었고, 저녁에는 서울시 부시장 주재의 만찬이 있었다. 14일에는 실사단이 대회장소인 코엑스를 점검해 다양한 회의장과 시설, 프로그램, 숙소 등을 확인하였고, 실사 후 제안서 항목별 수정 및 예산부문의 보완이 진행되었다.

수정제안서가 발송되고 나서 마침내 우리나라가 제 12차 ICME 개최국으로 확정되었다. 돌이켜보면 어떻게 지나 왔나 싶을 만큼 행사유치 일정이 숨 가쁘게 진행되었다. 단순히 국제대회를 유치하겠다는 의도였다면 끝까지 해내기 어려울 정도로 쉽지 않은 여정이었다. 게다가 이미 한 번의 실패를 겪었기에 부담이 더욱 컸다. 그러나 우리는 수학교육의 국제적 저변을 확대하고 수학교육의 발전을 도모하겠다는 꿈을 가지고 출발하였으므로 모두가 불확실한 가능성을 향해 한마음이 될 수 있었고, 유치를 위한 어려운 과정을 기쁘게 달려올 수 있었다. 솔직히 한국관광공사와 서울시 관계자들의 투철한 사명감이 큰 역할을 하였고, 이것이 없었었다면 회의를 유치하는 일이 애초부터 불가능했을 것이다.

2012 ICME 유치에 헌신한 모든 이들은 다음과 같이 이 회의 유치의 스토리를 정리한다(국제수학교육위원회 한국지회 조승제).

"꼼꼼하게 준비하라. 준비된 자에게는 기회가 온다"
실사단 방문시 한국지회는 입국 절차에서부터 숙박과 경비문제, 프레젠테이션, 장관과 서울시장 예방, 코엑스 시설 점검 등 하나에서 열까지 꼼꼼하게 준비함으로써 실사단을 만족시켰고, 2012국제수학교육대회 개최국으로서의 진가를 과시할 수 있었다.

2 ISH 세계고혈압학회 2016

2016년 세계고혈압학회(International society of Hypertension)는 8천명 이상 규모의 메가 메디컬 국제회의다. ISH는 개최지를 8년 전에 결정하는 선정 방식을 갖고 있다.

2005년 6월, 대한고혈압학회 주최로 서울에서 개최된 제 4회 아시아-태평양 고혈압학회(APCH)에서 ISH의 유치 필요성을 인식하기 시작했다. 그리고 2007년 APCH 사무총장을 통해 2016년 개최 후보지역이 아시아라는 정보를 얻게 되었다. 결국 그해 12월, 대한고혈압학회 상임이사회는 ISH 2016을 유치하기로 결정했다.

하지만 이렇게 대규모 회의를 유치하기에는 5개월이란 준비기간이 너무 짧은데다가 중국, 필리핀, 싱가포르라는 막강한 경쟁국들을 이기는 것도 쉽지 않아 보였다. 쉽지 않은 만큼 서둘러서 유치위원회를 발족하고 쉴 새 없이 준비하고 땀 흘려서 달려가야 할 판이었다. 2008년 1월, 대한고혈압학회 주요 임원진과 다국적제약회사 상무, 그리고 영어 자문역을 맡은 캐나다인 Graham Love 씨로 유치위원회를 발족하고, 바로 PCO도 선정하였다.

'적을 알고 나를 아면 백전불태'이라고 하지 않았는가? 이 점에서 유치준비 업무로 가장 먼저 시작한 것은 ISH가 제시한 Bidding 가이드라인을 분석하는 일이었다. 다행히 대회 가이드라인이 명확하게 제시되어 있었고, 국제회의 유치시 사무국이 가장 중점을 두는 것은 유치제안서였다. 그러므로 최상의 제안서를 작성해서 1차 Shortlist에 들어가는 것이 우선 과제였다. 더욱이 대회 현장에서도 프레젠테이션 시간에 제약이 있고, 홍보 및 로비가 극히 제한적이기 때문에 제안서 내에 최대한 많은 메시지를 담아 효과적으로 프레젠테이션 하는 게 유치 성공의 키포인트로 보였다. 또한 8년 전에 개최지를 선정하다 보니, 구체적인 예산이나 세부 자료보다 개최지의 향후 잠재력과 가능성, 매력도, 창조적인 아이디어나 주최도시 및 기관의 열의 등에도 관심을 많이 둘 것으로 예상되었다.

유치위원회와 사무국에서는 이 조건에 부합할 수 있도록 'Why Seoul, Korea?'라는 타이틀을 가지고 자료 수집에 총력을 기울였다. 그리고 유치제안서를 매력적이고 효과적으로 구성하였다. 그렇게 완성된 제안서를 3월에 ISH 사무국에 접수하였고, 서류가 통과되어 일단 1차 Shortlist 진입에는 성공하였다. 이제 2차 고지는 6월의 최종 발표장, 15분 발표와 10분 질의응답 시간을 선전하여 최종 승자가 되는 것이었다. 이를 위해 ISH 회장 및 사무총장 등을 대한고혈압학회 학술대회에 초청하고, 그들이 유치국가에 바라는 바를 경청하며 한국의 인프라도 직접 보여주었다. 또한 유치에 성공한 기존 개최국 유치관계자들과 전화인터뷰를 통해 성공담과 조언에도 귀 기울이며 관계를 맺었다. 이러한 노력과 함께 유치제안서에 담은 내용을 슬라이드와 영상물을 통해 강렬하고 효과적으로 표현하고자 머리를 맞대고 회의를 거듭했다. 무엇보다도 ISH가 개최국에 원하는 것이 무엇인지를 파악하는 데 주력하였다.

마침내 발표가 끝나고, 질의응답도 별 무리 없이 무사히 잘 마무리 되었다. 장내가 숨을 죽이며 개최지 결정을 기다리는 순간, "ISH 2016 개최지는 대한민국 서울!"이라는 발표가 나왔다. 5개월의 노력이 빛을 발하는 순간이었다. 올림픽을 앞두고 승승장구 중인 중국 등 쟁쟁한 국가들을 물리치고 대한민국이 당당히 세계고혈압학회를 개최하게 된 것이다. 회의 유치에 함께 노력한 PCO로서 그간의 유치 과정이 주마등처럼 스쳐지나갔다. 우리는 여러 경로를 통해서 ISH Council의 관심이 한 국가나 도시의 관광지 차원의 매력을 떠나서 1) 많은 참가자와 후원업체, 전시업체들이 참여하고, 2) 참가자들은 혁신적이고 품질 높은 학술프로그램을 공유하며, 3) 세계고혈압학회와 함께 고혈압에 대한 미디어홍보를 통해 학회의 위상을 높이고, 4) 대중에게 고혈압에 대해 폭넓게 홍보함으로써 질환에 대한 경각심을 일깨우고 환자의 삶의 질을 높이고자 하는 데 있음을 파악했다.

그리고 이것들을 토대로 ISH를 설득하고자 함으로써, '바로 이거다' 싶은 유치제안서를 만들어 낼 수 있었다. 물론 매주 전략회의를 하고, 매력적인 유치제안서를 만들기 위한 자료 수집, 내용과 스토리 구성, 디자인, 발표자의 역량 강화 등을 위해 수차례 리허설을 하였다. 게다가 관계된 모든 이들의 응원과 기도, 염원 등 할 수 있는 모든 것들이 합력해서 성공을 낳게 되었다. 여기에 빼놓을 수 없는 플러스 알파가 있으니, 바로 한국 정부의 강력한 지지와 KTO 코리아컨벤션뷰로의 적극적인 조언과 협조, 서울시의 후원, 대한고혈압학회 회원들과 유치위원단의 열정과 저력이다.

이상을 요약하면 다음과 같이 정리할 수 있다(인세션 문자영).

"상대가 원하는 것을 파악하라"
2016 세계고혈압학회 유치의 가장 큰 성공비결은 ISH가 유치국에 원하는 것이 무엇인지 여러 경로를 통해 충분히 분석하고, 그것들을 유치제안서에 반영해서 효과적으로 표현하고 발표한 것이다. ISH가 제시한 Bidding Material 분석, ISH 임원 초청, 전화 인터뷰 등을 통해 최종발표 현장에서 상대가 원하는 개최국의 면모를 충분히 선보일 수 있었다. 그리고 이것이 ISH와 맞아떨어져, 그들을 움직였다.

1.3 부산 벡스코(BEXCO) : 2012 IWA 세계물총회

IWA는 전 세계 130개국 8천여명의 전문가 등이 가입한 세계 최대 규모의 물관련 국제기구로서 수자원, 상 · 하수도 시설 개발 및 관리 · 운영에 대한 정보교류, 물관련 사업 육성 등을 위해 격년으로 총회를 개최하고 있다. 2012년 총회는 70여개국에서 4천여명의 전문가들이 참석할 것으로 예상된다.

2012 IWA와의 관계는 2005년 6월, 부산에서 IWA 산하 '수처리 시스템 자동화(ICA) 국제학술회의'가 성공적으로 개최된 게 계기가 되었다. 우리는 IWA에 주목하게 되었고, 2012년 대회 유치를 결정하기에 이르렀다. 2006년 3월, 부산시가 2012년 IWA 총회 부산유치를 공식 선언하고, 4월에 환경정책 관련자들이 모여서 총회 유치 실무회의를 개최하였다. 그리고 5월, 유치를 위해서는 국내에서 IWA 한국위원회의 추천을 받아야 하므로, 위원회 소집을 요청해 유치의사를 밝혔다. 9월, 북경에서 개최된 IWA 총회에 부산시가 적극 참여, 한국관을 설치하고 부산 홍보 DVD와 브로셔를 통해 유치 의사를 가시적으로 드러냈다. 다행히도 2012년 IWA 총회는 동아시아에서 개최한다는 결정이 발표돼, 한국은 일본, 싱가포르, 말레시아 등과 함께 유치의사를 공개적으로 선포하게 되었다.

2006년 말, 한국의 유치의사를 IWA에 공식적으로 표명하였다. 이후 3개월에 걸쳐 IWA 가이드라인에 따라 제안서를 만들었고, 부산시를 비롯한 기관과 기업의 후원금도 확보해 나갔다. 재정 문제는 무척 어려운 일이었으나 여러 관계자들의 도움으로 해결되었고, 2007년 3월, 공식제안서를 본부에 직접 제출하기에 이르렀다. 2007년 5월, IWA 사무총장이 유치의사를 표명한 4개 도시를 순방하며 현장실사를 하였다. 이 때 부산시는 시장과 국장 등 도시의 리더들이 총출동하여 IWA 유치 열망과 지원 의지를 온 몸으로 보여주었다. 부산이 개최지로서 조금도 손색 없음을 충분히 확인시켜 줄 수 있었다.

2007년 10월 4일, 네덜란드 암스테르담에서 개최된 IWA 총회에서 개최지를 결정하는 프레젠테이션이 있었다. 우리는 한 달여 동안 난상토론을 거쳐 완성된 10여분짜리 제안서를 발표하였고, 한국과 부산을 보다 잘 알리기 위해 특별 제작된 동영상도 곁들였다. 최대경쟁국은 일본이었다. 사실 일본은 IWA에 뿌리를 내린지 오래 되었고, 일본의 학회를 이끄는 교수는 IWA 회장을 지낸 경력도 있었다. 회원수도 아시아권에서 가장 많았고, 도쿄대 교수가 현직 부회장을 맡고 있기도 하였다.

그러나 우리는 가시적 상황에 굴하지 않고 당당하게 유치의사를 표명하였고, 특히 학계, 연구계, 산업계, 중앙 및 지방 정부가 일치단결하여 이 대회를 치러내고자 하는 의지와 열망, 역량을 최대한 보여주었다. 개최지로 선정되기를 염원하며 찾아간 네덜란드 암스테르담에서 우리는 그저 낯선 이방인에 불과했다. 어느 누구도 한국 부산이 이 대회를 유치할 수 있으리라 예상하지 못하는 상황이었다. 그러나 싱가포르를 포함, 일본과 한국 등 3개국의 발표가 끝나자, "Korea"가 2012년 IWA 개최지로 선포되었다. 드디어 우리가 해 낸 것이다. 어떻게 강국, 일본을 누르고 우리가 승리할 수 있었을까? 무엇보다도 시설 등 운영 면에서 별 문제가 없었고, 모두가 열성적이고도 격정적으로 유치에 혈안이 되었으니, 이 점이 특히 부각되어 큰 점수를 얻게 된 게 아닌가 싶다.

차제에 우리나라의 물 관련 연구개발이 급속히 발전하고, 물관련 산업이 국제적인 수준으로 인정받으며, 청년고용율을 현저히 높이는 산업으로 발전할 수 있기를 기대하며, 2012 IWA의 유치성공 비결을 다음과 같이 요약해 본다(2012 IWA President 김창원, 부산관광컨벤션뷰로 김비태).

"불가능은 없다. 전세를 역전시켜라"

처음에는 부산 유치를 누구도 예상하지 못했고, 우호적인 분위기도 아니었다. 하지만, 우리는 당당하게 유치의사를 표명하였고, 학계 · 연구계 · 산업계 · 중앙 및 지방정부가 일치단결하여 협조체계를 구축하였다. 또한 업무를 분담해서 마지막 로비작업과 프레젠테이션 수정, 정보입수에 열성적으로 달려들었다. 이 세 박자가 맞아떨어졌고, 재정지원 문제도 적극적인 노력 결과, 무난히 해결책이 강구되었다. 현장에서의 열성적인 유치노력과 눈부신 순발력이 한국의 가능성을 인정받는 데 크게 기여해, 역전의 명수가 되는 결과를 얻었다.

1.4. 경기도 고양 킨텍스(KINTEX)

1 2016 로타리 국제대회(Rotary International Annual Convention)

로타리 국제대회는 아시아 지역에서 개최될 경우 참가자가 4만에서 5만 명에 이를 정도로 규모가 큰 국제회의 중 하나다. 규모가 큰 국제회의일수록 이를 유치하기 위한 국가간 경쟁이 더욱 치열하다. 2016 로타리 국제대회는 전 세계 160여개 국가에서 5만 명 정도가 참석할 것으로 예상된다. 이하에서는 이 대회를 유치하기까지의 전 과정을 단계별로 설명하고자 한다.

① 유치타당성 있는 국제회의 발굴이 성공적인 국제회의 유치의 첫걸음이다

국제회의 유치의 첫 단추는 향후 2~3년 동안 어떤 국제회의를 유치할 것인지를 계획하고, 유치타당성 있는 국제회의를 찾아내며, 발굴된 국제회의에 대해 우선순위를 부여해 업무를 추진해 나가는 것이다. 이 점에서 로타리 국제대회는 한국으로 유치할 가능성이 보이는 국제행사 중 가장 먼저 눈에 들어오는 대규모 행사다.

하지만 행사의 규모와 유치 의지, 직감만으로 국제행사의 유치를 추진할 수 있는 게 아니다. 객관적이고도 철저한 시장조사가 필요하다. 과거 개최지와 그 선정요인, 우리의 목표 시기, 수용할 수 있는 국내여건, 국제적인 여건의 성숙도 등을 검토할 필요가 있다.

② 유치 추진을 주도할 수 있는 인적자원 및 조직이 중요하다

국제행사 유치 추진의 주체는 KTO의 컨벤션뷰로나 지자체, 또는 각 지방의 지역컨벤션뷰로가 아니라 그 행사를 주관하는 국제기구에 참여하고 있는 국내조직의 인사나 그 국제기구의 한국지부 또는 한국협회이다. 로타리의 경우 한국에는 17개 지구에 1,200개가 넘는 클럽과 약 60,000명의 회원이 있다. 로타리 국제대회 유치에는 주관 클럽과 이 클럽이 속해 있는 지구(District)가 'Host Club' 및 'Host District'로서 주도적인 역할을 해야 한다. 또한 유치 담당자는 유치를 추진하는 국제회의에 대해 유치를 주관하는 단체의 임원 못지않게 정통해야 유치위원들을 설득할 수 있다.

③ 신뢰를 줄 수 있는 유치제안서가 성공의 초석이 된다

로타리 본부로부터 'RI Convention Manual'을 받아 면밀히 분석해서 유치제안서 작성을 준비해야 한다. 분석을 통해 맞닥뜨린 첫 번째 관문은 '5만명을 수용할 수 있는 장소'를 찾는 것이었다. 두 번째는 호텔 객실의 확보였다. 로타리의 경우 모든 행사호텔은 주행사장과 45분 거리에 있어야 하는 게 원칙이다. 이밖에 컨벤션시설 등을 고려하여 유치제안서는 국제기구가 요구하는 모든 조건을 만족시키되 첫째, 만족시키지 못할 경우 앞으로 만족시킬 수 있으리란 신뢰감을 심어주고, 둘째, 국제기구가 개최지 선정시 결코 양보하지 못하는 중점관리항목(Critical Criteria for Selection)을 제안서에 명확히 하며, 셋째, 최근 개최지의 문제점을 분석해서 이를 예방하거나 해결할 수 있는 방안을 제시하고, 넷째, 유치 주최기관(Host Organization)이 해당 국제회의를 성공적으로 개최할 수 있는 능력을 간단명료하게 표현하도록 하는 지침을 세웠다.

④ 개최지 결정에 영향을 미치는 핵심 인사의 마음을 잡아라

로타리 관련 인사 중 약 15명의 핵심 인사를 선정해 우리 편으로 만들기 위한 작전을 전개하였다. 주요 인사들의 현장 답사 시에도 서울의 교통문제를 고려해, 수송과 이동 시간에 대해 007작전을 방불케 하는 기지를 발휘해 세심하게 준비했다. 사실상 지구상에 있는 대부분의 도시들이 로타리 국제대회를 유치할 수 있는 완벽한 조건을 갖추지는 못하였다. 그러므로 대회 참가자들의 불편을 최소화함으로써 방한 인사들의 마음속에 한국이 로타리 국제대회를 개최할 수 있는 준비가 되어 있다는 생각을 심어주는 것이 요령이다.

⑤ 국제기구의 생리, 특성을 잘 이해하라

국제기구들은 통상적으로 KTO와 같은 컨벤션유치기구에 소속된 사람은 회의 유치를 위해 마케팅하는 게 주 임무라 보고 경계하는 경향이 있다. 그러므로 유치를 추진하는 조직위원회의 로타리 회원이 방한 인사를 접촉하고 서비스를 수행하고 한국을 홍보하는 게 더 효과적이다.

⑥ 현장 안내자의 순발력이 빛을 발한다

아무리 철저히 준비해도 문제는 발생하는 법이다. 그러므로 현장 답사시 어떠한 돌발 상황이 발생할지 모르므로 순발력 있는 사람이 행사를 주도할 필요가 있다. 현장답사 코스, 프레젠테이션, 이동 동선, 식당, 호텔, 교통상황, 쇼핑, 택시, 지하철 중 모든 상황에 대한 이해와 예상문제를 꿰뚫고 있어야 한다. 그리고 어떤 문제가 발생했을 시, '척 하면 삼천리'로 즉각 이해하고 바로 대응할 수 있어야 한다.

⑦ 결과보고서를 대신 써줘라

답사팀은 유치후보 도시를 답사하고 난 후 정해진 기간 내에 보고서를 써서 본부에 제출해야 한다. 그런데 장기간 국제여행을 한 후에 이를 작성하는 일이 여간 고역스러운 게 아니다. 그러므로 유치후보지 실사결과보고서를 대략 작성해 주는 게 지혜다. 크게 제안서 기술 내용은 사실(Fact)인지 확인하는 부분과 그에 대한 관찰 소감을 기술하는 부분으로 구성된다. 통상 Fact가 잘 기술되면, 소감도 Fact에 맞게 잘 기술되는 경향이 높다. 그러므로 Fact 부분을 잘 정리해서 답사자들이 떠난 다음날, 바로 이메일 했다.

⑧ 문을 두드려라, 그러면 열리리라

실사반이 다녀간 후 이사회가 열리기 전까지 로타리 이사들을 접촉해 설득하고, 정보를 입수해서 거기에 적의 대처해야 한다. 대부분의 국제기구는 이사들에게 이사회가 개최되기 전에 이사회 회의록과 후보지 답사 결과보고서를 미리 발송하여 준비하고 이사회에 참가토록 하고 있다. 우리는 외국공관을 활용해서 이사들에게 한국 유치 의사를 전달했다.

⑨ 정보가 생명이다

2003년 2월, 드디어 로타리 이사회에서 최종 후보지를 결정하는 논의가 이루어졌다. 이사회 직전까지 불꽃 튀는 정보전이 이루어졌다. 입수된 각종 정보를 분석해 보니, 이번 이사회에서는 태국이 개최지로 선정될 확률이 높았다. 우리의 전략은 이번 이사회에서 개최지 선정을 논의하지 않고 다음 이사회로 미루는 것이었다. 그 이유로는 개최 후보지 답사 결과보고서에 '한국의 교통상황이 생각보다 심각하다'고 한국에게 불리하게 작성되었다는 것이다. 마침내 이사회 결과, 태국과 한국은 수정보고서를 제출하기로 결정됐다. 이후 교통문제를 해결하기 위해 이사들의 방한시 서울시 교통통제센터가 필요할 경우 거리통제 및 경찰 에스코트 서비스를 지원하기로 했다. 마침내 2003년 11월, 한국으로 유치가 확정되었다.

⑩ 유치성공, 그것은 끝이 아니라 길고 험난한 길의 시작이다

2005년 12월초, 로타리 국제본부에서 '한국에서 2009년 대회 개최를 위해 필요한 여러 가지 사항들이 제대로 조치되지 않고 있어, 즉각적인 대책이 강구되지 않으면 개최지를 변경할 수 있다'는 내용의 공문이 날아들었다. 문제의 핵심은 주행사장인 코엑스와 킨텍스간 계약이 이루어지지 않았고, 행사장 무료임대 비용부담에 대한 한국 측 입장이 명확치 않으며, 호텔객실 블록이 이루어지지 않았다는 것이었다. 4주간의 노력 끝에 로타리의 요구조건을 어느 정도 맞춘 수정 제안서를 보낼 수 있었다. 하지만 2009년 대회는 영국 버밍햄으로 변경되고 말았다.

중요한 대회가 제대로 관리되지 않아 무산되었고, 그 이유가 사전에 예방 가능한 것이라 무척 안타깝고 허무하기조차 했다. 하지만 곧바로 전력을 재정비해서 2016년 재유치 문제를 본격화 시키고 재유치 제안서를 만들었다. 마침내 2008년 이사회에서 한국이 제출한 유치제안서를 보고, '호텔 및 컨벤션센터 등 각종 계약이 순조롭게 이루어져야 한다'는 단서조항을 넣었다. 그리고 2016년 개최지로 한국을 선정해 발표하였다(Tentatively selects Seoul, Korea to hold the 2016 RI Convention).

이상의 유치과정을 회고하면서 다음과 같이 핵심 포인트를 정리한다(KTO 조덕현).

> **"시간과 노력은 들인 만큼 되돌아온다"**
> 전 세계에는 매년 수만 개의 크고 작은 국제회의가 개최되고 있으며, 국제기구에 따라 유치를 추진하는 절차와 방법, 그리고 대응전략이 다르다. 그러므로 유치활동 국제기구에 대해 다양한 경험을 갖고 있으며 국제무대에서 당당하게 활약할 수 있는 전문인력의 육성이 무엇보다도 중요하다. 또한 국제회의를 유치하려면 중장기 청사진을 갖고 노력해야 한다. 한 두 달의 노력으로 국제회의 유치를 희망한다면, 그것은 도박이나 다름없다. 성공적으로 국제회의를 유치하고 개최하려면 적어도 세 가지 요소가 필요하다. 국제회의 유치 전문가, 유치를 주관하고 유치된 회의를 성공적으로 마무리할 수 있는 튼튼한 국내조직, 그리고 무엇보다도 끊임없는 헌신과 노력이 필요하다. 결론적으로 말해, 국제회의 유치의 성공비결은 너무나 단순하다. '인내는 쓰다. 그러나 그 열매는 달다.'라고.

2 2009 Herbalife Extravaganza

2008년 5월 19일, 외국인 참가자 3만명 규모의 세계 최대 기업회의 Herbalife Extravaganza(2009년)가 고양시 킨텍스에서 개최하기로 확정 발표되었다. 대한민국 컨벤션산업 역사의 새로운 이정표가 만들어지는 순간이었다. 확인 서신은 단 한 장의 영문레터이지만, 2년여에 걸친 유치노력의 결실을 보여주는 증빙이다.

Herbalife는 1980년에 설립된 건강 · 미용제품 업체로서 미국 LA에 본사를 두고 있으며, 전 세계 59개국에 진출해 있다. Distributor가 160만명에 이르며 Herbalife Extravaganza는 유럽중동, 브라질, 멕시코, 아태지역, 북미, 남미 등 8개 지역에서 매년 2월부터 10월 사이에 각각 개최된다.

한국관광공사는 Herbalife 본사에 2009년도 유치의사를 밝히고 Herbalife LA지사를 통해 자세한 유치조건 파악과 더불어 유치협상을 진행하도록 요청했다. 우리는 2008년 2월부터 킨텍스, 서울시, 경기관광공사, 부산관광컨벤션뷰로와 수시로 업무협의를 진행하면서 제안서 초안을 완성하였다. 그런데 이 행사의 전권을 쥐고 있는 Margaret 부사장에게 제안서를 전달할 방법이 없었다. 그는 보통 2월부터 10월 사이에 전 세계를 돌아다니므로, LA 본인 사무실에는 연락조차 되지 않았다. 수소문 끝에 3월, 싱가포르 'Herbalife Honors' 라는 회의에 부사장이 참석한다는 정보를 얻고, 바로 그곳으로 날아가 개막식 환영리셉션장에 있는 그녀를 포착했다. 그리고 그가 행사에 참가하는 중에 시간을 내달라고 요청하여, 전시장 내 카페테리아에서 제안서를 설명할 수 있었다.

그런데 유치설명회가 끝난지 5일쯤 후, 2009년 행사의 개최지가 싱가포르로 넘어갔다는 불길한 소식이 날아들었다. 긴급하게 회의 유치 관계자들을 소집해 제안서상에 명시된 지원사항의 가치를 더 높이기로 하였다. 실제 예산이 수반되는 지원은 새로 만들어 내는 게 무리였으므로, 돈이 추가되지 않는 회의지원 서비스를 확대해 현금 가치로 환산하였다. 그 결과 제안서가 처음보다 현금가치상 2배 이상 향상된 것으로 변신되어 나타났다. 이 제안서를 Herbalife측에 보내자, 그로부터 4주 후 '한국을 개최지로 우선 결정했다'는 소식이 날아왔다.

이 회의를 유치해 낸 한국관광공사 MICE 유치팀은 다음과 같이 유치의 성공비결을 전한다(KTO 용선중).

"때로는 집요하게 덤벼라"

때로는 집요하게 승부를 걸 필요가 있다. 유치제안서를 전달하고 유관기관의 지원과 협력을 끌어내어 한국 유치를 성사시키기 위해 싱가포르로 날아갔다. 현장에서 프레젠테이션을 하고, 최종제안서를 수차례 수정, 보완함으로써 우리는 한국의 강력한 유치의지를 보여줄 수 있었다.

1.5 대구 엑스코(EXCO) : 2013 세계에너지총회(WEC)

세계 에너지총회의 유치를 보면, 모든 일이 작은 인연으로 시작해서 큰 결실을 이루는 것 같다. 2003년 12월 1일, 당시 산업자원부 자원정책과에서 개최한 제26차 APEC 에너지 워킹그룹회의(26th APEC Energy Working Group Meeting)를 계기로 에너지 분야와 처음으로 인연을 맺었다. 그리고 2005년 8

월, 울산에서 열린 제27차 APEC 에너지 워킹그룹회의와 10월 경주에서 열린 제7차 APEC 에너지장관회의, 제2차 광업장관회의를 성공적으로 개최하면서 세계에너지총회(WEC) 유치에 대한 정보를 수집하고 관심을 갖게 되었다 (MECI, 김분희).

WEC는 세계에너지협의회(WEC:World Energy Council)가 3년을 주기로 개최하는 민간부문 최대의 에너지관련 국제회의로, 에너지업계의 올림픽이라 할 수 있다. 총회에는 에너지 관련 글로벌 기업 CEO, 에너지장관을 비롯한 각국 정부인사, 학계, NGO, WEC 각국 위원회 대표 등 5천여명이 참석한다. WEC 한국위원회는 1987년 서울에서 개최된 WEC 집행이사회의 성공적인 개최경험을 바탕으로 우리나라도 WEC 총회를 유치해보자는 에너지업계의 바람으로 유치를 추진하게 되었다. 2005년 1월, WEC 한국위원회는 총회 유치 타당성 조사를 한 후 유치추진의 결의를 다졌다. 12월에 이르러, 한국전력을 중심으로 '2013년 WEC 총회유치위원회'를 조직했다. 그리고 2006년 10월, WEC 아시아태평양지역포럼을 서울에서 개최해, 총회 유치 가능성을 타진하는 기회로 삼았다(고희범).

2006년 12월, 한국에너지재단이 발족되어, WEC 한국위원회 사무국 역할을 맡기로 하였다. 그리고 2007년 3월, 유치위원회를 확대 개편하고, 총회개최를 희망하는 서울, 제주, 부산, 대구 중에서 대구를 국내 개최도시로 선정하였다(이 때 필자는 제주도 지식경제국장과 함께 이 회의를 제주로 유치하기 위해 공동 프레젠테이션을 수행했다. 당시 제주도는 정부의 스마트 그리드 사업 본거지로서 해상풍력 등 신재생에너지 단지로서 탄소 없는 섬을 지향하고 있었다). 이어서 유치위원회는 2007년 5월, 몽골에서 개최된 WEC 아태지역포럼에 참가해 한국의 총회 유치의사를 공식적으로 표명하였다. 동시에 WEC 임원들을 한국으로 초청해, 개최지에 대해 긍정적인 이미지를 심기 시작했다. 더 나아가서 총회의 아시아 개최 당위성을 설명하기 위해 중국과 일본을 여러 차례 방문해 양국의 적극적인 지지의사를 확보했다.

2007년 11월, 로마에서 열린 제 20차 WEC에 대규모 참가단을 파견, 한국위원회 주최 오찬, 한국과 대구를 소개하는 프레젠테이션, 한국 홍보관 설치 및 운영 등 다양한 행사를 성황리에 펼쳤다. 이러한 활동들은 별다른 준비가 없었던 경쟁국들보다 한 발 앞서 유치의 기선을 제압하는 선점효과를 거두었다. 90명 이상의 대규모 유치단이 사전에 배정된 전담국가들을 개별적으로 접촉해 교제하고, 요구사항을 듣고 문제점을 파악하는 광경을 상상해 보라. 다만 대구에 대한 인지도가 낮아 앞으로 유치전의 끝까지 짊어지고 가야 할 무거운 짐으로 인식되었다.

바야흐로 유치가 결정되는 2008년도가 밝았다. 채 1년도 남지 않은 시간대에 우리의 운명은 서 있었다. 우리는 1월부터 연간 전략을 마련하기 위해 연일 회의를 열었고, 대륙별 국가별 지지성향을 파악하였다. 경쟁국인 남아공과 덴마크와의 관계를 고려해 볼 때 관건은 유럽에 있었다. 94개 회원국 중 36개국이 유럽에 속해 있어 가장 많은 표가 집중되어 있는데다가 역사적 · 지리적 · 경제적으로 남아공과 밀접한 나라들이 많았다. 또한 총회 참석의 편의성 측면에서는 덴마크를 지지할 나라도 적지 않을 것으로 예상되었다. 회의 결과, 유럽 지역을 주요 타깃으로 한 부동층 공략에 집중하기로 전략을 수립했다. 이를 위해 9개국이 모여 세미나를 주최하는 오스트리아에 지지서한을 보내 교두보를 확보하였다. 동시에 외교부의 협력으로 대사관들이 본격적으로 움직이면서 각국의 성향분석, 설득자료 요청, 지지확보 여부 등이 진행되었다. 재외공관의 지원은 분위기가 달라지는 게 체감될 정도로 효과적이었다.

그리고 4월초, 중국에서 열리는 한 · 중 · 일 사무총장 회의에서 한국으로 WEC를 유치해 3국이 연계 운영한다는 내용의 협력관계를 약속하였다. 이는 아시아지역의 지지확보를 위한 청신호가 되었다. 이어 북남미 지역을 직접 방문, 미국 · 멕시코 · 브라질 · 아르헨티나 등 대부분 국가들의 지지를 확보할 수 있었다. 이어서 5월에는 WEC 본부 홍보담당 임원을 초청해 기자회견을 갖고, 동남아지역 회원사를 중심으로 워크숍을 열어 대구시에 대한 홍보의 물꼬를 틀었다. 6월에는 루마니아 지역포럼에 참가하는 길에 영국에 들러 WEC 창립을 주도한 영국위원회 의장을 만났다. 남아공이 영연방국이므로 영국의 지지는 파급력이 대단할 것이었다. 천우신조로밖에 설명할 수 없는 의장의 특별배려가 이루어져, 위원회에 한국 유치 자료를 전달할 수 있었다. 그 결과 영국위원회의 지지를 얻게 되었고, 이는 천군만마를 얻은 것과 같은 기운을 우리에게 주었다. 이러한 기세를 몰아, 7월에는 중국에서 열린 아태지역회의에 참석, 유치 후보 3개국이 함께 하는 프레젠테이션을 수행했다. 이 자리에서 'Content and Comfort'라는 전략적 키워드를 찾게 되었고, 이는 우리 총회의 중심 콘셉트로 채택되었다. '풍부한 내용을 갖춘, 편안하고 재미있는 총회로 만들겠다'는 이 호소는 로마총회에서 불편과 불만을 경험한 이들로부터 큰 반향을 불러일으켰다. 이어서 9월에는 런던 포럼, 10월에는 터키 이스탄불 포럼에 참가해 한국을 홍보하였다. 대구시도 나름대로 자체 유치단을 꾸려 유럽지역을 순방하였다. 최종 점검 결과, 지지 34, 관리대상 43, 비우호 17개국으로 분류되었다.

마침내 2008년 11월 1일, 멕시코를 향해 출발할 시간이 도래했다. 멕시코 대회장에 도착하자마자 등록데스크로 바로 이동하였다. 그런데 홍보테이블 3개가 놓여 있는 중에 가운데 쪽에는 덴마크가 이미 만찬 초청장을 펼치고 있었다. 선수를 빼앗긴 느낌이었다. 하지만 '믿는대로 이루어진다'는 말처럼 한국 홍보데스크가 뜨기 시작했다. 특히 전통한복 입고 사진촬영하는 이벤트, 삼태극 부채와 손바닥 크기의 한과 세트, 자석인형 등이 참가자들로부터 선풍적인 인기를 끌었다. 덕택에 홍보 브로셔, 한국 소개책자, 대구 안내자료 등도 불티나게 나갔다. 대형 PDP TV에서는 한국의 문화와 관광지가 화려하고 독특하게 소개되었다. 심지어는 덴마크에서 자기들이 한국의 들러리냐는 불평을 해 올 지경이었다. 이러한 분위기는 투표 전날, 유치후보국들이 주관하는 만찬장에까지 이어졌다. 스탠딩 뷔페로 꾸며진 두 경쟁국의 장소를 지나서, 참가자들은 정찬으로 차려진 우리에게로 몰려와, 자리를 가득 채우고 공연과 음식을 즐겼다. 그들의 입에서는 'Wonderful'과 'Excellent'가 터져 나왔고, 내친김에 'Congratulation'을 외치는 이들도 있었다. 감사와 감격, 기대가 교차하는 시간이었다.

드디어 프레젠테이션 시간이 되었다. 오랜 회의와 논의 끝에 완성된 발표 슬라이드와 수차례의 리허설이 빛을 발하는 순간이었다. 65개국 에너지 대표단에게 한국의 IT 기술과 행사준비에 대한 역량을 충분히 보여줄 수 있었다. 그리고 한국의 산업발전사를 엮은 동영상과 한국의 문화 · 관광을 담은 3, 4분짜리 동영상으로 우리의 발표를 화려하게 마무리하였다.

마침내 결과가 발표되었다. "2013년 세계에너지총회 개최국은 한국입니다!"라는 소리에 환호하며 뛰어오르지 않을 사람이 어디 있으랴. 그러나 우리는 미리 약속했던 대로 환호 대신 박수를 치며 일어나, 참가자들을 향해 조용히 머리를 숙였다. 함성으로 표현하기에는 지난 3년의 눈물겨운 과정과 보이지 않은 손들의 성원, 재외공관의 품격 있는 지원과 고국에서 가슴 졸이며 기도하는 이들의 마음이 너무나 거룩하고 아름다웠다.

이제 국제회의 유치시 가장 중요하게 생각해야 할 부분을 정리해 보자면, '유치 당위성 및 유치하고자 하는 의지, 경험을 통한 체계적인 유치전략, 그리고 정확한 소스를 통한 정보수집'이라고 말할 수 있다. 다음은 WEC 유치를 통해 경험한 국제회의 유치의 진수(Key Point)이다(메씨인터내셔날 김분희, WEC 한국사무국 고희범, 대구컨벤션뷰로 권명희).

"정보수집이 반이다"

오랜 시간의 유치활동 경험과 국제 네트워크를 통한 정보수집이 이번 유치에 큰 힘이 되었다. 정확한 소스를 통한 정보수집은 반드시 필요하다. 또한 해외 홍보시 유치에 대해 적극성을 표출하였던 것이나 멕시코 대회현장에서 불리한 상황이 되어도 끝까지 최선을 다함으로써 한국인의 저력을 보여준 것, 이것이야 말로 2013 WEC 유치 성공의 주원인이었다.

"남아공이나 덴마크는 한국처럼 대사관이 움직이지는 않는다"

WEC 한국위원회 회원사는 물론, 정부와 개최도시 등 유관기관들의 적극적인 협조체계가 유치성공의 가장 큰 원동력이었다. 또한 에너지 분야에서 아시아지역의 중요성을 적극 강조하는 등 설득논리를 개발하고, 전차 총회에서 드러난 문제점을 토대로 총회운영의 기본철학(Concept)을 마련해 회원국들의 호응을 얻어낸 게 유치성공의 관건이었다.

"개최도시로서의 가능성을 표출해야 한다"

사실 대구는 타 도시에 비해 인지도가 약한 것이 사실이다. 전략 없이 경쟁에 뛰어들었다가는 당연히 수도권이나 타 도시에 뺏기기 십상이다. 경쟁에서 이기기 위해서는 타도시가 한 번 움직일 때, 열 번 스무 번 더 움직이는 노력과 끈기, 인내를 발휘할 수밖에 없다. 그리고 대구가 대규모 국제회의를 유치하기에 충분한 타당성이 있음을 설득함으로써 사람들이 가지고 있는 선입관을 깨트려야만 국제경쟁에서 이길 수 있다.

1.6 광주 김대중컨벤션센터(KDJC) : 2014 WHEC 세계 수소에너지 학술대회

세계 수소에너지 학술대회(WHEC: World Hydrogen Energy Conference)는 수소에너지관련 분야의 전문가들이 2년마다 모여 연구한 내용을 발표하고 들으면서, 구성원 스스로 확대 재생산하는 것이 목적인 전문 과학기술 학술대회다. 한국 수소 및 신에너지학회는 1998년에 2004 WHEC를 부산으로 유치하려고 시도했으나, 일본 요코하마에게 패한 전력이 있다. 하지만 다시 전열을 정비하고 2014 세계 수소에너지 학술대회를 유치하기로 결정, 2008년 3월, 제주 · 서울 · 대전 · 대구 · 광주의 유치 제안서를 심사해 광주를 최종 유치장소로 결정했다.

보통 사람들은 '국제학술대회는 국력과 인프라만 있으면 유치할 수 있다'고 생각하는 경향이 있다. 이 점에서 보면, 한국도 수소에너지 관련 기술수준이 미국, 독일, 일본, 케나다 다음으로 우수하고, 국제대회를 유치할만한 국력과 인프라를 가지고 있다. 하지만 이것만으로는 부족하다. 2014 WHEC 유치는 어떤 경쟁국이 나타나더라도 이길 수 있을 정도의 준비와 노력이 필요하며, 무엇보다도 유치를 준비하는 모두가 한국 에너지 역사의 발전에 큰 도움이 되겠다는 목표를 향해 한마음이 되어야 한다.

광주관광컨벤션뷰로와 한국 수소 및 신에너지학회는 2008년 3월부터 합동으로 2014 WHEC 유치준비위원회를 조직하고, '무에서 유를 창조하는 마음으로' 제안서와 발표자료를 만들기 시작했다. 가뭄 끝에 단비 내리듯, 다행히 WHEC 부회장인 독일의 Winter 교수가 2010년 WHEC 독일 유치 제안서를 보내주었다. 유치제안서는 독일 자료의 형식에다 광주컨벤션뷰로가 컨벤션센터와 광주시의 환경 · 호텔 등 숙박시설 및 교통편 · 관광관련 내용을 준비하고, 학회에서 수소에너지에 대한 학술적 및 기술적 내용을 준비하였다.

그런데 5월말에 이르러 갑자기 싱가포르가 복병처럼 경쟁자로 등장했다. 사실 싱가포르는 2005년에 제1회 WHEC를 치룬 경험이 있으므로 짧은 시간 내에 제안서와 발표자료를 만들 수 있어, '한국보다 한 수 위'라는 소문이 돌았다. 그렇다면, 싱가포르를 제압하는 방향으로 제안서를 수정할 수밖에 없지 않은

가. 우리는 과감히 한국의 기술과 국력, 인프라에 초점을 맞추고, 또 하나의 경쟁국인 남아공이 내전과 치안 불안 상황임을 감안해 '치안의 안전성과 교통 · 편의시설의 우월성'을 강조하였다.

물론 제안서 준비와 동시에 WHEC 이사들에 대한 로비활동도 숨 가쁘게 수행해 나갔다. 우선 회장과 부회장, 모든 이사들에게 한국 지지를 부탁하는 편지를 보냈다. 그리고 지극히 광주다우면서도 대한민국을 알릴 수 있는 합죽선 부채와 찻잔세트에 당사자들의 이름을 새겨 넣어 선물했다. 특별히 회장국인 미국에 대해서는 직접 찾아가 선물을 전하면서 한국 유치의 당위성을 설명하고 조언과 협조를 구했다. 미국의 회장은 '개최국 결정은 유치희망국들이 이사회에서 프레젠테이션을 하면 구두로 평가 및 토론한 후 이사들이 거수로 이루어진다'는 진행방법을 알려주었다. 그렇다면 20여명의 이사들을 각개전투로 격파해 나가야 하는 게 아닌가. 바로 미국 내 이사 중 한 사람인 플로리다의 Muradov 박사에게 들려 한국유치의 당위성을 호소하였다. 그리고 일본으로 이동해서 부회장인 Ohta 교수의 지지를 얻고, Saito 이사를 만났다. 나는 1983년 WHEC에 가입한 이래 회원들과 다양한 관계를 구축해 왔는데, 이 네트워크를 십분 활용하기로 했다. 5~6명의 이사는 매우 친분이 두터워 충분히 한국을 지지해줄만 하고, 나머지 이사들도 대부분 학회에서 만난 적이 있으므로 최소한의 친분이 형성돼 있는 셈이었다. 동시에 광주관광컨벤션뷰로에서도 담당자를 독일로 파견해 부회장인 Winter교수로부터 조언을 듣고, 캐나다의 Scott 부회장에게 날아가 지지를 청하였다. 우리는 이러한 활동을 통해 '사람보다 더 큰 경쟁력이 없음'을 깨달았고, 평소에 구축해 놓은 인맥과 진심어린 관계가 한국지지의 발판이 되었다.

마침내 2008년 6월, 호주 브리스베인에서 열리는 2008 WHEC로 출발하였다. 도착하자마자 등록장소에서부터 모두가 로비활동을 하느라 바쁘게 움직였다. 이사회의 유치 프레젠테이션에는 한국 대표단이 모두 들어가 간절한 유치 열망을 전하고, 광주컨벤션뷰로의 우팀장과 이과장은 전통한복을 입고서 분위기를 고조시켰다. 그런데 의외의 상황에 직면하게 되었다. 경쟁국으로 알려진 싱가포르와 남아공이 프레젠테이션에 불참한 것이다. 이들은 WHEC의 이사도 없고 기술 및 인프라도 한국보다 열위임을 인식, 스스로 포기하고 말았던 것이다. 기쁘기도 하고 싱겁기도 한 가운데 여유를 얻고, 열심히 준비한 만큼 최선을 다 해 발표하였다.

결국 참석 이사 모두 만장일치로 손을 들어 2014 WHEC의 한국 개최를 지지하였다. 이제까지 WHEC 유치 역사상 3명의 부회장이 똑같이 한 국가를 지지한 것은 이번이 처음이란다. 이 역시 우리가 노력해서 얻은 성과 중 하나였다. 일련의 유치활동을 통해 우리는 아무리 시간과 자금이 없고 상황이 불가능해 보여도 모든 구성원이 한마음으로 목표를 향해 전진하면 반드시 성공할 수 있음을 확인할 수 있었다.

이상의 스토리를 간단히 요약하면 다음과 같다(전남대학교 오병수).

> **"인맥을 활용하라"**
> 국제대회 유치 시 투표로 개최국이 선정되는 경우라면 인맥과 인맥을 통한 홍보가 매우 중요한 역할을 한다. 우리가 가지고 있던 개인적인 인맥은 세계 수소에너지학회 이사들이 한국을 지지하는 데 큰 발판이 되어 주었다. 또한 모든 구성원이 한마음이 되어 유치성공이라는 한 가지 목표를 향해 달려갈 때, 비로소 그 목표에 다다를 수 있었다. 국제회의 유치는, 결국 사람이 경쟁력이다.

1.7 대전 컨벤션센터(DCC) : 2015 세계양봉대회(APIMONDIA)

세계양봉협회(APIMONDIA)는 이탈리아 로마에 본부를 둔 양봉관련 최고 권위의 국제협회로 100년의 역사와 전통을 자랑하는 조직이다. Apimondia는 Api의 '꿀벌'이라는 뜻과 Mondia의 '세계의'라는 뜻으로 만들어진 합성어이다. 바로 이 조직이 2년에 한번씩 6대주를 번갈아 가며 개최하는 세계양봉대회((APIMONDIA)는 세계양봉인의 EXPO로 알려져 있다. 이 대회는 양봉(서양벌) 발원지인 유럽에서 발족하여 1897년 벨지움에서 첫 대회를 열었고, Apitherpy 를 비롯해 7개 섹션의 학술대회를 행사기간 중에 개최하고 있다.

여기에서는 단순히 벌꿀의 생산과 소비 등 양봉산업에 관해서만 논의하지 않고, 생태환경의 조정자로서 벌의 역할과 중요성, 기후변화, 환경, 국가간 농산물 시장과 무역 등에 관한 고민 및 문제해결방안 등을 모색한다. 총 회원 국가는 75개국으로 104개 단체가 가입되어 있으며, 대회에는 80여개국에서 8,000명 이상이 참가해 성황을 이룬다. 한국은 양봉협회가 1973년에 이 조직에 가입하였다. 선거권은 단체 회원 수와 사육군수를 가지고 차별화 하는데, 단체별로 1~18표까지 배분되어 있고, 가장 많은 표를 가진 나라는 러시아로서 18표를 가지고 있다. APIMONDIA는 수십 년 동안 대륙 순회 원칙을 지키고 있으며, 아시아에서는 1985년 일본 나고야, 1993년 중국 베이징에서 개최된 바 있다(WPSF, 2012.01.27).

마침 2015년이 아시아에서 개최될 순번이라, 대전은 2011년 3월에 한국의 유치후보도시로 선정되면서 본격적인 유치활동을 시작하였다. APIMONDIA 2015를 유치하고자 희망하는 국가는 한국, 터키, 중국 등 3개국이었다. 비교적 터키가 오래 전부터 매우 적극적으로 유치활동을 전개해 우리의 강적으로 분류되었다. 하지만 천만다행으로, 터키정부가 EU가입을 추진하면서 유럽국가로 분류되었고, 결과적으로 터키는 대회유치를 중도 포기할 수밖에 없었다. 따라서 남겨진 한국과 중국은 그 어느 때보다 더 치열하게 유치경쟁에 돌입하게 되었다.

2011년 3월과 5월, 대전 컨벤션뷰로의 유치팀은 세계양봉협회의 본부가 있는 이탈리아 로마를 방문해 세계양봉협회 회장과 사무총장을 면담했다. 세계대회 유치의사를 강력하고 생생하게 전달할 뿐만 아니라 필요한 정보를 파악하고 자문을 구하기 위한 목적이었다. 이 미팅을 통해 우리는 유치 전략을 수정 보완할 수 있었고, APIMONDIA 공식 슬로건을 대중적인 이미지로 설정해 'Bee, Connecting the World'로 잡게 되었다. 이 슬로건은 한국이 선진국과 개도국의 가교 역할을 할 수 있는 유일한 국가이며, 남북통일과 동북아평화에 기여하는 평화의 상징인 벌의 역할, 그리고 첨단과학과 생명산업의 융합 등의 의미를 담고 있다. 따라서 우리는 이 슬로건을 제안서와 대회홍보자료 등에 다양하게 사용하였으며, 이를 통해 한국의 개최명분을 보다 설득력 있게 전달할 수 있었다.

2011년 8월, 세계양봉협회 사무처장이 사전실사를 위해 한국을 방문했다. 그는 한국양봉협회장 등 임원진의 직접적인 수행을 받으면서 대전광역시장과 농림수산식품부 장광, 농촌진흥청장 등과도 면담을 가졌다. 그리고 전국의 양봉농협과 양봉원, 기업체 등도 둘러보았다. 이를 통해 그는 한국 정부의 강열한 개최 의지와 적극적인 지원 의사, 우수한 컨벤션 인프라, 한국 양봉산업의 기술력과 품질관리 노력 등을 파악할 수 있었다. 이는 중국과 차별적인 한국만의 경쟁력을 심어줄 수 있는 기회로 작용했다. 실사 후 세계양봉협회 사무처장은 만족스러운 반응을 보였다. 하지만 중국정부가 직접 나서서 엄청난 농산물시장 규모를 앞세워 대회 유치활동을 공세적으로 전개한다는 소식에 접했다. 이에, 우리도 다양한 정부채널을 총동원해서 각 회원국의 오피니언 리더들을 설득하는 한편, 2011년 APIMONDIA 개최지인 아르헨티나와의 사전협력 방안도 모색해 나갔다.

드디어, 2011년 9월 20일, 제 43회 APIMONDIA가 열리는 아르헨티나의 부에노스아이레스로 날아갔다. 그런데 기념품으로 준비해 간 USB 2,000개가 모두 도난 당하는 사고가 발생했다. 기념품도 없이 홍보전을 펼쳐야 할 판이었다. 안 그래도 아르헨티나는 100만명의 화교가 거주하는 나라인데, 무기도 없이 맨 몸으로 어떻게 인해전술의 중국을 이겨낼 것인가? 아니나 다를까, 대회현장에 도착해 보니, 중국은 가장 많은 전시부스를 이미 점유하고 대규모 인원을 동원해 공격적인 유치활동을 전개하고 있었다. 이열치열의 상황 앞에서 우리도 나름의 전시면적을 확보한 후, 한인마켓에서 종이부채, 전통 놀이개, 홍삼 절편 등을 사다가 전을 펼쳤다. 대전시 정무부시장을 포함한 한국대표단은 모두 한복을 곱게 차려입고 아침부터 밤까지 행사장을 돌아다니며 지지를 호소했다. 우리와 함께 사진을 찍고 싶어 하는 현지인들의 뜨거운 반응이 크게 힘이 되었다. 그리고 현지 교포들로 구성된 무용단과 사물놀이팀을 섭외해서 하루 2-3 차례 공연을 하고, 공연 후에는 참가자들과 사진을 찍는 이벤트를 통해 친근하고 매력적인 한국의 이미지를 심는 데 주력했다. 반면에 중국은 전자수첩 등 고가의 기념품과 홍보물로 사람들의 이목을 끌어들이고, 최고급 호텔에서 80여개 회원국 임원들을 초청해 리셉션을 개최하는 등 물량공세를 퍼부었다. 중국의 경제력과 세계 농산물 시장에 미치는 영향력이 노골적으로 드러나는 현장 홍보전 속에서 중국으로 끌려들어가는 회원국들의 증가기미가 완연했다.

우리는 프레젠테이션에서 승기를 잡기로 하였다. 제한 시간 10분 동안 진행된 1차 프레젠테이션에서 우리는 한국의 2015 APIMONDIA 개최 당위성과 한국과 대전의 컨벤션 인프라를 차분하게 설명했다. 그리고 대전시 부시장, 한국양봉협회장, 아시아 양봉학회 부회장 등의 지지요청 연설을 곁들였다. 반면에 중국측은 한 사람이 발표하고 끝난 뒤 주요 인사들이 말없이 연단으로 올라가 인사하는 형식으로 지지를 호소했다.

드디어 프레젠테이션이 끝나자 많은 회원국 임원들이 한국측을 칭찬하며 격려해 주기 시작했다. 우리의 열정과 고민이 담긴 1차 프레젠테이션이 중국을 확실하게 앞섰음을 충분히 느낄 수 있는 분위기였다. 2차 프레젠이션은 2분 동안이므로 결정적인 한 방으로 투표권자들의 마음을 사로잡아야만 하였다. 우리는 중국이 결코 내세울 수 없는 한국만의 매력을 부각시키기 위해 한국에서 만들어 온 프레젠테이션 자료를 새롭게 수정하고 보완한 후, 밤새도록 수십 번의 연습을 거듭했다. 최종 프레젠테이션에는 회원국 임원뿐만 아니라 행사 참가자 모두가 참여할 수 있는 공개된 자리였다. 우리 대표단은 모두 한복을 곱게 차려입고 무대위로 올라갔다. 박수현 대전마케팅공사 과장의 아름다운 프레젠테이션이 진행되는 동안, 나머지 단원들은 무대 위에서 조용히 손을 흔들며 지지를 호소하는 미소를 날렸다. 프레젠테이션은 한국을 꼭 방문해야 하는 이유, 한국이 평화를 염원하는 선진국과 개도국의 가교역할을 할 수 있는 역량, 그리고 국제사회에 기여하고 싶은 한국정부의 의지 등을 담아 확실하게 실천할 것을 약속했다.

발표를 마치자 2,000여명의 참석자들이 환호와 박수로 공감과 지지를 표명해 주었다. 투표 결과, 한국 88, 중국 76으로 한국의 깨끗한 승리였다. 우리는 모두 무대 위로 올라가 태극기를 휘날리며 애국가를 소리 높여 불렀다. 중국의 지나친 공세가 오히려 우리의 승리를 더욱 빛나게 해주는 순간이었다. 60명 대표단의 눈가로 기쁨과 감동이 촉촉이 흐르는 가운데 하나로 똘똘 뭉쳐진 열정이 2015 APIMONDIA의 성공예감을 뜨겁게 달구었다. 부에노스아이레스 하늘 아래에서도 하늘은 스스로 돕는 자를 돕고 있었다(대전마케팅공사 박수현 과장).

1. 성공의 정석, 완벽한 준비가 승패를 가른다: 이 대회를 성공적으로 유치할 수 있었던 결정적 요인은 바로 완벽하게 준비된 프레젠테이션이었다. 국제회의 유치과정에서 흔하게 발생하는 많은 변수들, 특히 국가의 경제력, 외교력이 총동원되는 치열한 상황 속에서도 결국은 기본에 충실한 실력이 성공의 열쇠임을 입증해 주었다.
2. 면담은 치밀한 전략이다: 열정 없이는 성공 스토리를 쓸 수 없다. 하지만 그 열정을 전략으로 활용하지 못한다면 희망은 단지 꿈에 불과하다. 세계양봉협회가 있는 이탈리아 로마까지 두 번이나 찾아가고, 관련 국제행사를 찾아가 본부의 임원을 만나는 활동들은 단순한 열정의 발현이 아니라 치밀한 전략의 표현이었다. 열 번의 편지보다 한 번이라도 직접 대면하여 대화를 나누는 쪽이 더 강렬한 인상을 심어줄 수 있다. 이메일로는 알아낼 수 없는 소중한 정보가 면담의 자리에서는 자연스럽게 흘러나오는 게 컨벤션 세계의 비결이다.

1.8 인천 송도 컨벤시아(Songdo Convensia) : 2017 세계수의사대회(World Veterinary Congress: WVC)

세계수의사회(World Veterinary Association: WVA)는 1863년 독일에서 결성되어 78개 국가를 회원국으로 하는 세계 최대의 민간 수의사 조직이다. WVA가 주최하는 세계수의사대회(WVC)는 1863년, 독일 함부르크에서 첫 번째 대회를 시작해 3~5년 주기로 컨벤션을 개최하는데, 세계 수의학 관련 전문가 3,000여명이 동반자와 함께 참석해 1주일 동안 세미나와 실습, 견학 등의 프로그램을 즐긴다. 최근들어 2011년, 남아프리카공화국 케이프타운에서 열린 제 30차 WVC에서 2년마다 대회를 개최하는 것으로 변경되었다. 개최지는 회원국 대표단 총회에서 투표를 통해 결정된다. 투표권은 회원국의 회원수와 공헌도에 따라 국가별로 차등하게 배분되는데, 미국이 가장 많은 28표, 일본 11표, 프랑스 10표, 태국 1표 등으로 구성되어 있다. 따라서 투표권이 많은 나라들의 표심을 잡는 게 대회 유치의 관건이 된다.

2011년 2월, 인천시 컨벤션뷰로는 인천수의사회 허주형 회장에게 세계수의사대회 유치를 제안했다. 일이 잘 되려고 해서 그런지, 허회장은 조금의 망설임도 없이 '그러자'고 즉답했다. 10월에 예정된 개최지 투표일까지 약 8개월이 남아 있는 시점이었다. 국제회의를 유치하는 데 가장 중요한 조건은 바로 '주최기관의 강한 의지'다. 바로 이 의지를 갖고서 허회장은 대한수의사회가 세계대회 주최기관이 되도록 임원들을 설득하는 등 유치 준비기간 동안 핵심적인 역할을 거뜬하게 맡아 주었다. 또한 해외의 탄탄한 인적 네트워크를 가동해 초반부의 정보전쟁에서 한 발 앞선 기세로 기선을 제압할 수 있도록 활약하였다.

사실, 국제회의 유치시에는 주최기관의 해외 네트워크가 국제기구 임원진의 생각 및 성향 파악, 유치 현장의 득표 활동 등에 매우 실질적인 영향력을 발휘한다. 이 점에 관한한 허회장은, '2017년 MVC의 인천 유치를 100%는 아니지만 80% 정도 확신한다'는 장담으로써 초반부터 우리에게 큰 용기를 불어넣어 주었다. 그의 자신감은 2011년 남아프리카공화국 케이프타운에서 본격적인 모습을 드러냈다. 사전 유치활동으로 개최한 한국의 밤(Korean Night) 행사에 각국의 투표권자는 물론이고 세계수의사회장 등 VIP들이 총출동하여 우리의 장소를 빛내 주었던 것이다. 행사를 마칠 무렵에는 '2017 차기 개최지는 이미 한국으로 결정됐다'는 말이 흘러나올 정도로 인천에 대해 호의적인 분위기가 넘쳐흘렀다. 이러한 분위기는 유치 제안서 발표 전 표심의 방향을 미리 예측할 수 있게 함으로써 유치전략 변경 등 유연한 대응력을 가능케 하는 이점을 주었다. 잘 짜인 사전 전략도 중요하지만, 결국 표심을 좌우하는 열쇠는 현장에서 정확하게 찾아낼 수 있기 때문이다.

다음은 탁월한 프레젠테이션으로 승기를 계속 이어나가는 게 중요했다. 우리는 발표전략을 수정해, 현장의 분위기를 보다 잘 이끌어 갈 수 있는 사람으로 발표자를 교체하고, 여성 연사를 1명 더 보충해 도입부의 매력성과 주의력을 높이기로 하였다. 그리고 두 사람의 발표자는 현지인의 도움을 받아 늦은 밤까지 리허설, 발음교정, 표정관리 등의 훈련을 가혹하다 싶을 정도로 반복하여 받아냈다.

통상, 국제회의 유치전은 전문가들의 두뇌싸움이다. 그리고 그 싸움은 사실상 유치제안서에서 시작된다. 제안서는 세계수의사회의 가이드라인에 맞춰서 작성하되, 개최지인 인천광역시의 특성, 접근성, 행사장소인 송도 컨벤시아의 장점, 주변 숙박시설, 볼거리 등을 일목요연하게 정리하는 것이 필요조건이다. 여기에다가 우리는 '2014년 인천아시안게임'의 공식 마스코트인 '물범'을 활용해서 세계수의사대회 유치 공식 로고와 엠블럼까지 만들어, 남보다 한 발 더 나간 충분조건을 만들었다. 또한 개최시기를 8월로 제안해, 대회기간 중에 개최되는 인천의 대표적인 문화이벤트인 '인천 펜타포트 락 페스티벌'과 '한류 콘서트' 등을 연계해 볼거리와 한류열풍을 가미했다. 그리고 인천 의료MICE 캠페인으로 시작된 의료분야 국제회의 특별지원을 활용해, WVC 참석자에게 건강검진의 기회를 추가 지원사항으로 제안해 금상첨화의 효과를 가미했다.

드디어 대회 유치전의 하일라이트인 프레젠테이션이 시작되었다. 우리는 인천 유치의 당위성과 함께 저개발국 대표자들에게 초청비 전액을 제공하는 등의 차별화된 지원내용을 발표해 나갔다. 이어서 투표가 시작되었고, 결과는 '2017 WVC 개최지는 인천'으로 공표되었다. 감격의 눈물과 격려, 축하와 환호가 한꺼번에 쏟아지는 순간이었다.

회고해 보면, 대규모 국제회의 유치에 반드시 필요한 조건 중 하나는 바로 정부와 지자체의 협력이다. 2017 WVC 유치 과정에서도 개최도시인 인천시의 적극적인 의지와 지원이 반영되었다. WVC가 제시한 유치제안서의 가이드라인에는 개최국, 개최도시의 지원사항이 정확히 명시되도록 요구하고 있었기 때문이다. 이는 정부와 지자체의 행정적, 재정적 지원 없이는 대규모 컨벤션을 유치하기가 그만큼 어려움을 시사하는 부분이다. 우리는 WVC 유치 준비를 시작하는 단계에서부터 인천광역시의 국제협력관실에 유치의향서를 전하는 동시에 유관부서인 농축산유통과 담당자에게 대회유치의 파급효과 및 타당성을 설명해 인천시의 지원을 설득해 주도록 요청하였다. 결국, 수차례의 협의와 설득 끝에 인천시장의 유치지지 서한과 적극적인 지원을 약속하는 동영상을 확보할 수 있었다. 더불어서 한국관광공사 Korea MICE 뷰로의 도움으로 문화체육부장관과 KTO 사장의 유치지지 서한까지 받을 수 있었다. 이러한 정부와 지자체의 든든한 지지의사는 현지에서 WVC 임원들의 신뢰를 확보하는 데 큰 힘이 될 뿐만 아니라 내부적으로도 유치단의 사기진작에 중요한 영향을 준다.

흔히 '올림픽의 금메달은 하늘이 주는 것'이란 말이 있다. 아무리 많은 노력을 기울이고 준비를 철저히 하더라도 격전지에서는 수많은 변수가 발생하기 때문에 결국 행운의 여신이 미소를 던져주어야만 최후의 승자가 될 수 있다는 뜻이리라. 하지만 결정적인 순간에 행운이 찾아들도록 하려면 최후의 승리를 향한 치열한 준비가 전제되어야만 한다. 결국 운명의 신도 땀과 열정에 대해 보상한다는 것을 경험을 통해 확인하게 되는 것이다(인천컨벤션뷰로, 조강욱).

Success Note:

1. 주최기관의 의지는 가장 큰 동력이다: 국제회의를 유치하는 과정에는 주최자 뿐만 아니라 컨벤션뷰로, KTO, 정부, 지자체 등 많은 기관과 전문가들의 노력이 결집된다. 이 때 가장 중요한 것은 무엇보다도 주최자의 강한 의지다. 복잡한 준비과정에서 발생하는 많은 일을 조정하고, 원활한 협력이 가능하도록 의사소통시스템을 구축하는 것, 그리고 적극적으로 협력하는 분위기를 조성하는 것 모두가 바로 하고자 하는 강한 의지에서 비롯되기 때문이다.
2. 네트워크 역량을 활용하라: 국제회의는 언제나 경쟁을 거쳐야 하며, 그 중심에는 사람이 있다. 완벽한 전략의 기본은 정보가 바탕이 되어야 하고, 정보는 네트워크를 통해 흘러 다닌다. WVC도 주최기관의 풍부한 인적 네트워크를 통한 사정 유치활동의 영향이 매우 컸다.
3. 차별화된 전략으로 유연성 있게 대처하라: WVC의 공식 로고와 엠블럼을 준비하고, 참석자에게 건강검진의 기회를 제공하는 등의 차별화된 제안을 개발하고, 또 현장상황에 맞춰 발 빠르게 계획을 수정 보완하는 등 유연한 태도로 전략의 효과를 극대화했다. 내용의 충실설과 전술의 융통성은 최강의 전략을 만드는 중요한 요소가 된다.

2 컨벤션 유치의 성공조건

이상의 사례들을 종합해 보면, 컨벤션 유치에 왕도란 없다. 상황에 따라 여러 가지 다양한 전략들이 적용될 따름이다. 그럼에도 불구하고 '고객은 왕'이라는 고객만족 콘셉트가 모든 경우의 공통분모가 된다. 그러므로 국제회의 유치시 수요자의 요구에 맞추는 게 제 1 관문이며, 사례 속의 경험들은 유치에 성공하려면 어떻게 해야 하는지를 다음과 같이 말해준다.

첫째, 유치 타당성 확보가 유치의 시작이다.

컨벤션 유치의 목적이라고 할 수 있는 경제적 · 비경제적 파급효과, 지역특성과의 적합도, 유치 가능성 및 경쟁도시 등을 파악한 결과, 이 컨벤션을 반드시 유치해야 할 이유가 있는가에 대해 “Yes”란 답이 나와야 한다.

둘째, 정보수집이 유치의 절반이다.

지금까지 개최된 국제회의 중에는 10년 이상의 시간과 노력이 투자된 경우도 많은데, 성공적인 유치에는 오랜 시간의 유치활동 경험과 국제네트워크를 통한 정보수집이 성패의 관건이다. 정확한 원천을 통해 유치대상 회의, 국내주관 단체, 유치 절차, 네트워크 등에 대한 정보 수집이 반드시 필요하다.

셋째, 주최기관의 전략적 접근이 중요하다

무엇보다도 주최기관 임원들의 네트워크를 사전에 가동시켜서 유치 로비활동을 전개하는 게 중요하다. 물론 유치 대상 국제회의에 가입함은 물론 참가, 발표, 임원 등의 역할을 사전에 어느 정도 인지하고 있을 필요가 있다. 또한 주최기관과 함께 유치활동을 전개할 개최후보도시의 CVB가 자체조직을 활용해서 국제정보를 적극적으로 취득할 필요가 있다. 그리고 회의에 따라서는 국제네트워크가 강한 전문 PCO를 활용해서 설득논리를 개발하고, 전차총회에서 드러난 문제점을 토대로 총회운영의 새로운 철학을 제시함으로써 회원국들의 호응을 얻어낼 수 있어야 한다.

넷째, 정부 및 지방자치단체의 확고한 유치 의지 및 개최지원 방안이 필요하다.

행사의 비중에 따라 해당 중앙부처나 지자체, 컨벤션센터, 컨벤션뷰로 등이 적극적인 지지서한과 함께 현장 유치활동에 함께 참여해 주어야 한다. 특히 중앙정부 차원의 국가 브랜드 개선 및 이미지 홍보 노력이 수반되면 천군만마를 얻는 격이 된다. 그리고 주최기관이 개최 등록을 통해 수입을 확보하기 전까지 유치 및 개최에 필요한 비용을 종자돈(seed money) 형태로 지원해 줄 수 있는 제도가 있다면 금상첨화다. 이와 연관하여 주최기관이 스폰서십을 재량껏 발휘해서 필요한 자금을 자유롭게 유치할 수 있도록 규제를 완화할 필요가 있다.

다섯째, 컨벤션 이해관계자 조직 간의 협력이 필수요소다.

주최기관 내의 갈등요소를 해소할 수 있는 커뮤니케이션 채널을 상시화하고, 후보 도시간 지나친 경쟁을 자제하며, 해당 도시의 컨벤션뷰로(CVB)와 회의기획가(PCO)간 상호 협조적 무드를 구축할 필요가 있다. 대부분 공기업 형태로 경영되는 컨벤션센터의 회의장 임대료뿐만 아니라 호텔 등의 숙박비용이 회의 유치 및 개최시 같은 입장에서 조율되어야 한다. 또한 국적 항공사들의 적극적 지원이 원활하게 이루어져서 항공료의 할인율 제공뿐만 아니라 유치과정에서 초청비의 지원 등이 폭넓게 이루어질 수 있다면 더 할 나위 없이 좋다.

여섯째, 개최 후보도시의 국제회의 경쟁력과 매력이 우수해야 한다.

무엇보다도 개최도시의 교통 및 위치, 비자제도 등이 참가자들에게 접근의 편리성을 제공할 수 있어야 하며, 회의시설 · 숙박 · 식음 · 문화 · 교통 · 편의시설 · 서비스인력 등의 수용태세가 경쟁력을 갖춰야 한다. 특히 회의장이 국제회의 목적 및 프로그램에 맞춰서 미관, 기능, 규모 등에서 경쟁력과 독특성, 아름다움까지 갖추고 있다면 국제회의 유치의 방점을 찍을 수 있는 매력요소로 작용할 것이다.

일곱째, 플러스 알파의 힘으로 차별적 강점을 발휘할 수 있어야 한다.

국제회의 유치 현장에서 당해 도시 주재 한국 대사관, 한국관광공사 현지 지사, 재외공관, 매스컴 및 현지 거주 동포들까지 가세해서 열성과 황대, 적극성을 보여 주는 것은 차별적 강점이 될 수 있다. 소위 대사관이 움직일 정도 적극성이라면 어떠한 경우에도 대회를 잘 치러낼 수 있으리라는 믿음을 심어줄 수 있다. 또한 불리한 상황이 되어도 끝까지 최선을 다함으로써 역전의 기회를 살리는 저력을 발휘할 수 있어야 한다.

마지막으로 컨벤션 유치 과정상 놓치기 쉬운 세부사항을 포함하여, 보다 상세한 유치 절차를 다음의 표에 요약해 보았다. 참고로 기획재정부 산하에 있는 국제행사심사위원회가 심의하는 국제행사는 중앙행정기관, 지자체, 비영리법인 · 단체 등이 국제행사를 개최하기 위해 10억원 이상의 국고지원을 요청할 경우에 해당한다. 여기에서 국제행사라 함은 5개국 이상에서 100명 이상의 외국인이 참여하는 국제회의 · 체육행사 · 박람회 · 전시회 · 문화행사 · 관광행사 등을 말한다. 국제행사의 체계적인 관리와 내실 있는 운영을 통해 국제행사를 성공적으로 개최함으로써 우리나라의 세계화수준을 향상시키고 국제사회에서의 신뢰를 제고하며 지속적인 국가발전의 기회로 삼고자 만들어진 제도다(문화체육관광부 국제행사의 유치 · 개최에 관한 규정 참고). 국제행사를 주관하는 기관이 행사에 대한 개최계획서(타당성조사 신청서)를 작성해서 기획재정부에 올리면, 주무부처(정책조정국 서비스경제과)가 이를 접수한 후 50억 이상은 대외경제연구원(KIEP)의 타당성조사를 거쳐 국제행사심사위원회가 지원여부를 심의 · 의결한다. 그리고 10억 이상~50억 미만의 신청서는 기획재정부 정책조정국이 종합심사 후 별도의 전문위원회가 타당성 및 경제성을 검토한다.

컨벤션 유치 절차

1. 회의 성격 분석 및 유치 타당성 조사: 사전 설문조사, 관련 기관 공감대 형성
2. 기획재정부 국제행사심사위원회 승인 요청서 제출: 정부 지원금 신청,
개최 계획서 작성
3. 유치 위원회 구성
4. 국내 개최 후보 도시 선정
5. PCO 선정
6. 역대회의 자료 분석: ICCA Data, Global Network 등
7. 국제기구에 유치 의향서 제출
8. By Law(RFP) 분석 및 Proposal 작성 Guideline 접수
9. 유치에 필요한 예산안 작성 및 조달 계획
10. Bid Document 작성 및 제출
11. 경쟁도시 분석 및 전략적 사전 로비 활동
12. 본부 실사단 방문
13. Presentation File 작성
14. 현장 득표활동: 공식 만찬, 홍보부스, 개별 접촉 등
15. 유치 성공, 개최지 결정
16. 계약서 작성

3 컨벤션 유치제안서의 사례

다음은 우리나라를 대표하는 서울, 제주, 부산, 대구의 컨벤션 유치 제안서 중에서 '왜, 이곳인가?', 즉 유치 타당성을 중심으로 발췌하여 요약한 부분이다. 자료를 제공해 준 모든 분들께 이 자리를 빌어서 감사와 경의를 표한다.

3.1 서울 COEX의 한국 유치제안 사례

서울 COEX는 한국을 대표하는 컨벤션 장소로서 서울뿐만 아니라 국내 타지역의 컨벤션환경을 아울러서 한국의 장점을 부각시키는 특성을 보이고 있다.

1 왜 한국인가?

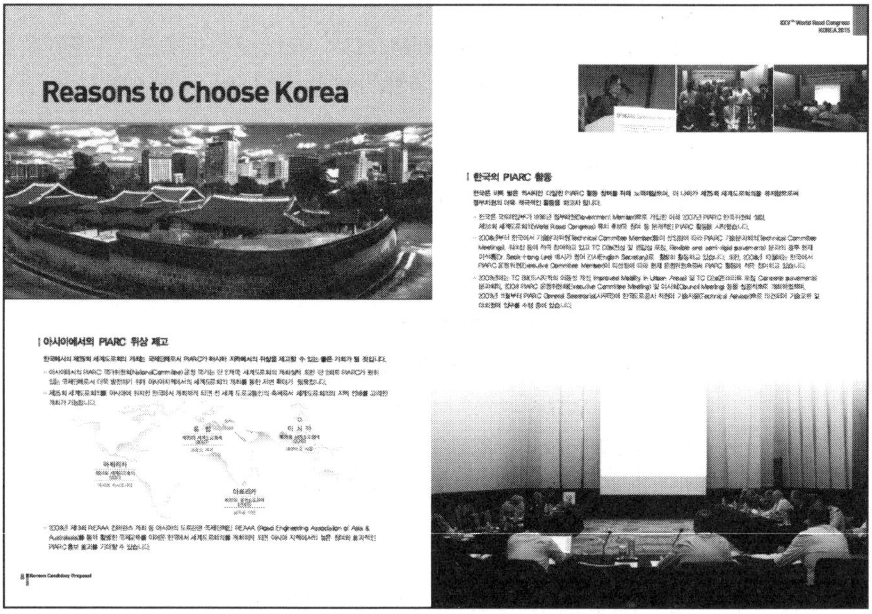

2 개최지 서울의 특성

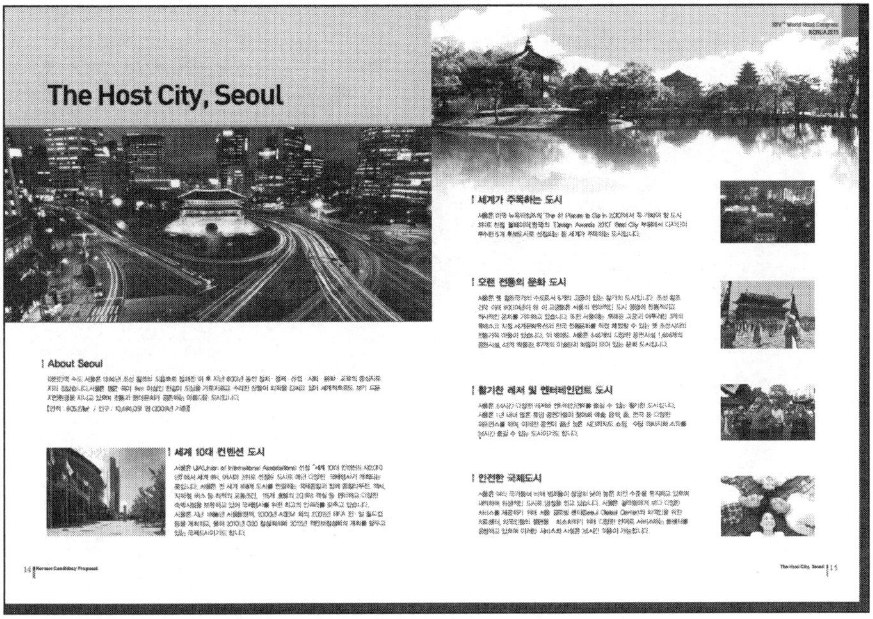

3 컨벤션 장소로서 COEX 소개

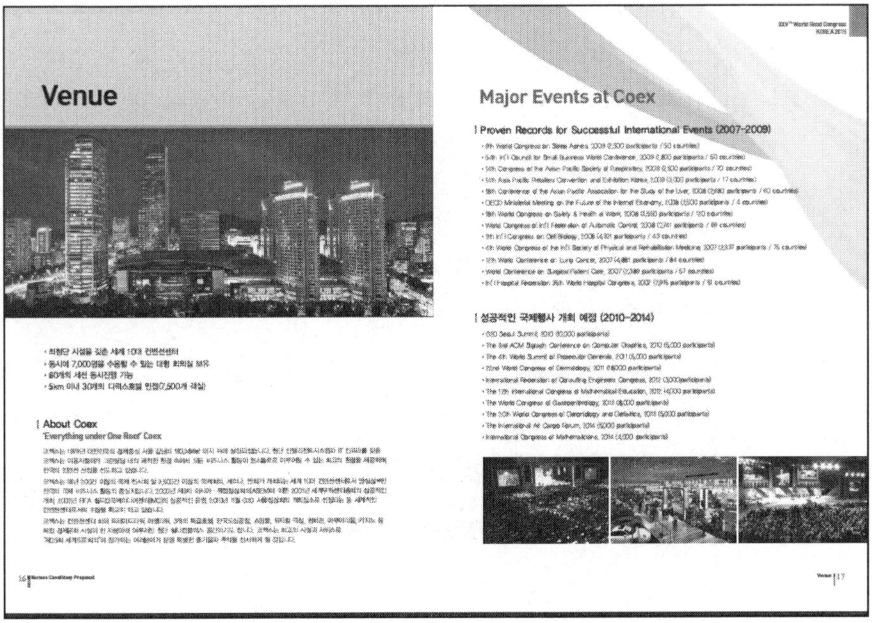

4 교통 및 접근성 안내

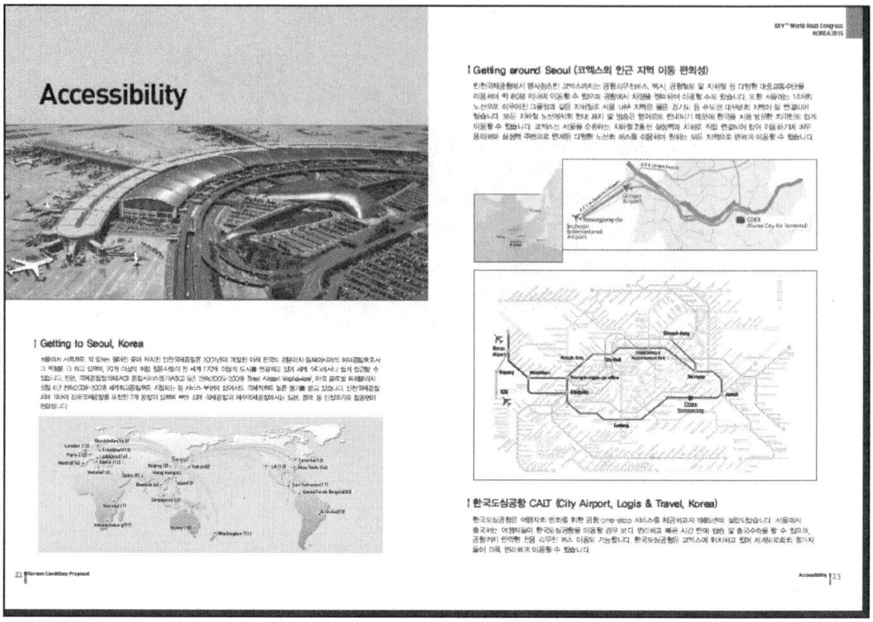

5 숙박시설 안내

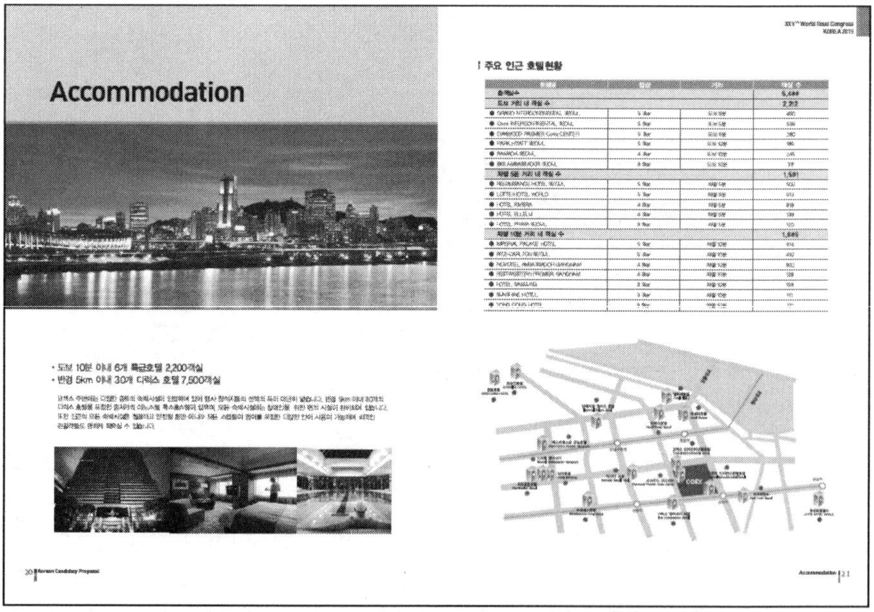

6 친교행사 및 동반자 프로그램 안내

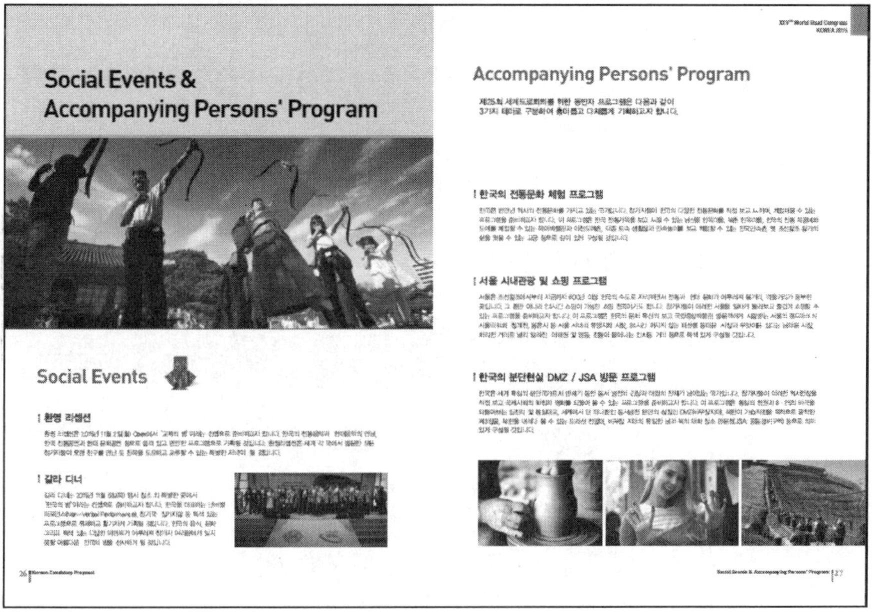

3.2 제주국제컨벤션센터(ICC JEJU)의 제주도 유치 제안서

ICC JEJU는 천혜의 자연환경을 중심으로 한 제주의 특성을 '왜 제주여야 하는가(Why Jeju?)'에 대한 답으로 제시하면서, 참가자들의 시각 및 정서에 호소하고 있다. 제주의 자연환경은 세계 어느 컨벤션 개최지에 내놓아도 손색이 없는 장점이며 강점인 동시에 미래에도 경쟁력으로 지속할 수 있는 자원이다.

1 왜 제주여야 하는가?

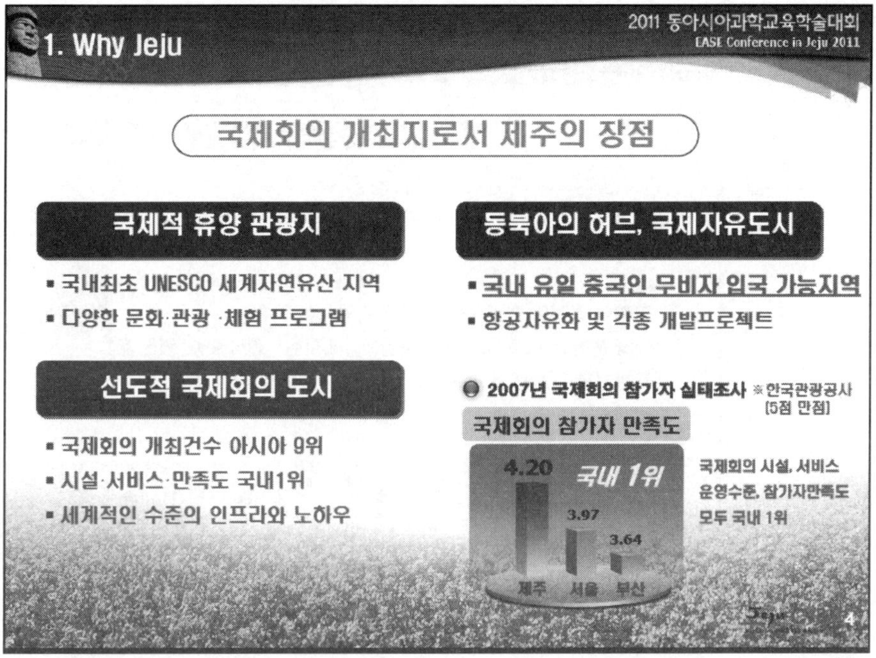

2 회의시설로서 ICC JEJU 소개

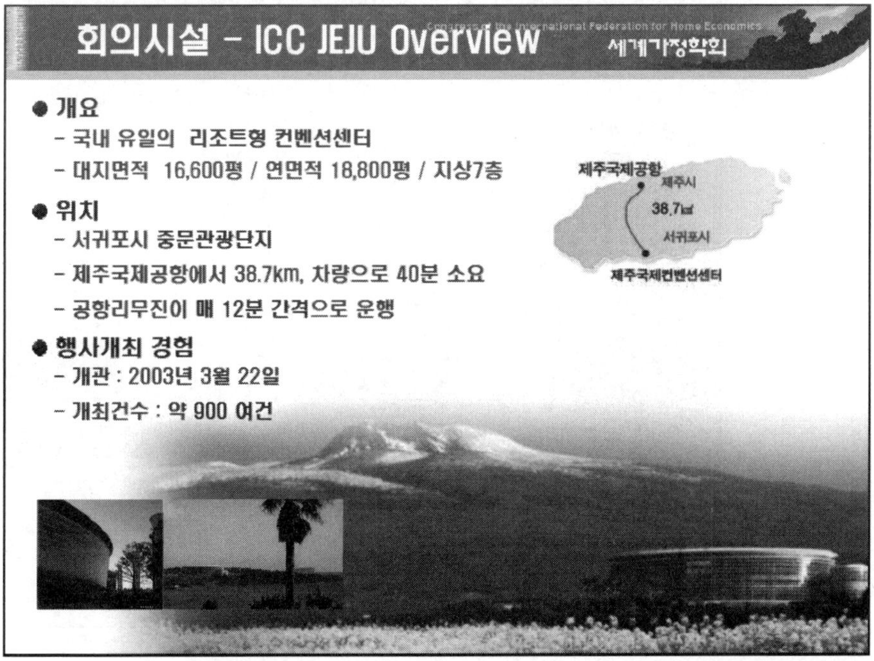

3. 숙박시설 소개

2011 동아시아과학교육학술대회
EASE Conference in Jeju 2011

풍부하고 다양한 최고급 숙박시설

- 관광숙박시설 : 91개소 10,859객실(특급호텔 17개소 4,207객실)
- 휴양펜션 숙박시설 : 41개소 399객실

- 다양한 종류의 리조트형 최고급 숙박시설 보유
  (758개소 22,937객실+건립예정 3,000여실 : 관광호텔, 펜션 등)
- 자연경관과 세련된 인공미가 어우러진 편안한 휴식처 제공
- 컨벤션 할인요율의 적용으로 참가자 부담 경감

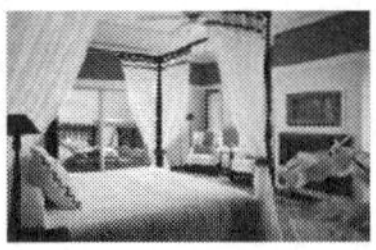

Proposal to Jeju || 66

4. 교통여건

2011 동아시아과학교육학술대회
EASE Conference in Jeju 2011

- 직항현황
  - 일본, 중국, 대만 등 12개 도시에서 직항편 운항 중
  - 아시아권 주요도시 직항편 빠르게 증가 추세

직항편 현황

노선	편수(1주)	노선	편수(1주)
도쿄	14	북경	8
오사카	8	상해	14
나고야	6	항조우	4
후쿠오카	10	대련	4
타이페이	8	심양	2
카오슝	8	광조우	4

Proposal to Jeju | 8

2011 동아시아과학교육학술대회
EASE Conference in Jeju 2011

5. 관광여건

관광 프로그램

◉ **UNESCO 세계자연유산 투어**
- 한라산, 거문오름과 용암동굴, 성산일출봉 등

◉ **다양한 볼거리**
- 자연 경관지, 문화/역사 유적지, 각종 테마 관광지 등

◉ **레저 프로그램**
- 해양스포츠, 유람선과 잠수함, 승마, 사격, ATV, 오름트레킹, 평화의 길 올레걷기 등

Proposal to Jeju | 9

2011 동아시아과학교육학술대회
EASE Conference in Jeju 2011

6. 지원계획

● **제주특별자치도 국내외 회의개최 인센티브 제도**

내국인 참가자	1인당 10,000원 상당
외국인 참가자	1인당 20,000원 상당

- 주최기관의 행사개최 비용 일부 지원 [시설임대료, 환영연, 제주특산품 항목으로 지원]

● **그외 지원**

- 사전 홍보 지원
- 제주 관광 홍보물 지원
- 행사 관련 서비스업체 정보제공
- 행사 운영요원 및 자원봉사자 인력풀 제공

Jeju CVB
Jeju Convention & Visitors Bureau
(사)제주컨벤션뷰로

Proposal to Jeju | 11

3.3 엑스코(EXCO)의 대구 유치 제안서

대구의 유치제안서에는 '왜 대구여야 하는가?'에 따른 유치 타당성을 중심으로 대구의 컨벤션 환경, 유치 의지, 지원사항 등이 일목요연하게 잘 정리되어 있다.

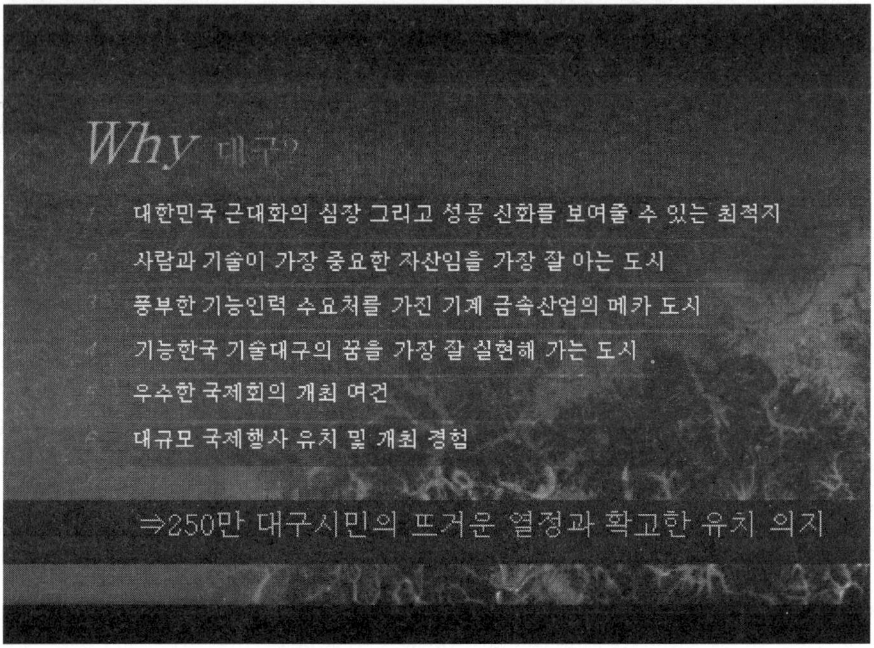

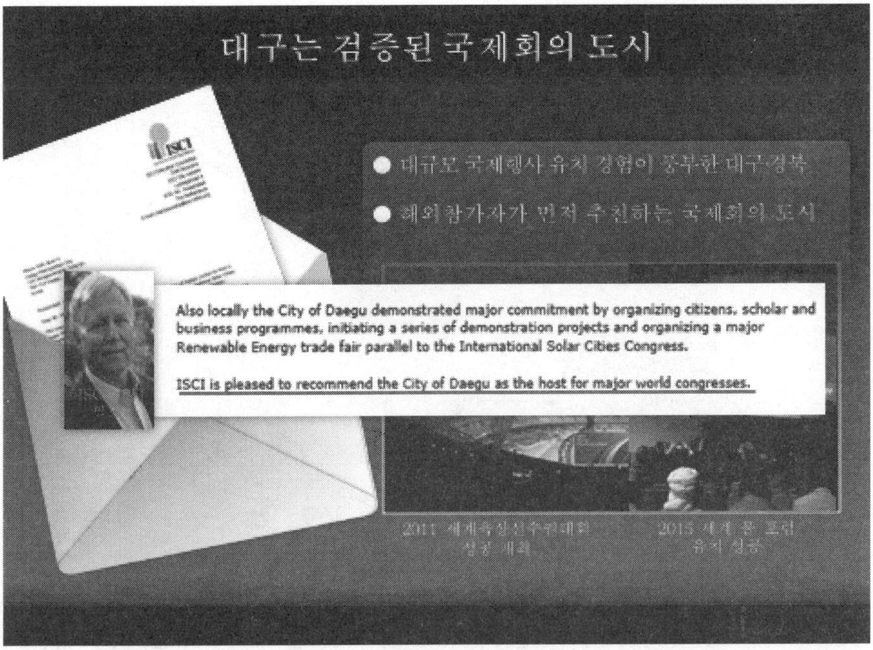
대구는 검증된 국제회의 도시
대규모 국제행사 유치 경험이 풍부한 대구경북
해외참가자가 먼저 추천하는 국제회의 도시
Also locally the City of Daegu demonstrated major commitment by organizing citizens, scholar and business programmes, initiating a series of demonstration projects and organizing a major Renewable Energy trade fair parallel to the International Solar Cities Congress.
ISCI is pleased to recommend the City of Daegu as the host for major world congresses.
2011 세계육상선수권대회 성공 개최
2015 세계 물 포럼 유치 성공

행사개최 시설 (EXCO)
2011년 5월 연면적 146,000㎡ 규모로 확장 완료!
전시장 면적 : 19,000㎡
컨벤션 홀 면적 : 3,900㎡
대,중,소 회의실 면적 : 3,800㎡
야외 전시장 면적 : 4,000㎡
연회장 및 연결통로 : 3,000㎡
오디토리움 및 연습실 : 1,900㎡
로비 : 19,600 ㎡
하늘공원 : 730 ㎡
부대시설 : 41,300
주차장 : 48,700 ㎡

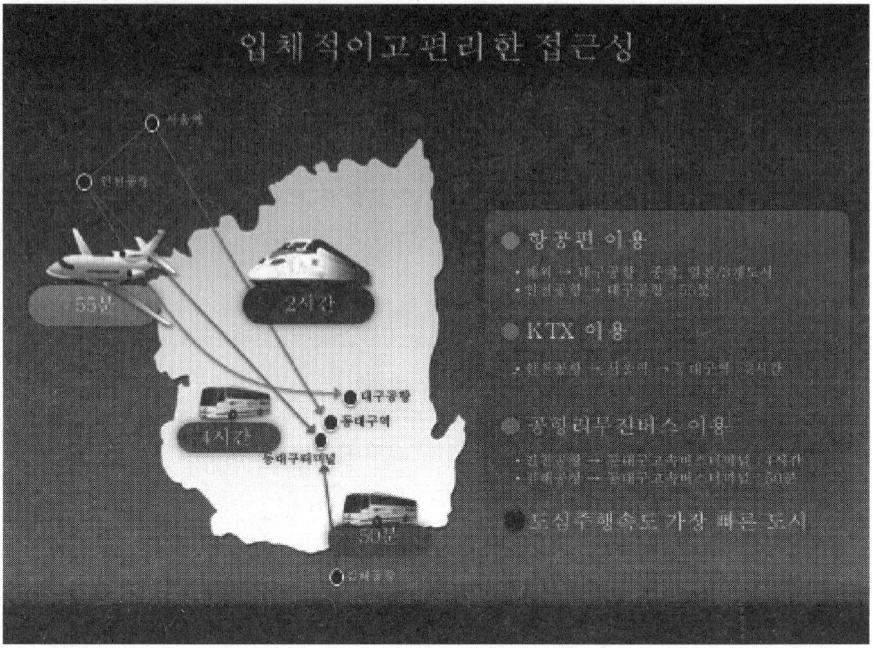
입체적이고 편리한 접근성
55분
2시간
4시간
50분
대구공항
동대구역
동대구터미널
항공편 이용
KTX 이용
공항리무진버스 이용
도심주행속도 가장 빠른 도시

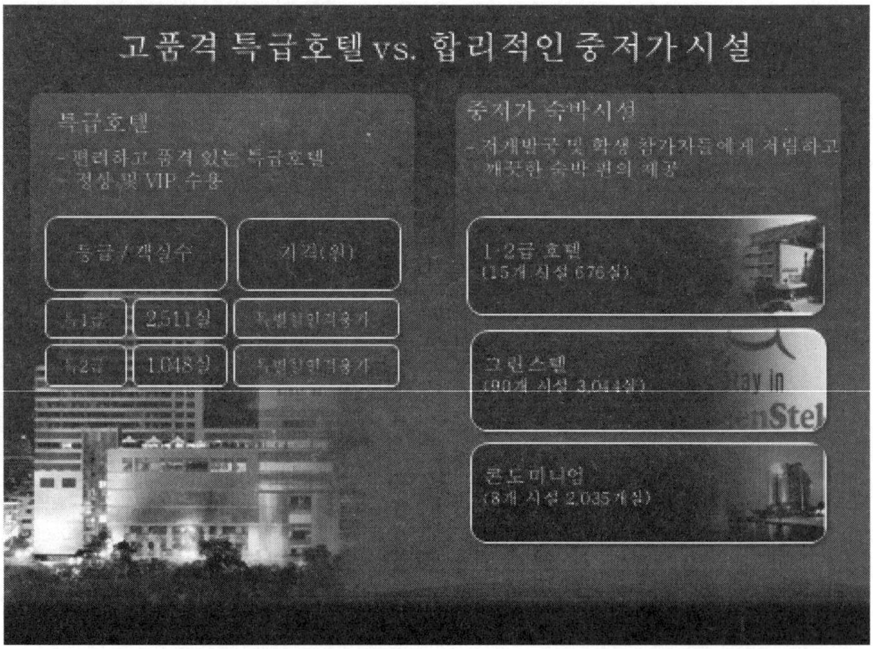
고품격 특급호텔 vs. 합리적인 중저가 시설
특급호텔
- 편리하고 품격 있는 특급호텔
- 정상 및 VIP 수용
등급 / 객실수
가격(원)
2,511실
1,048실
중저가 숙박시설
- 저개발국 및 학생 참가자들에게 저렴하고 깨끗한 숙박 편의 제공
1·2급 호텔
(15개 시설 676실)
그린스텔
(90개 시설 3,044실)
콘도미니엄
(8개 시설 2,035개실)

UNESCO 세계문화의 중심, 대구
"방문 그 자체로, 6곳의 UNESCO 세계문화유산을
답사 할 수 있는 기회 마련"
60분
내외 소요
대구
안동하회마을(2010.8 지정)
해인사 팔만대장경판전
경주 역사문화 유적지구
경주 불국사 석굴암
경주양동민속마을(2010.8 지정)

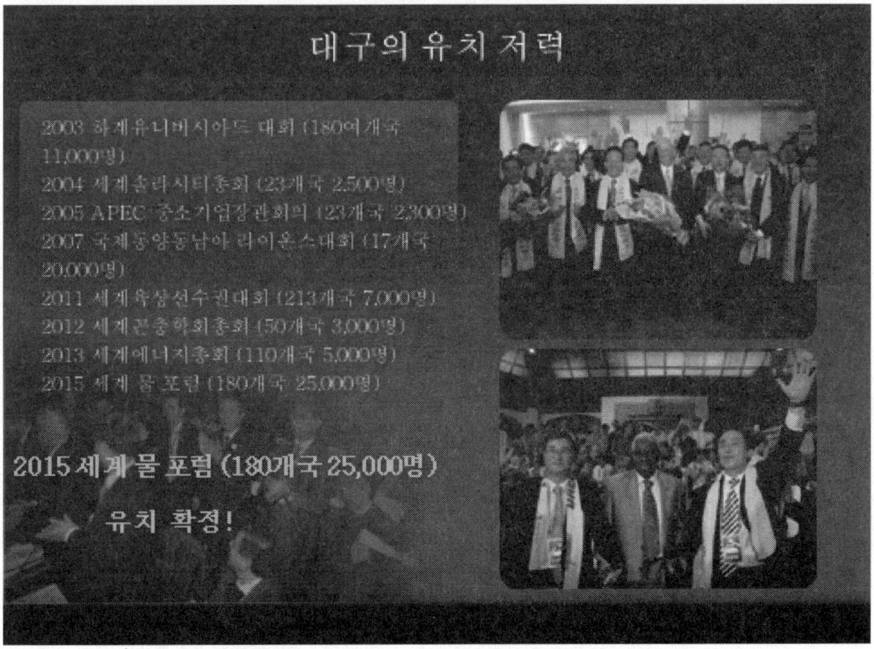
대구의 유치 저력
2003 하계유니버시아드 대회 (180여개국 11,000명)
2004 세계솔라시티총회 (23개국 2,500명)
2005 APEC 중소기업장관회의 (23개국 2,300명)
2007 국제동양동남아 라이온스대회 (17개국 20,000명)
2011 세계육상선수권대회 (213개국 7,000명)
2012 세계곤충학회총회 (50개국 3,000명)
2013 세계에너지총회 (110개국 5,000명)
2015 세계 물 포럼 (180개국 25,000명)
2015 세계 물 포럼 (180개국 25,000명)
유치 확정!

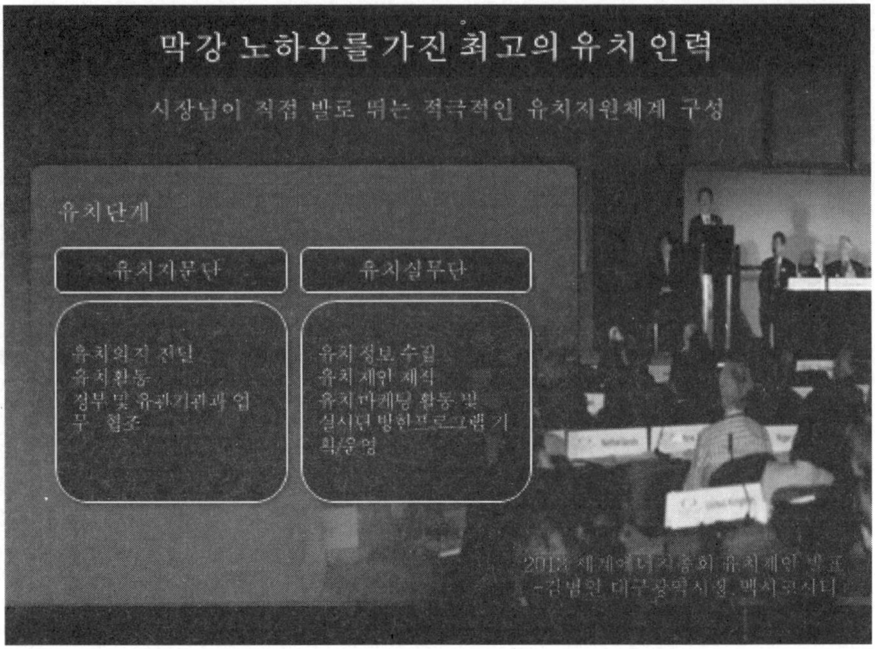
막강 노하우를 가진 최고의 유치 인력
시장님이 직접 발로 뛰는 적극적인 유치지원체계 구성
유치단계
유치자문단
유치실무단
유치의지 전달
유치활동
정부 및 유관기관과 업무 협조
유치정보 수집
유치 제안 제작
유치마케팅 활동 및
실사단 방한프로그램 기획/운영

3.4 BEXCO의 부산 유치 제안서

부산의 컨벤션 유치 제안서에는 주로 부산의 컨벤션 개최 타당성, 컨벤션 개최 여건, 차별적 강점, 지원사항 등이 깔끔하고 세련되게 담겨 있다.

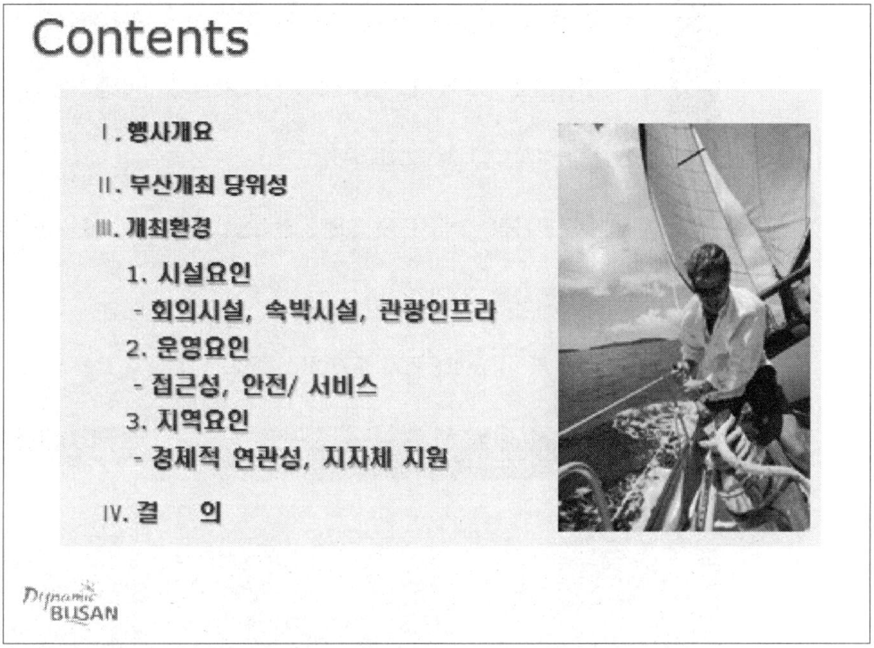

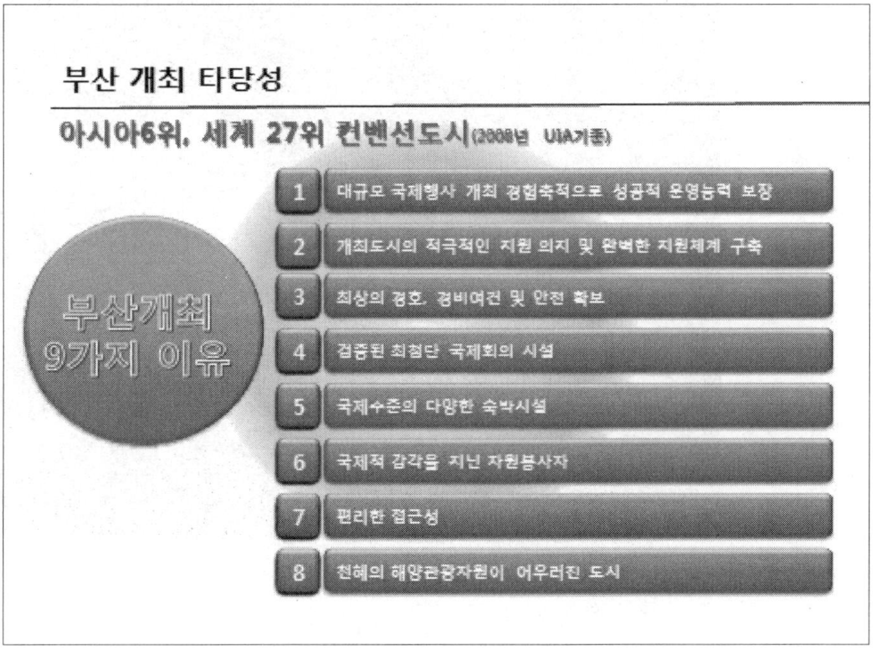

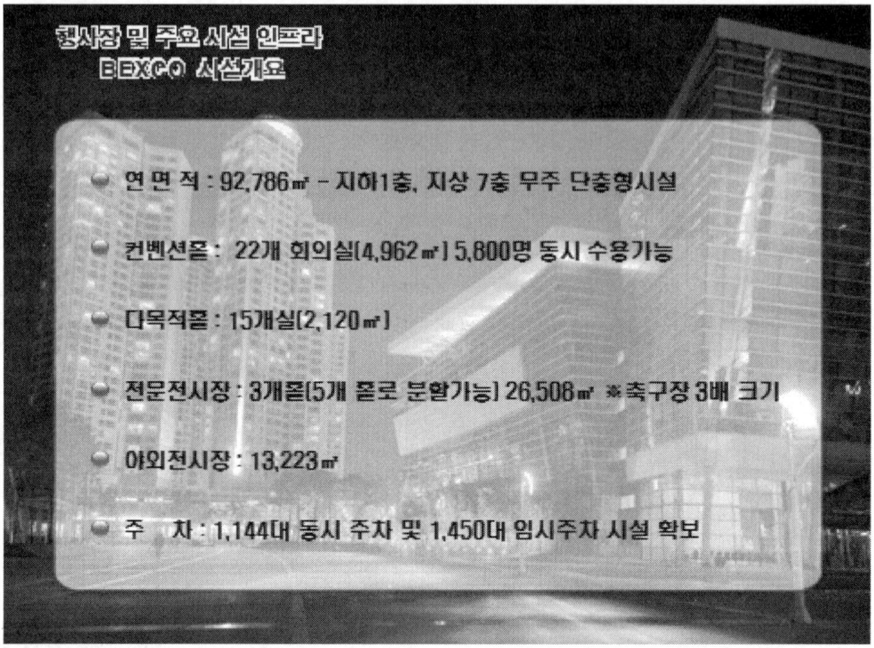
행사장 및 주요 시설 인프라
BEXCO 시설개요
연 면 적 : 92,786㎡ - 지하1층, 지상 7층 무주 단층형시설
컨벤션홀 : 22개 회의실(4,962㎡) 5,800명 동시 수용가능
다목적홀 : 15개실(2,120㎡)
전문전시장 : 3개홀(5개 홀로 분할가능) 26,508㎡ ※축구장 3배 크기
야외전시장 : 13,223㎡
주 차 : 1,144대 동시 주차 및 1,450대 임시주차 시설 확보

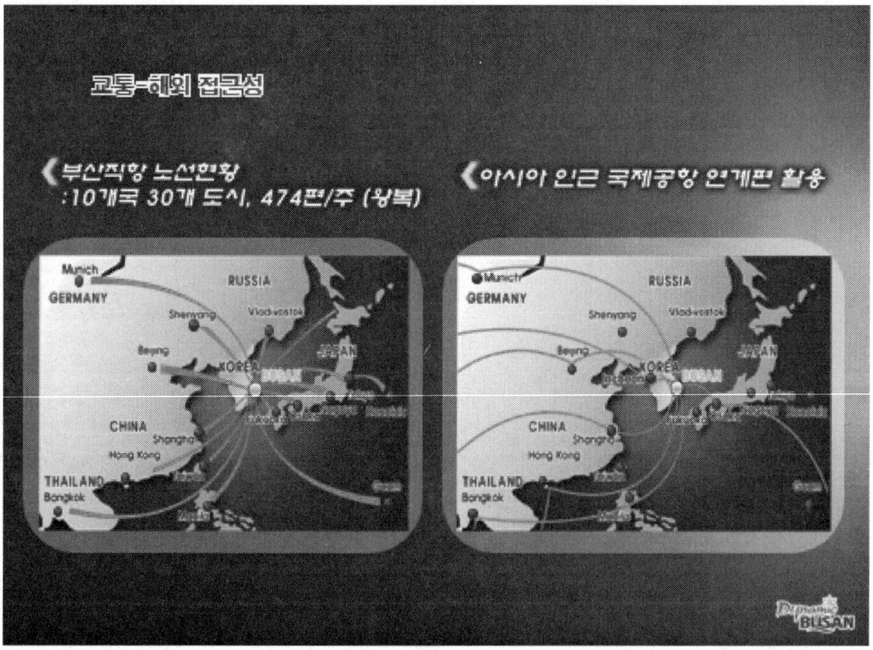
교통-해외 접근성
부산직항 노선현황
:10개국 30개 도시, 474편/주 (왕복)
아시아 인근 국제공항 연계편 활용
Munich
GERMANY
RUSSIA
Shenyang
Vladivostok
KOREA
JAPAN
CHINA
Shanghai
Hong Kong
THAILAND
Bangkok
BUSAN

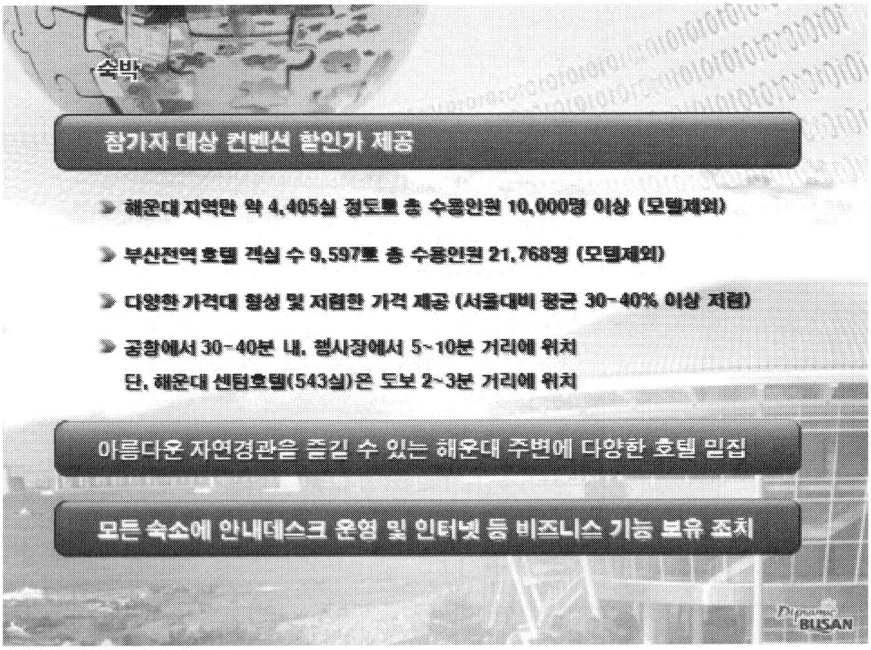
숙박
참가자 대상 컨벤션 할인가 제공
해운대 지역만 약 4,405실 정도로 총 수용인원 10,000명 이상 (모텔제외)
부산전역 호텔 객실 수 9,597로 총 수용인원 21,768명 (모텔제외)
다양한 가격대 형성 및 저렴한 가격 제공 (서울대비 평균 30-40% 이상 저렴)
공항에서 30-40분 내, 행사장에서 5~10분 거리에 위치
단, 해운대 센텀호텔(543실)은 도보 2~3분 거리에 위치
아름다운 자연경관을 즐길 수 있는 해운대 주변에 다양한 호텔 밀집
모든 숙소에 안내데스크 운영 및 인터넷 등 비즈니스 기능 보유 조치
Dynamic BUSAN

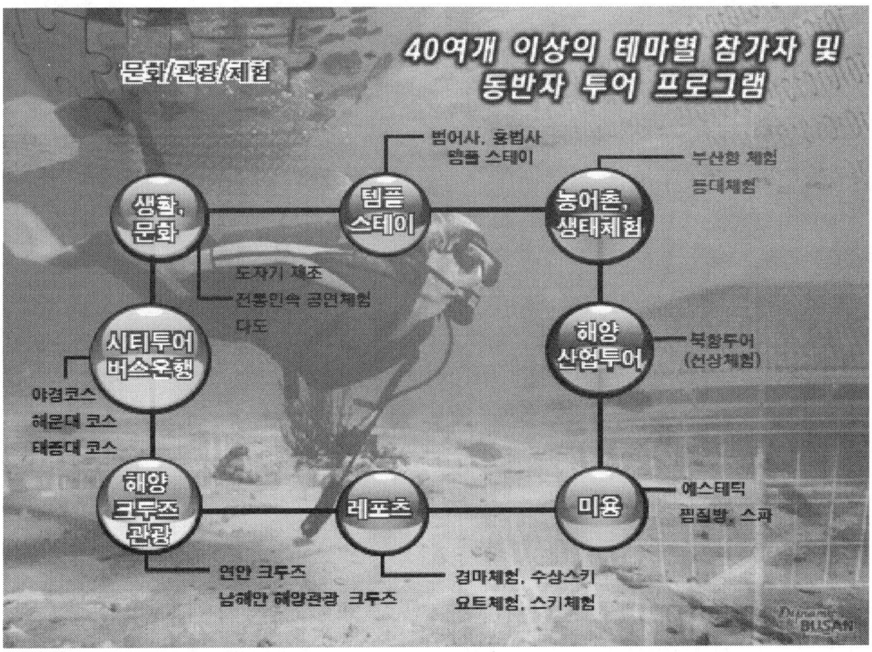
문화/관광/체험
40여개 이상의 테마별 참가자 및 동반자 투어 프로그램
생활, 문화
템플 스테이
농어촌, 생태체험
시티투어 버스운행
해양 산업투어
해양 크루즈 관광
레포츠
미용
범어사, 홍법사 템플 스테이
부산항 체험
등대체험
도자기 제조
전통민속 공연체험
다도
북항투어
(선상체험)
야경코스
해운대 코스
태종대 코스
에스테틱
찜질방, 스파
연안 크루즈
남해안 해양관광 크루즈
경마체험, 수상스키
요트체험, 스키체험
Dynamic BUSAN

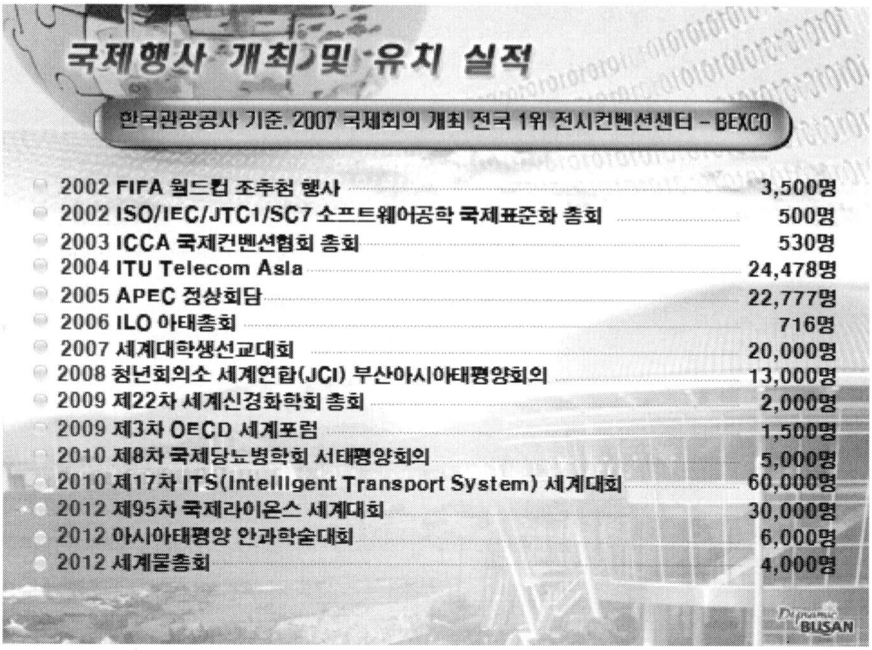
국제행사 개최 및 유치 실적
한국관광공사 기준, 2007 국제회의 개최 전국 1위 전시컨벤션센터 - BEXCO
2002 FIFA 월드컵 조추첨 행사 3,500명
2002 ISO/IEC/JTC1/SC7 소프트웨어공학 국제표준화 총회 500명
2003 ICCA 국제컨벤션협회 총회 530명
2004 ITU Telecom Asia 24,478명
2005 APEC 정상회담 22,777명
2006 ILO 아태총회 716명
2007 세계대학생선교대회 20,000명
2008 청년회의소 세계연합(JCI) 부산아시아태평양회의 13,000명
2009 제22차 세계신경화학회 총회 2,000명
2009 제3차 OECD 세계포럼 1,500명
2010 제8차 국제당뇨병학회 서태평양회의 5,000명
2010 제17차 ITS(Intelligent Transport System) 세계대회 60,000명
2012 제95차 국제라이온스 세계대회 30,000명
2012 아시아태평양 안과학술대회 6,000명
2012 세계물총회 4,000명
Dynamic BUSAN

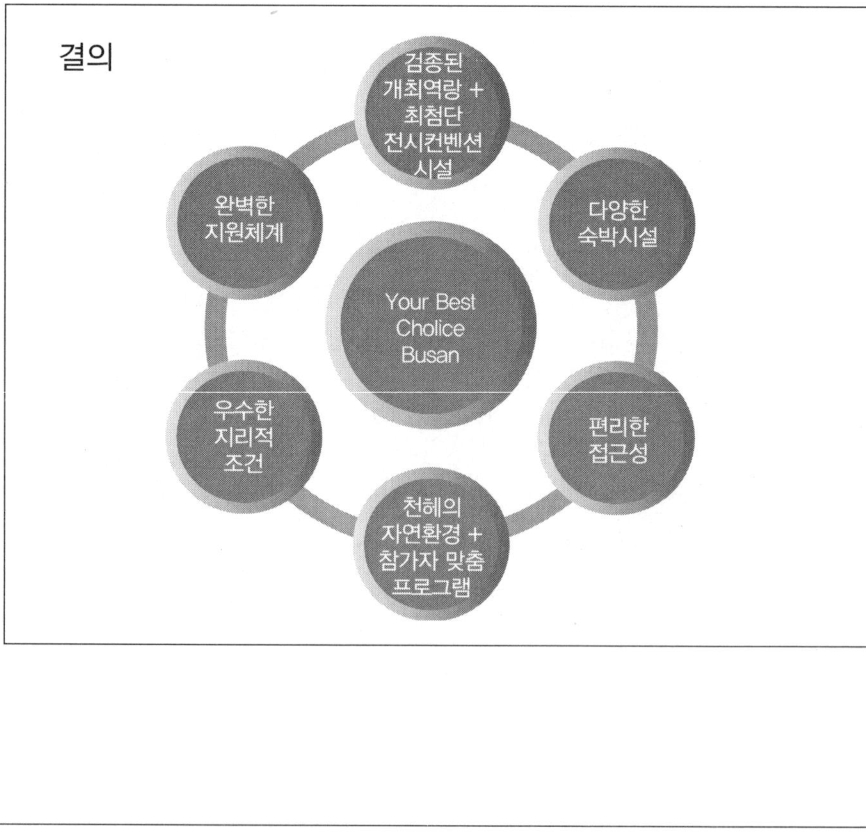
결의
검증된
개최역량 +
최첨단
전시컨벤션
시설
다양한
숙박시설
편리한
접근성
천혜의
자연환경 +
참가자 맞춤
프로그램
우수한
지리적
조건
완벽한
지원체계
Your Best
Cholice
Busan

4 컨벤션 유치제안서(Bid Proposal) 작성의 실제

컨벤션 유치제안서는 특정 국제회의와 관련해서 해당 국제기구(주최자)가 요구하는 사항(RFP; Request for Proposal)에 대해 유치희망 단체가 공식적인 제안 내용을 기재한 서류이다. 그러므로 유치제안서는 RFP의 매뉴얼에 따라 작성해서 제출하는 게 관건이다. 여기에서 RFP란 컨벤션을 주최하는 국제기구가 유치희망 도시들에게 제안서 제출의 내용과 형식을 안내하는 공식서류로서, '제안요청서+제안서 작성을 위한 메뉴얼'을 말한다. 이 유치제안서가 중요한 이유는 국제회의를 유치하려면 필수적으로 해당 국제기구에 제출해야 하는 공식입찰 서류로서 제안서 내용이 개최지 결정에 핵심적인 역할을 하기 때문이다.

4.1 제안서 작성 및 제출 요령

우선 RFP 내용을 숙지해서 누락사항이 발생하거나 잘못 해석하는 일이 없어야 한다. 충분히 이해가 되었으면, RFP 매뉴얼 요구대로 작성하되 작성형식은 국제기구에 확인하여 선택한다. 대체로 1) 기입형(fill-in type): RFP 내용이 양식화되어 있어 제안내용을 기입하는 방식, 2) 기술형(descriptive type): RFP에 따른 제안내용을 기술하는 방식, 3) 혼합형(mixed type): 기입형과 기술형을 혼합하여 자유롭게 작성하는 세 가지 형식이 있다.

내용은 RFP 요구사항을 모두 포함하되 핵심위주로 체계적이고 간결하게 작성하고, 특히 평가 핵심요소에 대해서는 타경쟁도시와 대비해 경쟁적 우위 조건을 제시할 필요가 있다. 또한 회의시설 등과 관련된 부대서류와 주최기관과 관련된 증빙자료를 반드시 첨부해야 한다. 작성 형태는 워드나 파워포인트 중에서 자유롭게 선택하되 동영상이나 그림 등 보조도구를 사용해 설득력을 높이는 게 좋다. 제출방식은 문서(hard copy)나 전자메일 중 RFP에 따라 제출하는데, 보통 두 가지를 겸해서 전자메일로 우선 발송후 문서를 우편으로 보내는 게 친절해 보인다. 제안서 제출은 국제기구사무국이나 개최지선정위원회(congress committee)에 하도록 한다.

4.2 제안서 포함 내용

유치제안서에 기본적으로 포함시켜야 할 내용들은 다음과 같다.

- 회의장 및 전시 시설: 회의 및 전시 시설 요건 및 내역
- 개막식 및 폐막식 행사: 장소 요건 및 프로그램 내용
- 숙박시설: 숙박시설의 수, 위치, 요금, 할인 내역 등
- 교통 및 통신: 행사장 접근을 위한 항공편, 국내 교통편, 현지 수송 서비스, 인터넷 및 통신상황, 입국비자발급 관련 사항.
- 관광: 동반프로그램, 인근관광지 투어 안내 등
- 조직위원회 구성: 행 · 재정적 지원 사항, 특별행사 계획 여부 등
- 예산: 잠정 수입 및 지출 예산 계획서 등

4.3 제안서 평가 및 발표

제안서 내용이 총회개최 최소요건(RFP)을 충족하고 있는지, 재정능력은 충분한지, 개최국의 회원수 및 열의, 개최단체 및 도시(국가)의 행 · 재정 지원, 개최국 · 개최도시 · 숙소와 회의장 접근성, 과거 행사 개최경험, 개최도시의 지지 분위기 등이 얼마나 적절한지 등이 평가된다.

제안서 발표는 우선 발표방향을 검토한 후 발표자료를 작성하고 발표준비에 들어가도록 한다. 1) 발표방향 검토 단계에서는 개최지 주요 결정요소를 파악하고, 총회 참석자들의 관심사항 및 경쟁도시의 동향을 파악한 후 제시할 인센티브 수준을 결정한다. 2) 발표자료 작성 단계에서는 유치제안서를 핵심 위주로 요약한 후 발표항목 및 내용을 선정하고, 발표내용을 구성한 후, 시각자료를 적절히 활용한다. 3) 발표준비 단계에서는 발표장소 및 시설에 대한 사전조사를 한 후, 발표를 위한 스토리를 구성하고, 시간을 배분해, 연습 및 리허설을 실시한다.

제안서 요청에서부터 제안서 발표와 개최지 결정에 이르는 절차는 다음과 같다.

> 제안요청서(RFP) 발표 → 유치의향서 제출 → 유치제안서 제출 → 후보도시 선정 → 최종제안서 제출 → 프리젠테이션 → 개최지 결정

07

컨벤션 개최 절차 및 사례

1 컨벤션 개최 절차

1.1 개최 기반 조성(Founding)

통상적으로 컨벤션 유치 결정서는 국제기구 본부로부터 서면으로 전달된다. 연차총회의 경우 개최 2~3년 전에 개최지가 결정되므로, 이때부터 개최기반을 조성하게 된다. 국제회의를 유치한 주체가 개최 시에도 중추적인 역할을 수행하게 되는데, 다음의 표(7-1)와 같이 유치 시 국제기구와 약속한 사항이 지켜지도록 그 연장선에서 주체와 역할을 부여하는 게 바람직하다.

회의개최 주체가 첫 번째 해야 할 작업은 개최준비를 위한 조직위원회의 구성이다. 일반적으로 회의 유치조직위원회를 토대로 조직하되, 실무 및 시설, 자문 등을 위해 지역 CVB, 컨벤션센터 등의 회의시설, PCO 등이 추가된다. 조직위원장은 주체의 장이나 유력인사를 임명하고, 위원들은 유치시의 적극적인 참여 인사들 중심으로 선임한다. 사무국은 회의준비와 운영에 관한 최고 의사결정기구로서 실질적으로 개최 업무를 추진하는 중심조직이 되며, 유치시의 기

▶ **표 7-1 국제회의 개최의 주체 및 역할**

주체	대상회의	역할	회의 사례
중앙정부	정부주관 대규모 국제회의	예산 및 행정 지원	G20, APEC
지자체	지자체주관 대규모 국제회의	예산 · 행정 · 실무 지원	제주포럼(제주) 국제수변도시회의(부산) 유니버시아드대회(광주)
공공기관	공공기관 주관	국제기구 접촉창구	세계철도연맹총회 세계물포럼
학회·협회	학회 · 협회주관	국제기구 접촉창구	세계수학자대회 세계양돈수의사총회
공동	공동주체 · 관련협회 협조요청시	관련기관 협조요청	세계마술대회 (협회 · 지자체)

주) 이밖에 CVB, 컨벤션센터, PCO 등이 컨벤션 유치 및 개최 시 실무, 시설, 대행 및 자문 등의 지원 역할을 한다.

존조직을 활용하되 PCO에게 그 역할을 의뢰하기도 한다. 그리고 기획 · 총괄, 재무, 영접 · 수송, 등록, 홍보 · 광고, 숙박 · 식음, 관광 · 위락, 전시, 현장운영, 평가 등의 분과위원회를 구성하여 유치 시 약속한 회의장 및 시설, 숙박 및 식

▶ **표 7-2 분과위원회의 구성**

분과위원회	담당 업무
기획 · 총괄	회의장 선정, 프로그램 기획 및 구성, 주요 인사 초청 및 연사 선정, 행사 전반 총괄, 조정
재무	자금 조달, 예산안 편성 및 지출
영접 · 수송	국내외 주요 인사 영접 및 참가자 안내, 교통 및 수송 업무 전반
등록	참가자 등록, 등록비 수납
홍보 · 광고	홍보물 제작, 광고, 홍보, 프레스센터 운영 및 보도자료, 스폰서 확보
숙박 · 식음	참가자 숙소 확보, 안내, 배정, 식음 메뉴 및 예약 결정, 품질 관리
관광 · 위락	행사 전후의 참가자 관광, 위락 프로그램, 행사 중 가족참가자 지원
전시 및 부스	참가기관의 전시 관리, 후원업체의 전시 유치 및 지원, 부스 운영
현장 운영	운영 요원 확보, 회의장 등 현장 운영,
평가 및 고객만족	행사 전반에 대한 참가자의 만족도 평가, 문제점 분석 및 피드백

주: 이은수·서진우(2010) 참고하여 보완.

음, 행정사항 등의 실태를 점검하고, 부대행사 프로그램의 기획, 행사운영요원의 확보, 자금 조달 및 예산 집행 등을 추진해 나간다. 회의 규모 및 특성에 따라서 분과위원회의 수 및 종류는 적절하게 구성한다.

동시에 사무국은 국제기구본부와 수시로 커뮤니케이션 하면서 회의장, 회의 기간, 주제 등을 확정하고, 참가자수, 성격, 규모, 주요 내용, 예산 규모 등 회의개최의 기본방향을 설정한 후 회의장의 임차를 확정한다. 또한 국제본부와 연사 선정 등 공식 프로그램에 대한 자문과 지원을 미리 협의하고, 전시회 및 부대행사 등의 개최 방향도 개략적으로 설정한다. 특히 중앙정부 및 지자체의 행 · 재정적 지원, 지역 CVB와의 협력을 통해 확보가능 예산 및 집행예산 규모를 가늠한 후 실행예산을 편성한다. 더불어서 행사장 가격협상 및 프로그램 기획 등에서부터 PCO의 전문적인 역할을 존중하고 상호 협력해 나간다.

▶ **표 7-3　1단계: 개최기반 조성(Founding)**

개최결정 직후	주요 업무 내용
조직위원회 구성	–조직위원장(학 · 협회회장/유력인사)/조직위원선임(적극 참여인사) –사무국 및 분과위원회 구성(재무/회의/행사/전시/홍보/운영 등) –개최장소/개최기간/행사주제 확정
기본계획 수립	• 개최기본계획안/수지예산안 작성 –회의개최 기본방향설정(참가자수/성격/규모/주요내용/예산규모) –전시회 및 부대행사 개최 방향설정 –실행예산편성(확보가능 예산 및 집행예산 규모) • 회의장 및 전시장 확정 및 임차 –행사장 가격협상/조기임차

자료원: 영산대학교 송성수 교수

1.2 개최 기본틀 구성(Framing)

회의 개최 1~2년 전쯤부터는 기본골격에 대한 구상을 하고 참가자 모집에 대한 계획을 수립해야 한다. 사실상 가장 중요한 게 많은 회원들이 적극적으로 참가 등록을 해서 재원 확보와 회의주최의 타당성을 살리는 일이다. 그러므로 잠재 참가자들을 대상으로 본격적인 유치활동을 전개하고, 다양한 마케팅 노력을 기울여야 한다. 우선적으로 개최를 위한 기본 틀(Frame)에 해당하는 개최계획서 및 전시회 개최계획서를 국제본부와 협의하여 결정하고, 행사전반을 알릴 수 있는 안내 브로셔를 제작한다. 이 때 준비일정 및 프로그램 협의를 위해 국제기구의 간부가 내방할 수 있다. 또한 인터넷 홈페이지를 개설해 잠재 참가자들의 관심을 끌고(pull marketing), 브로셔 등 인쇄홍보물을 직접 우편(direct mail)이나 이메일로 발송한다. 동시에 전시회 개최계획서를 작성해 참가업체에 대한 유치를 시작하고 광고 활동을 병행할 필요가 있다. 람사르총회나 세계자연보전총회와 같은 정부주최 회의는 준비시기부터 미리 TV, 일간지 등에 환경 관련 홍보를 실시하는 게 성공의 주요인으로 분석되고 있다. 이러한 광고 · 홍보를 통한 참가 안내를 기해 등록비 예상액, 중앙정부 · 지자체 등의 지원, 전시회 후원금 등 자체예산의 재정규모를 어느 정도 가늠할 수 있어야 한다.

아울러 분과위원회별로 분장된 업무를 진행하기 위한 준비계획서를 만들고, 그 시간계획에 따라 숙소 예약, 예산 확보, 웹사이트 구축, 행사 브로셔 제작 및 배포 등 세부 업무들이 진행되도록 한다. 회의 유치시 PCO를 선정하지 않은 경우에는 이 때 PCO를 선정해서 전문적인 분야의 지원을 받도록 한다. 사무국이 국제행사 진행에 익숙지 않은 경우에는 PCO에게 상당 부분의 업무를 위임하는 것이 회의 개최의 효율과 효과를 동시에 높일 수 있는 방안이다.

▶ 표 7-4 2단계: 개최 기본틀 구성(Framing)

개최 1~2년 전	주요 업무내용
계획서	• 회의 개최계획서 및 전시회 개최계획서 작성 –개최 Frame이 되는 종합계획서
숙소	• 숙소 블로킹예약(참가예상인원, 소요호텔 수준감안/숙소가격협상)
프로그램	• 회의 준비일정 및 프로그램 협의(국제기구 간부 내방)
예산	• 예산확보(등록비 예상액/지자체, 정부, 관광공사지원/자체예산) –후원금 모금(관련산업 분야)
PCO	• PCO 선정
	• 웹사이트 구축/e-newsletter 발송 시작
홍보/광고	• 행사안내 브로슈어 제작 배포/홍보 및 광고활동 시작
참가자	• 회의참가자/전시회참가업체 유치시작

자료원: 영산대학교 송성수 교수

1.3 개최 내용 구체화(Shaping)

회의 개최가 1년 안으로 다가오면 개략적으로 작성된 기본틀(frame)의 내용을 그림속의 형상으로 볼 수 있을 만큼 구체화시켜 나가야 한다. 즉, 하드웨어 측면에서는 회의가 개최될 장소로서 회의장과 행사장의 조성계획서를 작성해 프로그램에 따른 개 · 폐회식 장소, 세션 규모별 회의실, 국제본부 및 국내본부 사무국, VIP 실, 회원라운지, 프레스센터, 예배실 등에 대한 배치와 디자인, 회의장의 구성 · 무대 · 장식 · 의자배열 등을 구상해야 한다. 참고로 국제회의의 경우에는 이슬람권 등의 참가자를 위해 국제본부와 협의하여 예배실을 마련하는 배려가 요구된다. 또한 전시회 참가자들과 협의하여 전시장 조성을 위한 계획서를 마련해야 한다.

하드웨어를 채울 소프트웨어 측면에서는 회의운영계획을 보다 구체화시켜서 회의별 프로그램, 연사 섭외, 발표논문 모집 등을 진행하는 동시에 거기에 맞춰서 회의실별 준비사항을 점검할 필요가 있다. 또한 행사 운영 전반에 대해서도 위원회별로 세부운영계획서를 작성해 등록, 수송, 숙박, 홍보, 전시, 관광, 부대행사 등에 대한 내용을 구체화하고, 그 내용에 수반하여 인력 및 재무 계획

▶ 표 7-5 3단계: 개최내용 구체화(Shaping)

개최 6개월~1년 전	주요 업무내용
회의장 행사장	• 회의장/행사장 조성계획서 작성 –회의장, 본부 및 LOC사무국, VIP실, 회원라운지, 예배실 등
전시장	• 전시장 조성계획서 작성(희망면적 접수 후 협의 배정)
회의 운영	• 회의 세부운영계획서 작성 –회의 프로그램/연사 섭외/발표논문 모집/회의실별 준비사항
행사 운영	• 행사별 세부운영계획서 작성 –행사계획/등록계획/수송계획/숙박계획/홍보계획/관광계획/인력계획 등 –부대행사 계획(비즈니스미팅/문화 및 축제행사)
장비	• 장비 · 비품 임차계획서 작성
사인물	• 사인물 · 지원물품 제작계획서 작성
참가등록	• 참가자 사전등록/숙소신청 접수시작

을 구체적으로 수립해야 한다. 물론 각 회의 및 행사 계획에 기초해서 장비 및 비품의 임차계획서, 사인물 및 지원물품에 대한 제작계획서를 미리 작성해서 준비해 나가야 한다.

이즈음에서 참가자에 대한 사전등록계획을 수립해 단체 등록, 인터넷 등록, 조기등록 등에 대한 할인율을 결정하고 참가등록을 홍보한다. 더불어서 등록시 희망하는 숙소 신청, 식음상의 특이사항 등 참가자에 대한 정보를 파악해서 미리 접수해 두어야 한다.

1.4 세부 준비사항 실행(Detailing)

회의 개최 시기가 6개월 내로 들어오면 국제본부와 협의해서 회의 일정 및 프로그램을 확정해야 한다. 그래야만 프로그램 북 및 브로슈어 등을 확정해서 인쇄물을 발주할 수 있다. 또한 전시장의 부스 장치 및 전시물품 준비 등은 시간을 필요로 하는 일이므로 전시회 참가업체를 확정하고 전시장 공간, 임차금액 등을 결정해서 전시장 및 필요한 장치들을 발주해야 한다. 이밖에 행사장의 안내 표지판 등 사인물과, 장치물, 지원물품도 준비시기를 감안해 미리 발주를 서둘러야 할 일이다. 동시에 회의운영상 필요한 장비 · 비품과 수송차량의 임차 신청도 이때에 해두어야 할 업무들이다.

한편, 이제부터는 행사운영의 실무를 담당할 등록, 안내, 주차, 보안 등의 현장조직과 행사장의 운영조직을 구성하고, 필요한 운영요원들을 확보해 두어야 한다. 특히 2~3천명의 대형 국제행사에는 식음 서비스를 수행할 인력만도 100~200명 이상이 필요하므로 미리 충원계약을 체결해 두어야 한다.

마지막으로, 그러나 가장 중요하게 매달려야 할 일이 VIP 및 주요 인사 섭외이다. 소위 국가수반을 의미하는 VIP의 행사 참가는 국제행사의 품격과 성패를 판가름할 만큼 영향력이 큰 요인이다. 특히 국제행사의 특성상 VIP 참석이 의례(관행)로 되어 있는 회의와 회의유치 과정에서 약속된 사항인 경우에는 미리 일정을 확정해 두어야 한다. 그밖에 행사의 이미지 제고와 참가자 유치의 매력을 결정짓는 주요 연사들의 참가도 확정해서 참가자 모집을 위한 브로슈어 등에 인쇄될 수 있도록 조치해야만 한다.

▶ 표 7-6 4단계: 세부 준비사항 실행(Detailling)

개최3~6개월전	주요 업부내용
회의 일정/프로그램	• 회의일정 빛 프로그램 확정: 국제기구와 최종 협의
전시물품 등 발주	• 전시회 참가업체 확정, 전시장 장치 발주
회의실 배치 확정	• 사인물, 장치물, 인쇄물, 지원물 발주 –회의프로그램, 참가자명단, 발표논문초록, 안내자료 등 –행사 가방, 기념품 등 등록기념품(registration kit)
장비 등 임차	• 장비 · 비품 임차 신청 • 수송차량 임차 신청
운영요원 확보	• 행사운영 조직구성 완료, 행사운영요원 확보
VIP 섭외 완료	• VIP 섭외 및 참석 일정 완료

1.5 개최준비 최종 점검(Finalizing)

회의 개최를 1주일 내로 남겨 둔 상태에서는 모집된 행사운영요원을 철저하게 오리엔테이션 함으로써 만약의 경우에 발생할 수 있는 불상사에 대비해야 한다. 어떠한 형태의 회의든 세계 각처에서 다양한 사람들이 모여들어 진행하는 대규모 행사에는 예기치 못한 천재지변, 물리적 환경의 문제, 사람들 간의 불협화음, 실수, 고장 등이 자연스럽게 따른다. 그러므로 중요하거나 문제의 소지가 있는 곳에는 반드시 경험 있는 요원이나 유능한 인력, 책임자급을 배치하고, 예기치 못한 상황에 기본적으로 대처할 수 있는 훈련을 미리 시켜야 한다.

동시에 회의장, 전시장, 행사장 등을 마지막으로 점검하고, 최종적으로 불참이 확인된 부스나 사람에 대해 적절히 조치해야 한다. 또한 사람들이 많이 다니는 육교나 거리 현수막, 광고탑, 가두 배너 등의 설치허가를 사전에 취득해 법규상의 문제가 발생치 않도록 대비할 필요가 있다. 회의장 내의 스피커, 스크린, 마이크, 통역기, 컴퓨터, 인터넷, PPT 자료 등의 작동상태를 거듭 확인하고 유사시에 대한 대비책을 담당자와 사전 논의해 두어야 한다. 특히 VIP실이나 개회식 등의 중요 행사에 대해서는 예상되는 문제 상황을 철저하게 점검해야 할 것이다.

또한 등록시 한꺼번에 많은 사람들이 몰려들 경우에 대비해 두어야 하며, 안내데스크와 등록물품 지급장소 등의 동선을 참가자의 편의성을 고려해서 시연해 볼 필요가 있다. 마지막으로 개막식 등 VIP 참석이 예상되는 행사와 기타 매스컴의 보도가 예상되는 등의 주요행사에 대해서는 리허설을 반드시 거쳐야 한다. 더불어서 VIP를 위한 보안 점검 및 해외에서 참가하는 주요 인사의 도착 일정 등을 확인해 둘 필요가 있다.

▶ **표 7-7 5단계: 최종 점검 및 마무리(Finalizing)**

개최직전	주요 업무내용
행사요원 교육 및 배치	• 행사운영요원 오리엔테이션 –경험 있는 요원 배치/철저한 교육
회의장 및 전시장 시설	• 회의장/전시장/행사장 설치 및 점검: 불참 부스 취고 • 사인물/장치물 설치: 육교 및 가두배너, 사전허가 • 비품 · 장비 설치 및 상태점검: 스피커, 스크린, 마이크, 통역기
등록 및 안내 데스크 점검	• 등록 · 안내데스크 설치 및 시험운영
행사 리허설	• 리허설: 개막식 및 주요행사
보안 및 의전	• VIP 보안 및 주요인사 스케쥴 확인

1.6 컨벤션 개최(Opening)

국제회의가 개최되는 당일, 가장 먼저 신경 쓸 일이 한꺼번에 밀려들어오는 참가자들의 공항영접 및 수송 대책이다. 특히 세계 각국에서 다양한 유형의 항공편을 통해 장거리 여행을 하고 들어오는 참가자들에게 공항은 첫인상을 결정짓는 진실의 순간(MOT)이다. 장미꽃 한 송이, 감귤이나 초콜릿 등 간단한 다과 제공도 감동을 줄 수 있는 이벤트가 된다. 첫 만남이 불편하거나 불만스럽지 않도록 안내표지판, 안내요원, 환영 현수막, 대기 장소 등을 세심하게 배려해야 한다. 특히 VIP에 대해서는 의전 및 수송에 각별한 주의를 기울여야 한다. 해외 참가자들에 대해서는 외국어가 가능한 자원봉사자들을 붙여 커뮤니케이션의 불편이 발생치 않도록 배려해야 할 것이다.

VIP 참석의 경우 의전 및 보안의 문제에 각별히 신경을 쓰는 한편 추가 시간이 소요됨을 감안해서 개막행사 등의 입장시간을 사전에 점검해 차질이 없도록 해야 한다. 숙소의 체크인은 회의 장소가 호텔인 경우 등록과 동시에 숙소 키를 제공하는 게 편리하다. 그렇지 않은 경우에는 등록데스크가 설치된 회의장과 숙소간 셔틀버스가 원활하게 운영되도록 배차 대수 및 시간 관리에 만전을 기해야 할 것이다. 개막식 전의 환영리셉션, 개 · 폐회식 만찬, 오찬 등 각종 연회를 준비할 때 참가자의 종교, 취향 등에 따른 메뉴 관리, VIP 좌석 배치 등에도 각별히 신경을 써야 한다. 특히 정부 주관 행사의 경우에는 순수한 학술회의에 비해 연회의 비중이 높은 점을 고려해야 한다. 전시회, 문화 및 축제 행사 등도 전반적인 회의 분위기를 활성화시키는 효과가 있으므로 개막 행사 준비에 철저를 기해야 한다.

이상 개최되는 모든 행사들이 매스컴의 스포트라이트를 통해 실시간 보도될 수 있도록 프레스센터 운영에 만전을 기해야 한다. 마지막으로 회의 전후의 관광프로그램과 동반자를 위한 문화 및 체험 프로그램의 운영도 고객만족의 관점에서 세심하게 관리되어져야 할 것이다.

1.7 평가 및 사후관리(Closing & Appraising)

회의가 끝난 후 바로 행사장 철거 및 행사물품 철수가 이루어져야 한다. 그렇지 않으면 지체보상금을 물어야 할 뿐만 아니라 행사물품의 분실, 훼손 등이 발생하고 책임소재도 불분명해지기 때문이다. 동시에 감사서신 발송은 회의를 마치고 귀국한 참가자들이 바로 받을 수 있으면 가장 효과적이다. 회의내용과 개최지에 대한 생생한 기억이 장거리 여행의 피로를 풀어줄 것이다. 이메일을 통한 온라인 감사와 서신 발송을 통한 오프라인 감사를 병행하면 더 효과적이다. 또한 주요 인사에 대해서는 사무국에서 회장단이 직접 전화를 하는 게 관례다.

회의개최를 위해 사용된 비용의 정산 또한 너무 늦어지지 않도록 신경을 써줘야 할 부분이다. 특히 인건비의 지불은 우선 순위로 해결해야 하며, 그밖에 행사장 사용료, 집기 · 비품 임대료, 광고료, 인쇄비 등 어느 것 하나 공급자 입장에서는 급하지 않은 게 없을 것이다. 등록비나 후원비의 수입 이후로 지불을 유예시킨 항목들에 대해 최소한 3개월 이내에는 모든 정산을 마쳐야 한다. 모든 것을 잘 하고서도 돈 문제가 지지부진해서 '옥의 티'처럼 회의에 대한 소문이 나빠지는 경우가 있다. 비용 정산과 함께 사무국이 지체하기 쉬운 일 중의 하나가 회의개최 결과보고서이다. 이는 회의에 대한 자체평가뿐만 아니라 회의

록과 함께 국제본부에 보내줘야 할 대외관계서류이기도 하다. 더불어서 결산서 작성을 끝으로 회의관련 사후처리가 모두 마무리되면, 조직위원회 및 사무국을 해체하게 된다.

▶ **표 7-8 7. 평가 및 사후관리(Closing & Appraising)**

개최후 3~6개월이내	주요 업무내용
행사장 철거	• 행사장 철거 및 행사물품 철수
감사서신	• 감사서신 발송
미지급금 정산	• 미지급금 처리
회의개최 결과 보고서	• 회의개최 결과보고소/회의록 작성
결산	• 결산서 작성
참가자 만족도 평가	• 온라인을 통해 회의 전반에 대해 만족도 평가
조직위원회 해산	• 조직위원회 및 사무국 해체

2 컨벤션 개최 사례

우리나라에서 개최된 컨벤션 중 잘 치러진 것으로 평가되어 학계에서 많이 인용되는 사례가 2008 람사르협약 당사국총회다. 따라서 여기에서는 KTO(2008) 자료를 토대로 람사르협약을 소개하고, 이와 유사한 환경 컨벤션으로 제주에서 치러진 2012 WCC의 사례를 살펴보고자 한다. 더불어서 같은 장소인 ICC JEJU에서 치러진 한 · 아세안 특별정상회담에 대해 보다 상세히 짚어보고자 한다.

2.1 2008 람사르협약 당사국총회

1 총회 개요

람사르협약(Ramsar Convention)은 습지의 보호와 지속가능한 이용에 관한 국제조약이다. 공식 명칭은 '물새 서식지로서 국제적으로 중요한 습지에 관한 협약(the convention on wetland of international importance especially as waterfowl habitat)'이다. 줄여서 '습지에 관한 협약(Convention on wetland)'이라는 약어를 사용하기도 한다. 1971년 2월 2일, 이란의 람사르(Ramsar)에서 협약이 체결되었으므로 람사르협약이라 불린다. 2008년 현재 157개국이 이 협약에 가입되어 있으며, 대한민국은 101번째 가입국가다(위키백과). 당사국총회는 모든 당사국들이 모여 각국의 협약 이행노력을 평가하고 향후 정책방향 등을 결의문(Resolution) 형식으로 채택해, 이를 국내정책에 반영토록 하는 최고 의사결정기구이다.

제 10차 대회인 2008 총회 유치는 2005년 제 9차 총회 개최지인 우간다 캄팔라에서 환경부장관, 국회 환경노동위원회 소속 국회의원, 경남지사 등 30여 명의 정부 유치단이 총력을 경주해서 '한국에서 개최'를 확정짓게 되었다. 본 총회는 2008년 10월 28일부터 11월 4일까지 8일간 '건강한 습지, 건강한 인간'을 주제로 경남 창원컨벤션센터(CECO)에서 개최되었으며, 140개국으로부터 2,288명의 정부대표와 국제기구 관계자들이 참가했다. 학술대회에 2,890명, 문화행사에 139,500명이 참가했으며, 행사시간 중 우포늪과 주남저수지 방문객을 합하면 약 50만명이 발걸음을 한 셈이다. 총 33개의 결의문이 제안되어 32개가 채택되었으며, 창원선언문이 채택되어 이후 국제사회가 습지보전을 해나가는 데 지침 역할을 하게 될 것으로 기대된다. 이번 대회는 행사 규모면에서 역대 최대였고 내용 면에서도 최다 결의문이 채택되는 성과를 낳았다. 총회가 끝난 후 람사르 사무총장과 각국 정부대표들은 '2008 총회가 람사르협약의 격을 높이고 협약의 발전을 10년 정도 앞당겼다'는 호평을 하였다.

2 행사의 성공을 위한 준비사항

국제대회를 성공적으로 치르려면 무엇이 필요할까? 충분한 인력, 넉넉한 예산, 작 갖추어진 인프라, 세밀한 행정계획, 다양한 프로그램 등이 차례대로 열거될 것이다. 물론 모두가 필요한 자원들이다. 하지만 람사르총회 유치와 개최를 경험하며 느낀 것은 정부와 지자체, 민간단체 등이 함께 추진하는 국제회의에서는 효과적인 조직체계와 업무분담, 적절한 인프라 구축, 행사 홍보 등 세 가지가 무엇보다도 중요함을 인식하게 되었다.

3 조직체계 구축 및 역할 정립

람사르총회의 국내개최가 확정된 후 환경부장관과 경남도지사는 우간다 캄팔라에서 양 기관간 총회준비에 대한 약해각서(MOU)를 체결하였다. 양해 각서의 핵심 내용은 총회개최를 위한 업무와 예산의 분담으로, 환경부는 국제분담금의 협상과 소요예산을 부담하고, 경남도는 회의시설 조성을 맡기로 하였다. 이처럼 여러 기관이 공동으로 국제행사를 준비하는 경우에는 무엇보다도 예산과 업무의 분담을 명확히 하는 게 행사개최를 준비하는 첫걸음이다.

다음으로 중요한 것이 사람의 문제로, 대회를 준비해 나가는 조직체계를 각 구성원과 기관이 조화를 이루도록 구성하는 일이다. 따라서 최고 의사결정기구로 환경부, 국토해양부, 외교통상부, 경남도의 관련국장급이 참여하는 준비위원회를 두고, 그 밑에 관계부처 과장급 및 민간단체 관계자, 전문가들로 구성된 실무위원회를 설치했다. 또한 민간 행사전문가들로 행사자문위원회를 구성하고, 경남도와 중앙정부 산하에 각각 준비기획단을 두어 소관업무를 분담토록 하였다. 그러나 이 두 조직의 분리 운영은 물리적으로 떨어진 거리만큼이나 이해와 협력에 어려움이 있어, 총회 개최 직전에 통합했다.

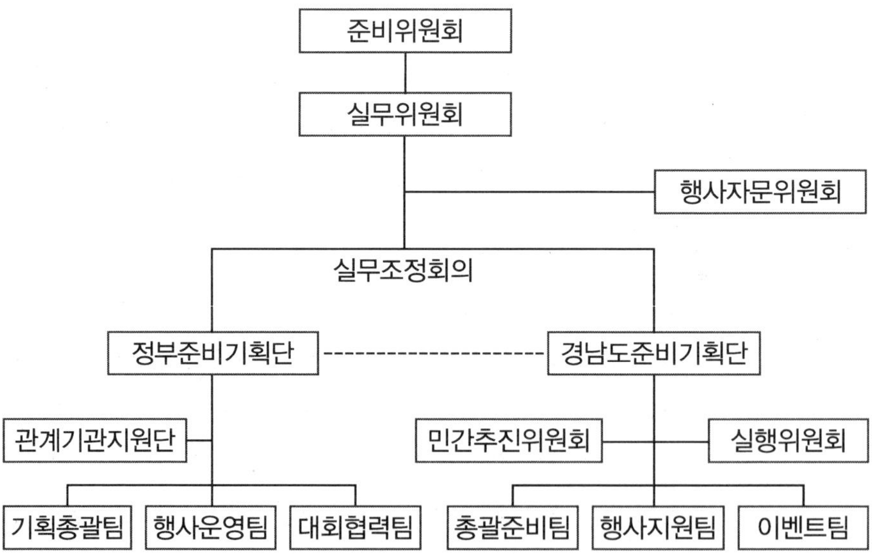

그림 7-1 제10차 람사르협약 당사국총회 준비조직 체계도

조직 구성과 함께 행사를 기획하고 운영해 나갈 PCO를 시의 적절하게 선정해야 한다. 그런데 행사 준비 예산을 환경부와 경남도가 분담하다 보니, PCO 예산의 부담 비율을 결정하느라 총회 개최 7개월을 앞두고서야 확정할 수 있었다. 공동 행사의 경우에도 예산은 단일화 하는 게 운영의 효율성 차원에서 필요한 일이다. PCO 선정 후 본격적인 총회준비에 들어갔다. 처음에는 회의장 조성, 숙소 블로킹, 수송 등 다양한 분야에서 의견이 달라 조율이 필요했다. 따라서 관계기관들의 합동연찬회를 수시로 열어 상호 이해와 협력을 증진하는 동시에 사무국과의 협의채널을 환경부로 지정해 계획 및 조정 기능을 일원화했다. 이후로 각 기관 간 역할이 보다 분명해져서 행사 준비에 박차를 가할 수 있게 되었다.

4 행사 인프라 구축

총회의 참가인원을 2,000명으로 예상하고 회의 인프라를 계획하였다. 그런데 창원 지역은 지방에 위치하다 보니 회의장, 숙박시설, 교통수단 등이 모두 부족한데다가 각 나라의 정부대표가 참석하기 위한 비자문제도 해결이 쉽지 않았다(제주의 경우에는 세계 180여개국의 비자가 면제된다).

이상의 문제를 해결하기 위해 우선 창원컨벤션센터에 약 1,200석 규모의 총회장을 증축하였다. 덕택에 음향, 조명, 영상, 무선인터넷 등 회의환경이 유엔총회 수준이라는 평가를 받을 수 있었다(지방도시들이 정부회의를 유치하기 위한 목적 중의 하나가, 사실은 국제회의 및 도시인프라를 획기적으로 업그레이드하는 기회를 얻기 위함이기도 하다). 숙박시설도 마침 민간자본이 오성급 호텔을 신축함으로써 상당부분 해결되었고, 인근의 마산시와 창녕군 지역의 호텔과 모텔 등 약 2,000실을 확보할 수 있었다.

또한 김해공항으로 들어오는 참석자들은 창원시까지 수송할 교통수단이 공항버스밖에 없어 불편이 예상되었다. 따라서 총회 전후로 2일 동안 공항과 숙소 간 무료 셔틀버스를 운행하고, 숙소와 총회장 간에도 매일 셔틀버스를 돌렸다. 택시 이용자들을 위해서는 무료 통역시스템을 갖추었는데, 이러한 편의제공으로 교통의 불편은 상당부분 해소되었으나, 예산부담이 만만치 않게 발생했다. 교통문제와 연계하여 참석자들에 대한 영접과 의전도 필요했다. 김해공항은 물론이고, 인천으로 들어오는 참가자를 위해 인천과 김포 공항에 안내 데스크와 전담인력을 배치해 주요 인사들에 대한 환영 · 환송 및 일반 참가자에 대한 안내서비스를 제공했다. 아울러 주요 철도역과 고속버스터미널에도 배너 등의 총회 안내물을 게시하였다.

그리고 주회의장이 있는 창원컨벤션센터에 사무국을 설치하고, 중 · 소 회의장, 카페테리아, 인터넷라운지 등 다양한 편의시설을 제공하는 동시에 경찰 및 소방 부서와 함께 안전대책본부를 운영해 참가자들의 안전에 만반을 기했다. 이러한 회의기반 조성으로 총회 참석자들은 회의에만 집중할 수 있었고, 그 결과 역대 최고 수준의 총회로 평가되었다.

5 행사의 추진 성과 및 효과

당초 이 총회의 유치 목적은 람사르 총회를 계기로 한국 국민들의 환경보전에 대한 인식을 높여보자는 것이었다. 그런데 람사르총회에 대한 국민들의 인지도가 매우 낮고 언론보도 또한 극히 미미한 수준이라 목적 달성이 어려울 것으로 예상되었다. 따라서 환경부는 개최 6개월 전부터 람사르총회 홍보 마스터플랜을 수립해 진행단계별, 홍보타깃별로 차별화된 접근방식의 홍보전략을 추진하였다. 보도자료 배포는 물론이고 기자 브리핑 및 설명회, 기자단 팸투어 등을 통해 언론매체의 관심도를 높이는 동시에 환경부장관 등의 TV 출연, 전문가 언론기고, 인터뷰 등 적극적인 홍보전략을 실행해 나갔다. 대외적으로는 주한 외국공관을 대상으로 한 설명회, 홍보물 방송, 해외 국제활동을 통한 홍보활동 등을 적극적으로 전개하였다.

이러한 총체적인 노력의 결과, 람사르 총회에 대한 인지도가 2008년 8월에는 24.8%에서 10월 총회 이후에는 57.3%로 현저히 상승해서 나타났다. 또한 50만명이 넘는 국민들이 총회장 및 인근 우포늪 등을 다녀감으로써 생태관광에 대한 관심도를 현저히 제고할 수 있었다. 이러한 분위기는 앞으로 지구정상회의(Earth Summit)나 IUCN총회 등 더 규모가 큰 회의도 충분히 해낼 수 있다는 자신감을 갖고 도전할 수 있는 기반이 된다(환경부 윤용희, 2008).

2.2 2012 제주 세계자연보전총회(WCC: World Conservation Congress, Jeju)

제주 세계자연보전총회(WCC) 유치는 제주도가 2009년 6월 환경부를 통해 세계자연보전연맹(IUCN)에 WCC유치 제안서를 제출하면서 점화됐다. 멕시코 칸쿤도 의향서를 제출했다. 두 나라와 지역 간 불꽃 튀는 경쟁이 전개되는 가운데 우리나라는 2009년 9월 8일에 정부차원의 유치위원회를 구성했다. 이홍구 전 총리를 비롯해 19명으로 구성된 유치위원회는 범국민서명운동을 벌여 125만명의 서명을 받는 등 범국민적인 유치활동을 벌였다. 11월 3일, 환경부는 개최지 결정을 논의하는 IUCN 이사회를 앞두고 IUCN 사무총장과 면담을 가진데 이어, 10일에는 IUCN 이사국 주한 대사들을 초청해 제주 개최를 홍보했다. 외교통상부도 IUCN 가입기관, 단체간 인적 네트워크를 통해 유치전을 측면에서 지원했다.

한편, 2009년 9월14일부터 18일 기간 동안, 7명으로 구성된 IUCN 실사단이 개최지 결정을 위해 제주를 방문해 회의개최시설, 숙박시설, 비자발급 등 정부지원, 교통, 참가자 비용, 안전 등 6개 분야를 조사했다. 제주도와 정부부처, 전문가 등이 참여한 범정부 유치실무위원회는 실사단을 상대로 제주가 세계자연유산을 보유한 우수한 자연환경, 범죄와 테러가 없는 평화의 섬, 국제회의 인프라를 갖췄다는 점을 내세웠다. 11월초 낭보가 들려 왔다. IUCN본부가 제주 현지를 실사한 결과 제주가 경쟁도시인 칸쿤보다 평가 항목에서 우위를 보였다는 희소식이었다. 내용인 즉, 제주도의 회의 인프라를 비롯해 비자발급(무비자 입국허용), 보안(안전도시), 자원봉사자 운영, 중앙정부와 제주도의 총력지원, 도민의 열기 등에서 긍정적 평가를 받았다는 것이다.

마침내 IUCN은 2009년 11월 26일 스위스 글랑에 있는 본부에서 이사회를 열고, 2012 제주 WCC 개최를 공식적으로 확정했다. 2011년 2월23일, 2012 WCC 조직위는 총회의 성공적인 개최를 준비하기 위해 서울시 종로구에서 사무처 개소식을 갖고 본격적인 활동에 들어갔다. 제주도에서도 이에 맞춰 제주 WCC 추진 기획단을 만들고 본격적인 개최 준비를 시작했다(뉴시스 2012.9.6 참고).

1 회의 개요

세계자연보전총회(World Conservation Congress)는 국제자연보전연맹(IUCN, International Union for Conservation of Nature and Natural Resources)이 자연보전, 생물다양성, 기후변화 등 환경 문제를 해결하기 위해 4년마다 개최하는 회의이다. 그러므로 IUCN이 본 회의의 주체가 되며, 주관은 2012 WCC 조직위원회, 환경부, 제주특별자치도가 된다. 회의에는 약 180개국 1,100개 단체, 1만 명 정도가 참가하며, 개막식, 세계보전포럼(World Conservation Forum; 원탁회의, 워크숍, 지역회의 등), 회원총회(Members' Assembly; 권고안 마련, 임원 선출 등) 등으로 구성된다. 창원에서 개최된 바 있는 람사르 총회의 4배 이상 규모이며, 국제사회에서의 영향력이 크고 광범하다. 2008년 바르셀로나 총회에는 약 180개국에서 6,700명이 참석해 970개의 관련행사를 통해 보전과 기후변화의 연계방안, 보호지역과 채취산업 등에 대해 논의했다.

IUCN은 유일하게 국제 연합(UN)의 옵저버 자격을 가지고 있는 비영리단체이며, 국가, 정부기관 및 NGO의 연합체 형태로 발전한 세계 최대 규모의 환경단체이다. 1992년 Rio회의 이후 세계적으로 영향력이 증대되어, UNESCO가 주관하는 세계자연유산 등재의 실질적 심사권을 가지게 되면서 국제적 권위가 더욱 높아졌다. 지구 환경, 생물종, 기후 변화, 지속 가능 발전 등의 지구 환경에 대한 실질적인 정책 수립과 실행을 위하여 다자간 국제협력 사업을 추진 중이며 45개 국가에서 프로젝트사무소를 운영하면서 전 세계적인 환경 운동을 전개하고 있다. 본부는 스위스 글랑에 위치해 있으며, 세계 곳곳에 50여 개의 사무소를 두고 있고, 1,000 여명의 전문 직원이 업무를 수행한다. 회원은 국가(84), 정부기관(116), 비정부기구(902) 및 제휴(협력)기관(33) 등 총 1,135 개로 구성되어 있으며, 11,000여명의 전문가가 6개 위원회에서 활동하고 있다.

WCC는 1948년부터 'IUCN 회원총회'로 시작된 환경 분야의 가장 권위 있는 회의다. 현재까지 총 22회 다양한 환경논의를 주제로 개최되었으며, 1996년 캐나다 몬트리올 총회부터 세계자연보전총회(WCC)로 명칭을 변경, 2000년 요르단 암만, 2004년 태국 방콕, 2008년 스페인 바르셀로나에서 개최되었다(위키피디아, www.wcc2012.or.kr, ICC JEJU).

2012년 제 5회 WCC는 60여 년의 총회 역사상 처음으로 동북아 지역인 대한민국 제주에서 개최되었다. 회의장소는 제주국제컨벤션센터(ICC JEJU)이며, 9월 6일부터 15일까지 10일 동안 180여개국, 1,156개 정부기관, NGO 등에서 1만여명이 회의에 참가하였다. 대회의 주제는 '자연의 회복력(Resilience of Nature)'이며, 슬로건은 '자연 +'로서, 자연을 기반으로 최근 이슈가 되는 기후변화, 식량안보, 사회경제 발전 등과 관련된 문제의 해결책을 모색하고자 하는 의미다. '자연보전의 가치 확산을 꽃피우다'라는 로고는 활짝 핀 꽃의 형상에서 자연보전의 가치 확산을 상징하며 희망의 확산을 표현하는 모습이다.

회의 일정 및 프로그램을 보면, 9월 6일 개회식(Opening)을 시작으로 7일부터 11일까지 5일간 세계보전포럼(World Conservation Forum), 8일-15일간 회원총회(Member's Assembly) 및 현장답사, 그리고 13일에 폐회식(Closing)으로 구성되어 있다.

2012년 제주 WCC는 국제적으로 세계 자연보전의 정책방향을 논의하고, 정부와 NGO가 함께 지구 환경 이슈를 논의하는 자리이며, 자연환경 분야를 대표하는 최고회의로서의 의의를 갖는다. 한국의 국가적 입장에서는 미래 성장 동력인 '저탄소 녹색성장' 정책의 홍보 및 발전의 장인 동시에 녹색성장 국가의 브랜드 가치를 높이며, 녹색산업을 질적 양적으로 발전시키고, 국내 환경보전 정책 및 국민인식을 증진시킬 수 있는 기회가 된다. 그리고 제주도에게는 세계

환경수도를 지향하는 제주의 이미지를 제고하고, 대표적인 환경도시로서의 위상을 확보하며, 생태관광 및 MICE산업 발전의 계기를 마련하고, 지역경제를 활성화시키는 기회가 된다.

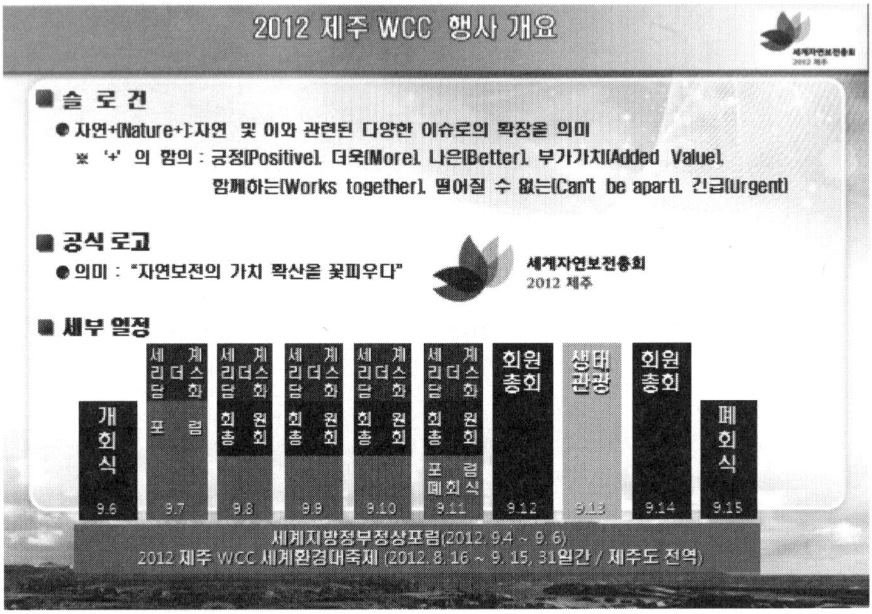

2 행사성공을 위한 준비사항

우선 2012 제주 WCC의 성공적 개최를 위한 첫 번째 과업으로, 국무총리를 위원장으로 하는 WCC 정부지원위원회와 국가와 민간 등 범정부 차원의 총회 조직위원회가 결성되었다. 정부지원위는 국무총리 주재로 보전총회와 관련된 관계 부처간 주요 정책을 심의ㆍ조정하게 되며, 국제사회에 약속한 각종 친환경 프로젝트의 성실한 이행을 위한 각 부처간 협력사업도 조정하게 된다. 그리고 조직위는 산하에 총회준비위원회(CPC; Congress Preparatory Committee)를 조직하고, 준비위원회는 IUCN 이사회에 의해 10명으로 구성되었다. 위원은 7명의 IUCN 이사회 회원과 개최국 대표인 조직위 사무처장, 제주 추진기획단장, IUCN 한국위원회장 등이다. CPC는 준비기간 1년 동안 2번 회의를 개최해 자금조성 및 홍보전략 등을 지원하고 총회준비 관련 진척사항을 모니터링하는 등의 역할을 담당한다.

통상적으로 CPC의 회의는 IUCN 이사회의와 연계하여 IUCN 본부에서 개최되나, 이번 제주총회를 위해서는 4월 11-12일 기간 동안 개최지인 제주도에서 열렸다. 회의에서는 총회 주제 및 슬로건 관련 홍보, 기업 후원을 통한 기금조성, WCC에 초청될 VIP 선정 등 총회 준비에 관한 주요 사항을 논의하는 게 관행이다. 논의 자리에서는 2012총회 조직위 사무처장이 한국의 준비현황을 발표하고, IUCN 사무국이 포럼 계획 발표 및 토론을 진행하는 등 한-IUCN 간 적극적인 의견 교류가 이루진다. 또한 회의 개최지인 ICC JEJU를 견학하고, 거문오름 등 제주의 주요 생태관광지를 탐방하는 등 IUCN 관계자들을 위한 현지실사 프로그램도 진행된다. 이 회의를 통해 논의된 안건들은 IUCN 이사회에 의해 승인된 후 실행계획을 수립하여 추진하게 된다.

한편 우리나라 환경부는 2010년 3월 WCC의 성공적 개최 준비를 위한 워크숍을 개최하고, 한-IUCN 간 제1차 양해각서(MOU)를 체결('10.3.5, 제주)하는 등 본격적인 총회 준비에 착수했다. 우선 「2012 세계자연보전총회 지원특별법 · 제정('10.5.17)을 통해 조직위원회 등 행사 준비 조직 구축과 국가 등의 지원에 관한 근거를 마련하였다. 국제회의 개최를 지원하기 위한 특별법은 국내 입법사상 처음 있는 일이다. 이 법에 근거해서 환경부는 차관을 위원장으로 한 WCC 실무위원회를 산하에 설치했다.

6월30일, 환경부와 국립공원관리공단은 2012 WCC 추진전략 수립을 위한 워크숍을 개최해, 2012 WCC 준비 추진 현황에 대한 중간점검 및 추진전략 수립에 관해 논의하고, 한국적인 총회(WCC) 의제 발굴 및 전문가 · 산업계 · 유관기관과의 협력 네트워크 구축 방안에 대한 의견을 수렴했다. 그 결과, 환경부와 국립공원관리공단은 2012 WCC 개최준비 현황 및 향후 준비계획, 2012 WCC 추진전략 연구를 통한 기본계획 수립 등 전반적인 행사 로드맵을 발표하고, 홍보전략 및 생태관광 연계방안과 로고 등 EI(Event Identity) 개발 추진 방안을 제시했다. 또한 WCC의 제주 개최 의의와 장기발전 전략 및 친환경총회 개최를 위한 산업계 협력방안에 대한 논의도 이루어졌다.

이와 동시에 제주도는 2012년 2월, 행정조직 중심으로 WCC 제주추진지원본부를 조직하고 산하에 각 영역별 지원단(도민참여, 숙박관광, 의료위생, 수송, 소방, 환경정비, 교육, 안전질서, 홍보, 제주시, 서귀포시)과 종합상황실을 설치하는 등 개최준비에 들어갔다. 여기에서는 성공적인 WCC 개최를 위해 지원단별로 과제를 선정해서 추진하고, 관련 기관 및 단체들이 WCC에 적극 참여하도록 홍보하고, 참가자 편의를 도모하는 등의 실무를 총괄한다. 또한 민간차원에서는 범도민지원위원회를 결성해 생태관광 등 12개 분과에 민간인 전문가와 지역리더들로 345명의 위원을 임명해 대규모 도민참여 조직을 만들었다. 이들은 주로 도민들의 적극적인 행사 참가와 자발적인 지원, 전 지역의 WCC 분위기 조성 등을 주도한다. 그리고 이 두 조직은 환경부의 준비위원회와 소통하면서 WCC 세계지방정부정상포럼, 제주 주관 워크숍. 지식까페 · 홍보전시관 운영, 제주형 의제(발의안) 채택 준비, 환경대축제, 인프라 조성 등 개최지 현장의 실무적인 준비와 지원 업무를 총괄한다.

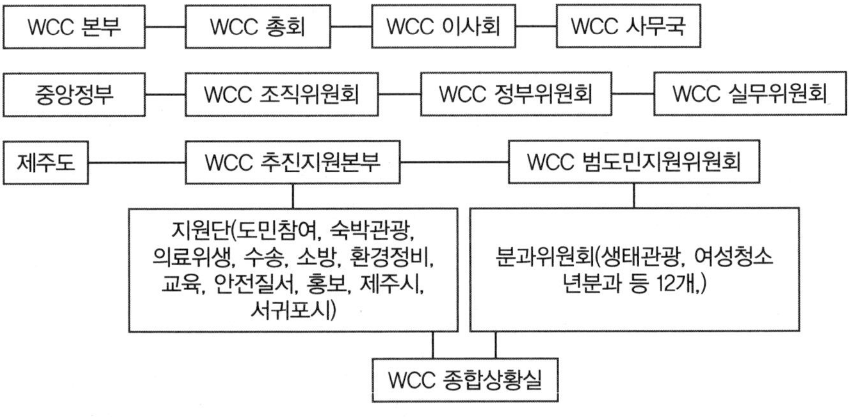

그림 7-2 2012 제주 WCC 추진 조직체계

WCC 개최를 위한 인프라 확충 등을 위해 정부는 WCC총회에 496억원 가량을 지원하고, 제주도 327억을 지원해 총 823억원 정도가 투입되었다. 이중에서 WCC조직위원회는 377억원으로 조직위 및 자원봉사 운영, 사전준비행사, 국내외 홍보행사, 문화-학술행사, 의제개발, IT시스템개발, 행사운영 등에 사용하였다. 제주도는 445억원을 주로 인프라 확충에 투입해, WCC 행사장 친환경개선, WCC 생태문화탐방 인프라 구축, ICC 신재생에너지 구축, IUCN 기념공원 조성, 회의장주변 전기자동차 교통체계 구축, 친환경 방문객 지원시설 조성, WCC 연계 세계생태관광축제 진행 등을 하였다.

3 행사추진 성과 및 과제

2012 세계자연보전총회 조직위원회는 2012 세계자연보전총회 개최를 통해 대한민국 국가브랜드 제고, 제주도 자연환경 인지도 제고, 경제적 파급효과 등을 얻은 것으로 보고 있다. 조직위원회는 한국이 2012 세계자연보전총회 개최를 통해 환경선진국으로서의 국제적 위상을 높이고 '저탄소 녹색성장' 선도국으로서 지구촌의 지속가능한 발전과 관련하여 영향력을 강화할 수 있을 것으로 전망한다. 이와 더불어 환경과 자원의 가치에 대한 국민들의 관심을 증대시켜 환경보전에 대한 의식을 제고하고 환경 분야 최대 국제행사 개최국민으로서의 자긍심을 고취하는 성과를 거둔 것으로 평가하고 있다.

또한 제주도와 같이 천혜의 자연 조건을 갖춘 곳에서 전 세계 환경이슈에 대한 논의가 펼쳐져 세계인들에게 제주의 친환경 이미지를 고양시키는 한편, 대규모 국제행사를 성공적으로 개최함으로써 MICE산업의 발전 계기를 마련하고 제주 생태관광 프로그램 활성화로 '생태관광' 기반이 확보된 것으로 본다. 세계 7대 자연경관으로 지정되었고, 천혜의 자연환경을 갖춘 제주도를 '세계환경허브'의 이미지로 형상화하고, 생태관광산업과 MICE산업, 녹색성장의 거점으로 발전시켜 지역경제가 현저히 활성화되는 계기도 된 것으로 기대된다.

뿐만 아니라 회의개최로 인한 경제적 파급효과는 1,162억원, 생태관광으로 인한 경제적 파급효과 628억원, 국가브랜드 가치 상승에 따른 경제적 효과 1,620억원 등 총 3,410억원의 경제적 파급효과가 발생한 것으로 전망된다. 우리나라는 대외적으로 지구환경문제에 대한 세계적 논의를 선도하고, 녹색성장정책을 홍보하며, 국가브랜드 가치를 제고하고, 환경 · 외교분야 영향력을 강화하는 등의 효과가 있었다. 대내적으로는 국내 환경정책 발전의 기회가 되었으며, 녹색산업의 성장, 환경보전에 대한 국민적 참여와 공감 확산 등이 이루어졌다.

또한 지난 60여년간 22 차례 개최된 IUCN 총회 중 동아시아지역에서 개최된 최초의 총회로 평가되며, 개회 사상 가장 많은 1만여명의 참가자가 등록을 한 것도 기록적이다. 이는 2008년 개최된 창원 람사르 총회의 4배이상 규모로서, 지구환경문제 전반에 걸친 논의의 장이 되었다. 뿐만 아니라 2012년은 리우회의 개최 20주년이자 POST 교토체제 수립 시기로 2012 WCC를 통해 세계는 환경관련 국제협약의 방향성을 제시하는 장을 마련한 셈이 되었다. 총회에서 논의된 주요 메시지를 종합한 '제주 선언문'도 IUCN 총회 최초로 채택됐다. 제주 선언문에는 환경 문제에 대해 '자연에 기반한 해결책'을 개발하고 녹색 경제를 활성화하자는 내용 등이 담겼다.

본 총회의 폐막식에서 줄리아 마르퉁 르페브르 IUCN 사무총장은 "60여년간의 총회 중 지금껏 이처럼 활발한 토론과 많은 참여가 있었던 적이 없었다"면서 "200여개의 발의안을 채택했고 다양한 환경문제에 대해 논의한 성공적 총회였다"고 평했다. 우리나라의 환경부 장관은 폐막식 환송사에서 “WCC 총회사상 처음으로 '세계 리더스 대화'가 시도돼 좋은 평가를 받았다"는 평가하였다. 세계 리더스 대화는 세계적 지도자와 환경 전문가 등 국내외 저명인사를 초청, 청중과의 논의를 통해 환경정책의 미래를 제시하는 프로그램이었다. 이를 바탕으로 해서 IUCN이 '제주 세계 리더스 보전포럼'을 정기적으로 개최하기로 한 것이 또 하나의 귀중한 소득이다. 환경부와 제주도는 '한국판 환경 다보스 포럼'이라 할 '세계 리더스 보전 포럼'을 통해 글로벌 리더들이 제주를 정기적으로 방문, 환경 전반에 대한 논의를 펼칠 것으로 기대하고 있다.

또 이번 총회에서는 한국적 특성을 반영한 발의안들이 다수 채택되었다. IUCN은 우리나라 정부의 녹색성장 정책을 지속가능한 발전 전략으로 한 내용을 담은 발의안과 황사피해 저감을 위한 국제협력 방안, 황해 보전 방안, 아시아-태평양 지역 생물다양성 관측 네트워크 구축방안 등을 채택해 결의안으로 도출했다. 환경부는 이를 계기로 우리나라 환경정책을 국제사회에 알렸을 뿐 아니라 전 세계적 차원에서 관련 논의가 이뤄질 것으로 기대하고 있다.

제주도 차원에서도 이번 총회로 제주도가 전 세계에 많이 알려졌으며 '제주 선언문'이 전 세계에서 거론되고 '세계 리더스 보전포럼'이 제주에서 주기적으로 열리며 우리가 지향하는 세계환경수도에 한발짝 다가서게 된 것으로 총회의 성과를 평가하고 있다. 특히 180개국 1만여명의 참석자들에게 독특하면서도 아름다운 제주의 자연환경을 알렸다는 점에서 국제적인 관광명소로서 이름을 높이게 되었다. 사실상 세계 각지에서 찾아온 참석자들은 행사 이전부터 인터넷 등을 통해 제주가 세계 유일의 유네스코 자연과학분야 3관왕 달성지역임을 인지하는 등 그 어떤 홍보 활동보다 WCC가 제주도를 알리는데 큰 역할을 한 것으로 평가된다. 특히 13일에 이뤄진 생태투어에서 한라산을 등정한 바스마 파티마 요르단 공주가 "힘든 만큼 가치 있는 아름다운 풍경"이라고 소회를 밝히면서 세계적으로 매스컴의 화제가 되기도 했다. WCC를 통해 개발된 51개의 생태코스도 제주도로 하여금 친환경 생태 관광 · 국제회의 개최지가 될 수 있도록 하는 기반이 될 것이다.

아울러 회의장소로서 ICC JEJU 또한 태양광 시스템을 설치하는 등 그린 빌딩 이미지를 구축했고, 2003년 개관 이래 처음으로 음향 · 영상 · 무선기기와 같은 회의용 장비를 교체하는 등 회의 시스템 전반에 걸쳐 획기적인 개선을 추진할 수 있었다. 따라서 ICC JEJU는 향후 회의 유치에 더 큰 경쟁력을 가질 수 있을 것으로 기대된다. 금상첨화인 것은, 이 회의는 센터가 개관된 이래 가장 규모가 큰 국제회의로서 시설 임대료와 식음 매출이 최대였음은 물론, 회의 운영 노하우와 고객 서비스를 100% 발휘하는 기회가 되었다. 하지만 ICC JEJU가 향후 타 컨벤션센터와의 경쟁에서 뒤떨어지지 않기 위해서는 회의 및 전시 시설과 주변 주차장 시설이 확충되어야 하는 등의 과제를 확인하는 기회도 되었다.

또한 WCC가 남긴 과제로는 주행사장인 ICC JEJU에는 알맞은 회의, 전시 공간 등이 턱없이 부족해, 부족한 공간을 확대하려고 4개의 대형 천막을 임시로 설치해야 했다. '파빌리온'과 같은 주요 프로그램이 로비에서 임시로 진행돼 북새통을 이루기도 했다. 전시회도 야외에 임시로 설치된 2,250 m^2 규모의 천막에다 155개의 전시부스를 설치해 운영됐는데, 좁은 공간에다 관람객이 몰리면서 극심한 혼잡을 빚기도 했다. 푸드코트와 등록센터도 야외에 임시로 설치돼 참가자들이 ICC JEJU 안팎을 수시로 오가야 했다. 심지어 각종 사무실과 물품보관소도 야외 주차장에 설치돼 참가자들이 큰 불편을 겪었다. 이번 WCC에서 가장 역동성을 보여줬다는 '파빌리온'도 3층 로비(5개)와 5층 복도(2개)에서 운영돼, 진지한 토론이 진행되는 회의장의 집중도를 떨어뜨렸다.

이는 중앙정부 및 지자체가 애초에 WCC 사무국과 약속한 시설들에 대해 충분한 예산을 투입하지 못한 데서 발생한 문제들이다. WCC와 같은 정부 주관의 대규모 국제행사에 예산이 부족하다는 이유로 고정시설을 설치하지 못하고 임시로 가건물 형태를 만들어서 운영에 급급했다는 것은, 오히려 예산의 낭비요 비효율의 산물이다. 이러한 현상은 WCC만이 아니라 여러 형태의 국제행사에서 발생하는 문제로, 앞으로는 반드시 지양되어야 할 과제다.

제주 WCC의 경우 전시장은 우리 정부가 제안서를 바탕으로 IUCN에 약속한 사업이고 WCC 성격상 반드시 필요한 시설인데, 정부예산에 반영되지 않아서 불가피하게 임시조치를 할 수밖에 없었다. 물론 국제회의를 비롯해서 지방도시들이 추진하는 각종 국제행사들이 시설을 신축 혹은 증축하는 과정에서 예산낭비 및 도덕적 해이 문제를 안고 있기도 하다. 이는 전문가적 관점에서 엄격하게 평가하고 시정해야 할 과제다. 그러나 국제컨벤션센터의 전시시설은 낭비적 요소가 아니라 필수시설인 만큼 ICC JEJU의 전시장 문제는 WCC를 기해 해결되었어야 할 국가적 현안이었다. 2012 제주 WCC를 기해 ICC JEJU의 컨벤션시설이 실질적으로 보완되었다면, 이후에 벌어진 WCC급의 국제회의 유치와 수 만 명 단위로 움직이는 인센티브 투어를 수용하는 데 별 문제가 없었을 것이다. 요컨대 WCC와 같은 컨벤션은 도시 인프라를 국제화시킴으로써 도시 관광을 보다 업그레이드 시킬 수 있는 절호의 기회다.

그림 7-3 2012 제주 WCC 개회식과 폐회식

2.3 2009년 한 · 아세안 특별정상회의

1 회의 개요

한 · 아세안 특별정상회의(Korea–Asean Commemorative Summit: KACS)는 2009년 6월 1일~2일 동안 제주특별자치도 제주국제컨벤션센터(ICC JEJU)에서 대한민국과 10개의 동남아시아 국가 연합 국가들 간에 개최한 정상회담을 말한다. 2009년은 대한민국과 아세안이 1989년 처음으로 대화관계(Dialogue Relation)를 수립한지 20주년이 되는 해이다. 따라서 우리 정부는 20주년을 기념하고, 한 · 아세안 간"포괄적 협력 동반자 관계"를 더욱 심화시키는 새로운 계기를 마련하기 위하여 특별정상회의를 개최하게 되었다. 한국과 아세안 10개국(말레시아, 미얀마, 필리핀, 싱가포르, 태국, 베트남, 브루나이, 캄보디아, 인도네시아, 라오스) 정상들과 아세안 사무총장, CEO 등 총 7,000여명이 참석했다.

KACS는 2000년 아시아 유럽 정상회의(ASEM) 및 2005년 아시아 태평양 경제협력체(APEC) 이후 국내에서 개최되는 대규모 정상급 행사로, 아세안 10개국 정상들을 최초로 대한민국에 초청함으로써 우리 외교의 지평을 넓히고 국제적 위상과 역할을 강화하는 계기가 되었다. '따뜻한 이웃, 번영의 동반자 관계(Partnership for Real, Friendship for Good)'를 주제로 한 이번 회의는 한 · 아세안 간 협력관계를 한 차원 더 높게 강화시킴으로써 중장기적으로 우리의 대 아세안 무역 및 투자를 증진시키고, 동남아시아 유력기업의 대 한국 투자 및 동남아 관광객의 대한민국 방문 증대에 도움이 될 뿐만 아니라, 동남아시아에서 활동하는 우리 국민들에게도 긍정적인 기여를 하였다. 더불어서, 10개국이 참가하는 다자 정상회의가 제주에서 개최됨으로써 제주도의 관광 진흥 및 제주국제 컨벤션센터(ICC JEJU)의 발전에도 크게 기여가 되었다(위키피디아, ICC JEJU).

참고로 정상회의 기간 동안의 프로그램과 일정을 보면 2박 3일 동안 두 차례의 특별정상회의와 개별양자회담, CEO 써미트(개회식), 축하공연, 전시, 서명식, 기자회견 등으로 구성되어 있다. 이러한 내용은 회의장 조성과 관련 인프라 구축의 기초가 된다.

▶ **표 7-9 한-아세안 특별정상회의 일정**

일시		일정	비고
5.31 (일)	오후	○CEO Summit(개회시기, 1, 2세션) (탐라홀B)	○이명박 대통령 개회식 기조연설 * 태국, 필리핀, 캄보디아, 베트남 정상 연설
	저녁	○한 · ABEAN 오케스트라 공연 (탐라홀A)	○대통령 내외 및 6~7개국 정상내외 참석
6.1 (월)	오전/오후	○개별양자회담	○공식방문 이외 6개국 (각 30분)
	오전/오후	○CEO Summit(3, 4세션, 오찬, 폐회식)	○한국 및 제주도 투자환경 설명회
	오후	• 절살 도착 및 기념사진 알얼 (3촐 로비)	○정상 도착시간에 따라 30분 앞당겨질 가능성
		• 특별정상회의(세션 1)	한라홀
6.2 (화)	오전	• 녹색성장 전시관 관람	3층 로비
		• 특별정상회의(세션 2)	한라홀
		• 공동성명 서명식	삼다홀
	오후	• 정상 오찬	호텔
		• 공동 기자회견	호텔 야외
		○양자 회담	-6.1 양자 정상회담 미개최 국가

2 행사 성공을 위한 준비사항

회의 환경 개선

한 · 아세안 정상회의처럼 10개국 이상의 정상이 모이는 특별행사의 경우, 행사 준비의 초점은 개최후의 평판을 좌우하는 회의환경에 쏠리게 된다. 그것은 회의가 열리는 장소로서 제주국제컨벤션센터의 회의시설 뿐만 아니라 회의장이 소재해 있는 서귀포시와 제주도 전역의 기반시설과 교통, 미관, 시민의식까지를 아우르는 도시환경의 대대적 개선을 의미한다. 그동안 우리나라에서 개최된 역대 정상회의를 보면, 2000년에 열린 ASEM을 기해서 서울의 Coex가 ASEM 타워를 비롯해 국제적인 회의환경을 조성하게 되었다. 2005년에 열린 APEC을 위해 부산에는 국비 500여 억원이 투입돼 대대적인 도시정비작업이 이루어졌고, 회의장인 벡스코의 회의시설은 물론 해운대 동백섬에는 '누리마루'란 특별한 정상회의장소가 시설되기도 하였다. 어쩌면 국가행사를 계기로 한 지방도시의 획기적인 인프라 개혁이 우리나라의 지자체들로 하여금 국가행사 유치에 그토록 도전하는 이유가 되는 듯하다.

제주도의 한 · 아세안 정상회의도 예외는 아니어서, 본 회의를 준비하면서 지자체와 중앙정부가 가장 신경을 쓴 부분이 회의 인프라이다. 본 회의는 특별 정상회담으로서 애초에 계획된 장소가 서울이었으므로 특별한 인프라 시설의 증 · 개축이 요구되지 않았다. 그런데 회의장소가 제주도로 전격 변경됨에 따라서 적어도 프로그램을 원활하게 진행할 수 있을 정도의 인프라 확충이 시급히 요구되었다. 따라서 중앙정부를 대표하는 외교부와 제주도는 3일간의 프로그램을 원활히 수행하기 위한 목적으로 '회의환경의 혁신적 개선'을 기치로 내걸었다. 그리고 공동의 계획과 예산을 투입해, 1) 정상들의 주회의장인 컨벤션센터 회의환경 구조 변경, 2) 등록 · 안내 등 행사부대시설 조성, 3) 주차장 및 헬기장 조성, 4) 무선 인터넷 망 등 실내 설비 보강, 5) 도로, 조경 등 회의장 주변 환경 개선, 6) 제주 전통의 물허벅, 장독, 남방아, 맷돌, 분재 등 향토문화 재연 등을 추진했다. 이들 회의환경 조성사업에 약 150억원의 사업비가 투입되었다.

이러한 회의환경 혁신을 통해 제주도는 리조트형 컨벤션의 최적지로 평가받는 계기가 되었을 뿐 아니라 ICC JEJU는 정상회의 주 행사장으로서 전 세계의 주목을 받고 국제회의 역량을 인정받는 기회가 되었다.

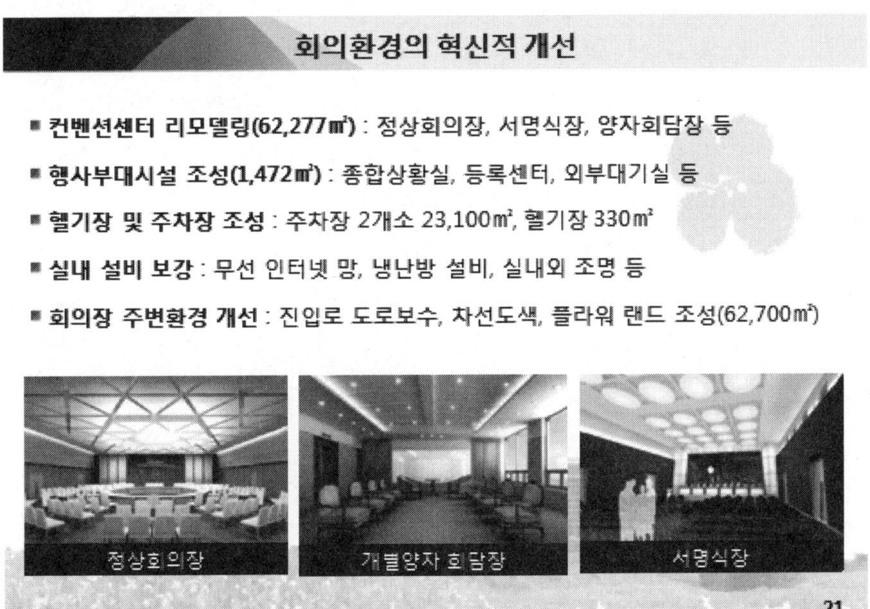

그림 7-4 행사장의 준비

빈틈 없는 회의운영서비스 제공

ICC JEJU는 2003년 개관 이래 ADB(아시아개발은행총회), UNEP(유엔환경계획이사회) 특별총회, PATA(아시아태평양 관광협회 총회), ASTA(미국여행업협회) 총회 및 한상대회 등의 대형 국제회의 운영 경험과 노하우를 바탕으로 외교통상부와 PCO, 각종 시스템업체들과 원활한 협조체계를 구축하였다. 이러한 조직체계야말로 회의서비스품질을 보장하는 전제조건으로서, 이를 통해 ICC JEJU는 회의 및 행사지원에 완벽을 기할 수 있었다. 또한 예측 가능한 행사 불안요소 등을 사전 예측시스템을 통해 미리 점검하고, 행사 중 자주 이뤄지는 세팅 변경에 대해서도 전사적인 지원체제를 가동해 문제없이 수행해 낼 수 있었다.

또한 ICC JEJU 시설 내의 음향, 영상, 전산, OA 및 공연 등 전문 분야별, 층별 행사운영 담당자를 배치해 종합적인 행사 지원을 수행함으로써 양질의 운영 및 전문적인 서비스를 제공할 수 있도록 했다. 더불어, 보다 완벽한 행사를 위해 다양한 국제회의 경험 및 노하우가 있는 서울사무소 인력을 총동원하여 체계적이고 전문화된 운영서비스를 제공하였다. 뿐만 아니라 행사참여 기관인 청와대, 외교통상부, 문화체육관광부, 제주자치도, 관련 정부기관, PCO, 안전을 담당한 군경 등과 행사 준비 및 운영, 경호에 이르기까지 협력체계를 수립하였다. 동시에 외교통상부, 경호처, 지원단 등 관계기관별로 회의장인 ICC JEJU의 담당직원을 연락관으로 배치하여, 사안이 발생하는 즉시 신속하고 정확한 업무지원이 이루어지도록 하였다.

이상과 같은 회의 운영 면에서의 서비스제공과 운영노하우 축적은 앞으로 ICC JEJU가 또 다른 대형국제회의를 유치하는데 중요한 발판이 될 것으로 평가되었다.

만족스런 숙박 및 식음 서비스 제공

일반적으로 국제행사 참가자는 회의, 숙소, 식음의 3박자가 리듬에 맞춰 돌아갈 때 다함께 춤을 춘다. 이 세 가지의 서비스 품질에 따라 참가자의 만족도가 결정되는 것이다. 정상회담의 경우에는 이 세 가지 조건이 더욱 엄격해져서, 이러한 서비스 기반이 빈약한 지방도시는 정상회의를 유치하고 싶어도 그저 희망사항에 불과해지는 경우가 많다.

다행히 ICC JEJU가 소재한 중문단지에는 신혼부부들의 여행지로 관광산업이 태동한 덕택에 비교적 정상들이 묵을 수 있는 특급호텔들이 잘 준비되어 있다. 정상들의 숙소인 호텔 신라와 롯데 호텔은 물리적 환경과 인적 서비스의 수준이 세계 어디에 내놓아도 손색이 없는 정상급으로서, 회의 기간 중 조금도 빈틈없는 고품격의 실력을 발휘해 주었다.

문제는 식음이었다. 정상회의 기간에 ICC JEJU에는 청와대 경호처, 외교통상부, 한 · 아세안 준비기획단, 경찰서, 소방서, 국제회의 기획사 스탭과 24시간 회의장 내 · 외곽에 경계근무를 하는 전투경찰에 이르기까지 연인원이 13,000여명에 달했다. 다행히 ICC JEJU 식음사업은 직영체제로 운영되고 있어, 이들이 모두 ICC JEJU 구내식당을 이용 할 수 있도록 하였다. 그리고 이들에게 제공되는 메뉴는 대부분 제주 청정지역에서 생산되는 식자재(육류, 가금류 및 야채 등)를 이용하여 메인 요리 2가지를 포함한 6가지 찬으로 식단을 꾸려, 참가자들로부터 호평을 받았다. 금강산도 식후경이라고, 식사에 만족한 구성원들이 각자의 역할에서 최고의 기량을 발휘해 주면, 전체적인 회의품질이 자연스레 올라갈 것이었다.

그러나 정상회의 식음의 평가는 정상들의 식사에 달려 있기 마련이다. 또한 정상들의 입에서 '최고'라는 소리가 나오게 되면, 회의 자체의 성과는 더 말 할 나위 없이 최고가 될 터다. 따라서 ICC JEJU 식음팀은 몇 달 전부터 엄선하여 마련한 식자재와 여러 차례 시식을 통해 결정된 메뉴를 최상의 맛으로 만들어 내는 데 혼연일체가 되어 혼신의 힘을 기울였다. 특히 5월 31일 공식만찬인 뷔페식단은 LIVE 코너에서 최상급 꽃등심 구이, 모듬전을 즉석에서 서비스 하였고, 회의 참가자들이 대부분 동남아시아인임을 감안하여 동양식 요리와 한식요리를 선보였다. 일부 채식주의자들을 위해서는 신선한 야채를 이용한 야채 샌드위치, 전병야채말이, 뜨거운 계절 채소 요리를 제공해 모든 참가자들의 욕구에 최상의 서비스로 대응하였다. 또한 6월 1일 CEO SUMMIT 오찬은 제주 한우 안심 스테이크와 왕새우 구이를 제공해, 이왕이면 다홍치마라고, 제주 한우의 우수성을 아시아 전역으로 알리는 계기를 삼았다. 이들 공식 만찬 및 오찬을 준비하기 위하여 신선한 식자재를 이용함은 물론, 식사시간에 맞추어 조리하는 등 세심한 부분까지 철저히 신경을 썼다. 사실 이 번 회의의 정상들이 시종일관 화기애애한 분위기 가운데 만면에 미소를 띠고서 각자의 역할을 연기할 수 있었던 배경에는 숨은 주역들이 따로 있었다. 바로 ICC JEJU의 주방 팀과 케이터링 요원들이다. 이들은 행사 기간 동안 회의장소를 24시간 지키면서 최상의 작품을 요리해 냈을 뿐 아니라 공식 만찬장 및 오찬장 셋팅을 위해 밤을 새우면서 과업을 완수해 참가자 만족과 행사의 성공을 연출한 배역들이다.

철통같은 경호 및 완벽한 보안

특정 장소에서 정상회의를 열 수 있는지의 관건은 경호 · 경비체제가 가능한 안전지역인가에 달렸다 해도 과언이 아니다. 이 점에서 중문단지는 1991년 4월 고르바초프와 노태우 대통령의 한 · 소정상회담, 1996년 4월 빌 클린턴과 김영삼 대통령의 한 · 미정상회담, 1996년 6월 하시모토 류타로와 김영삼 대통령의 한 · 일정상회담, 2004년 7월 고이즈미 준이치로와 노무현 대통령의 한 · 일정상회담 등의 양자회담을 다수 치룬 곳으로서 어느 정도 경호의 안전성이 입증된 장소다. 하지만 11명의 정상이 2박 3일 동안 한 장소에서 머무는 경우에는 이야기가 달라진다.

따라서 한 · 아세안 정상회담 장소가 ICC JEJU로 결정되자마자 외교통상부 담당자와 함께 현장방문을 위해 내려온 사람이 청와대 경호처 책임자다. 통상적으로 국제회의에 VIP가 참석할 경우에는 5~6개월 전부터 수시로 현장의 안전실태를 점검하게 된다. 그런데 VIP가 11명이나 되고 보면, 회의장의 안전성 정도는 현저히 강도가 달라지는 것이다. 다행히 제주도는 MICE를 관광산업의 중심축으로 설정함에 따라 섬 전체가 세계보건기구(WHO)로부터 세계안전도시로 지정받은 상태였다. 더욱이 중문관광단지는 특별한 경호와 차단이 요구되는 FTA 회의장소로 선정될 만큼 사람들의 진 · 출입 통제가 용이한 곳이다. 그럼에도 불구하고 한 · 아세안처럼 11개국 정상들이 한꺼번에 움직이는 경우에는 각국에서 동반한 자체 경호원 외에도 100여명의 근접경호요원이 현지에서 선발되어 배속되는 등 경호의 품질과 규모가 현저히 격상되었다. 이들 경호 · 경비 담당자들은 수시로 현장을 점검하고 수도 없이 대책회의 및 훈련을 실시면서 사건 · 사례를 분석하는 등 0.0001%의 가능성에도 대비하는 철저한 훈련으로 함께 행사를 준비하는 다른 구성원들에게 엄숙한 긴장과 사명감을 전파시켰다.

ICC JEJU의 물리적 환경은 이러한 모든 상황을 수용하고 감당할 수 있을 만큼 경호의 안전지대로 평가되었다. 그럼에도 불구하고 한 · 아세안의 경호 및 경비를 위해 청와대 경호처, 외교부 외에도 경찰, 군인 등 10,000여명이 동원되었다. 특히 얼마 전 태국의 파타야에서 아세안 10개국과 대화 상대국 등 16개국 정상들이 회의를 진행하려다가 반정부시위대의 회의장 난입으로 무산된 사례가 있어, 이번 회의의 경호 문제는 각국 정상들의 은근한 관심사이기도 하였다. 따라서 이 행사에 투입된 경호 · 경비 요원들은 ICC JEJU를 중심으로 숙소와 회의장, 공항과 도로 등 섬 전역에 대해 육 · 해 · 공군 연합을 통한 철통경비로 불미한 사례를 예방하고 회의진행에 차질이 없도록 선전하였다. 이번 행사를 통해 중문단지의 지리 및 지형 구조상 공항–회의장–호텔간 이동경로가 용이하여 참가자에 대한 효율적인 안전 확보가 가능해 경호측면에서는 최고의 회의환경으로 평가되었다.

제주도를 아시아 최고의 리조트 컨벤션 도시로 위상지은 홍보 및 광고

정상회의가 열리는 ICC JEJU 미디어센터에는 역대 최대 규모인 631명의 내외신 기자들이 몰려들어 열띤 취재경쟁을 벌였다. 이들이 대내외로 발신하는 뉴스거리와 보도 자료들은 아세안과 세계의 이목을 정상회의장 뿐만 아니라 숙소들이 위치한 중문단지, 세계자연유산으로 빛나는 섬 전체의 자연경관 그리고 제주 사람들에게까지 집중시켰다. 물론 그 배경에는 대한민국과 한 · 아세안간 20년 동안 형성된 역사적 관계와 미래의 비전이 펼쳐져 있지만 말이다. 특히 정상회담이 열리는 ICC JEJU는 산뜻하게 단장된 내 · 외부 시설과 건물 주위를 둘러싸고 드넓게 펼쳐진 야외조경(flower land), 급하게 만들어졌지만 제 기능을 하고 있는 헬기장, 그리고 땀 흘려 일하면서도 웃음을 참지 못하는 직원들의 환한 얼굴들이 몇 번이고 반복하여 T.V 화면을 장식했다. 6억 명의 시선이 제주도와 ICC JEJU에 머물러서 '놀라움과 호기심'을 나타내는 표정들을 상상해 보라. 얼마나 짜릿하고 가슴 떨리는 일인가.

그림 7-5 한 · 아세안 회의 장소 ICC JEJU 전경

아세안 10개국은 전체 인구가 6억 명에 육박하여 유럽과 맞먹는 지역이다. 또한 지리적으로는 대한민국과 함께 동북아시아를 형성하는 일본과 중국을 제외하면, 우리나라와 가장 근접해 있는 지역이다. 정상회의를 통해 이들 국가와의 상품교역과 인적교류가 확대되는 것을 생각하면, 각국의 국민들은 자국 정상의 움직임을 따라 펼쳐지는 모든 행사와 풍경, 사람들에 관심과 기대를 모을 것이다. 그러고 보면, 아세안 10개국의 정상과 영부인 및 CEO들의 동선을 따라 아세안 사람들에게 국제회의 최적지로서의 ICC JEJU와 리조트 관광의 매력으로 빛나는 제주의 이미지를 각인시켰다는 게 이번 회의의 큰 성과라 할 수 있다.

요컨대 한 · 아세안 특별정상회의의 성공적인 개최는 ICC JEJU의 브랜드 파워 제고뿐만 아니라 제주특별자치도가 세계적인 국제회의도시로 한 단계 도약할 수 있는 계기가 되도록 하였다. 다양한 매스컴의 기자들은 이구동성으로 '이 역사적인 행사를 통해 ICC JEJU의 존재감이 그 어느 때보다도 돋보이고, 제주도가 리조트형 국제회의 최적지로 평가받는 계기가 되었다'는 평가를 하고 있다. 따지고 보면, 이번 정상회의의 최대 수혜자는 주 행사장으로 전 세계의 주목을 받았던 ICC JEJU가 아닐까 싶다. 바로 이 순간을 위해 ICC JEJU의 임직원들이 2000년 ASEM 유치의 실패와 2005년에 놓친 APEC의 기회를 와신상담하며 기다려 오지 않았을까?

만의 하나를 위한 준비들(Details)

행사 중에 갑자기 전기가 나가버리면 어떻게 할까? 정전을 대비해 예비전력이 투입 가능하도록 한국전력측과 협조, 0.2초의 절환 시간으로 세팅하여 만약의 정전에 대비하였다.

3 행사의 추진 성과 및 효과

한 · 아세안 정상회의를 개최하기 위해 외교통상 · 문화체육관광부 등 정부기관은 전시관 설치 등을 포함해 총 178억원 가량, 제주특별자치도는 행사운영비 등을 포함하여 총 183억원 정도를 지출해, 전체적으로 약 361억원이 투입되었다. 또한 회의 참가자의 숙박, 음식, 물품 등 1인당 소비 지출액을 감안하여 참가인원을 적용한 결과, 총 소비지출 규모는 내국인 참가자 37억원, 외국인 참가자 81억원, 합계 118억원 정도로 산출되었다. 이상의 투자와 소비 지출액에 기초하여 한 · 아세안 정상회의 유치에 따른 직접적인 지역경제파급효과를 분석한 결과, 생산유발효과는 64억원, 부가가치유발효과는 34억원 정도로 분석돼, 합계 98억원 정도가 제주지역 경제에 긍정적인 영향을 미치며, 539명의 고용이 창출된 것으로 나타났다. 또한 대규모 국제회의 개최 경험은 제주지역의 국제회의 개최지로서의 위상 제고에 기여하며, 이는 제주지역의 국제회의 유치에 긍정적인 요인으로 작용하게 된다. 이러한 관점에서 한 · 아세안정상회의 유치로 인한 지역경제파급효과를 분석한 결과, 생산 유발 효과는 연 24억, 부가가치 유발 효과는 연 12억, 고용은 약 연 28명이 증가하는 것으로 분석되었다(제주발전연구원 2009).

이로써 한 · 아세안 정상회의가 제주도에 가져온 경제적 파급효과는 134억원 정도로 추산된다. 생각보다 크지 않은 금액이다. 하지만 아세안 10개국 정상의 제주 방문, 글로벌 미디어 등의 제주 소개 등 한 · 아세안 특별정상회의가 제주를 세계에 알릴 수 있는 홍보의 장으로 활용되어 발생한 대외 홍보효과는 2,621억원으로 분석되었다. 정상회의는 직접적인 경제효과보다 간접적인 홍보

효과가 현저히 높음을 알 수 있는 대목이다. 361억원을 투입해서 2천억이 넘는 효과를 얻었다면, 이는 분명 수지맞는 장사라고 할 수 있다.

이밖에 한 · 아세안 정상회의를 개최함으로써 얻게 된 제주도와 ICC JEJU의 성과는 수치로 표현할 수 없는 개념적 가치, 역사적 의미, 자긍심과 전문성 제고 등 무형의 것들이 허다하게 많다. 따라서 이하에서는 한 · 아세안 정상회의의 보이지 않는 성과, 회의가 개최되기까지 전개된 스토리의 가치, 개최후의 기대감과 미래 비전 등을 다시 한 번 정리해 보고자 한다.

그간 ICC JEJU에는 2003년 제주평화포럼과 2008년 ASEM 재무장관회의 참석차 대통령이 방문한 적이 있다. 하지만 11개국 정상들이 참여하여 다자간 회의와 개별정상회의를 개최한 것은 이번이 처음이다. 대형 국제행사를 성공적으로 개최했다는 점에 대해 ICC JEJU 전 직원들이 자신감과 성취감을 갖게 되었으며, 더 나아가 제주도민들도 2005년 APEC의 좌절감을 완전히 극복하고 자긍심을 회복하게 되었다.

사실 이 회의는 2008년 ASEM 재무장관 회의에 참석하기 위해 제주도를 방문한 이명박 대통령께서 현지선물로 하사하신 게 아닐까 싶다. 확실한 증거는 없지만, 우리는 그렇게 믿고 싶은 마음의 흔적을 가지고 있다. 일반적으로 지방도시에서 국빈 참석의 대형 국제회의가 열리는 경우, VIP는 특별한 일이 없는 한 그 지자체의 리더들과 간담회를 통해 소통하는 시간을 갖는다. 이대통령께서도 회의를 마치신 후 제주도청으로 내방해 '제주발전토론회'를 여셨다. 제주도는 그 토론회의 사회자로 ICC JEJU의 대표이사를 지명하였고, 60분의 토론회가 끝나자 다음과 같이 입을 여셨다. "제주는 컨벤션센터가 관광상품입니다. 자꾸 카지노만 고집하지 말고, 이제는 변화하는 라스베이거스처럼 컨벤션을 하세요"라고. 그러고 나서 얼마 있다가 한 · 아세안 특별정상회의가 서울에서 열린다는 소식이 날아들었다.

'기회는 이때다' 하고 제주도는 외교통상부에 회의유치 제안서를 보내고, 도지사께서 장관을 만나 적극적으로 유치의사를 표명했다. 당시 우리는 제안서에다 '대통령께서 ASEM 방문시 제주는 컨벤션을 하라'고 말씀하셨다는 한 구절을 집어넣었다. 다른 사람들이 보면 다 웃을 수도 있는 일이지만, 우리는 그토록 절실하게 한 · 아세안을 제주에서 치르고 싶었다. 그러고 나서 얼마 후 한 · 아세안 정상회의는 제주도로 결정되었다. 컨벤션이 또 다른 컨벤션을 낳은 셈이다. 이것이야말로 사실은 지방 도시들이 대규모 정부주재 국제회의를 유치하고 개최하고자 하는 진짜 이유가 아닐까 싶다. 어떻게 제주나 부산, 대구, 광주가 대통령을 현지에 모셔다가 현장을 보이고 사정을 아뢰고 현안을 해결 받을 기회를 얻겠는가? 여기에는 컨벤션보다 더 자연스럽고 분위기 있고 품격 높은 방법이 없다.

결국 이 정상회의에 참석하신 대통령은 '한 · 아세안특별정상회의를 통해 제주도가 세계적인 명승지가 될 기회를 얻었다'고 속내를 비치셨다. 우리의 심증처럼 대통령께서 한 · 아세안 정상회의를 제주로 보내셨음에 틀림이 없는 증거다. 또 당시에 보여주었던 그 표정과 행보를 통해 우리는 대통령이 얼마나 제주를 사랑하고 자랑스러워하는지를 알 수 있었다. 어쨌든 제주는 MB정부 기간 동안 '5+2 광역경제권 선도산업' 전략으로 선정된 17대 신성장동력 중에서 MICE를 지정받게 되었고, 이는 ICC JEJU를 포함해 제주도의 MICE산업 성장의 발판이 되고 있다.

이밖에 정상회의를 개최하면서 ICC JEJU 직원들이 컨벤션 전문역량을 배가시킬 수 있었고, 이는 앞으로도 유사한 대형 국제회의를 유치하는 데 모멘텀이 될 것으로 기대된다. 물론 회의장 임대료와 식음 수입 등 경제적으로 얻은 "대박' 소득은 너무나 크고 소중해서 드러내놓고 말하기가 조심스러울 정도다.

마지막으로 '화룡점정'의 강조점을 두어야 할 게 정상회의가 제주도민들에게 선물한 감사와 긍지, 비전이다. 사실 ICC JEJU는 제주도가 2000년 ASEM을 유치할 당시, 아시아 10개국과 유럽 15개국의 정상들이 회담할 국제회의장이 없어서 유치에 실패한 좌절을 딛고 잉태된 회의장이다. 먼저는 신구범 지사가 '이제부터 제주는 더 이상 신혼여행지로서가 아니라 컨벤션도시로서 관광의 패러다임을 바꿔야 한다'는 제주의 비전을 제시했다. 이에 대해 도민들이 같은 마음으로 화답해 정기예금과 정기적금으로 십시일반의 설립자금을 보태서 제주국제컨벤션센터(ICC JEJU) 설립자금을 마련하게 된 것이다. 바로 그렇게 세워진 장소에서 꿈에서라도 한 번 쯤 해보고 싶었던 ASEM, APEC 같은 컨벤션다운 컨벤션을 개최하게 되었으니, 얼마나 감개무량하고 자랑스러울 것인가.

이러한 역사 속에서 이루어진 정상회의이기에 제주도와 ICC JEJU는 준비 과정에서 주민 대표들을 초청해 행사의 추진상황을 설명하고, 정상회담장을 사전에 둘러볼 수 있도록 하였다. 이를 통해 시민들은 행사 기간 중 중문 인근 마을 정화, 시가지 정비, 대대적인 환영 무드 조성 등에 적극적으로 동참해 주었고, 이는 정상회의 성공의 자부심과 긍지를 함께 나누는 계기가 되었다. 결과적으로 이것은 제주도민들로 하여금 '이제는 컨벤션이 제주의 미래임'을 자각하고, ICC JEJU의 경영에 대한 관심과 MICE산업 전반에 대한 이해의 폭을 넓히게 하였다. 이로써 한 · 아세안 정상회의는 도민들에게 '컨벤션의 파급효과'를 강하게 인식시키는 계기로 작용했고, 이후 WCC(세계자연보전총회) 등의 유치에 보다 적극적인 지지와 성원을 보내게 만들었다.

그림 7-6　2009 한 · 아세안 특별정상회의 현장

08

시장 세분화와 컨벤션센터 경영

1 국제회의도시와 국제컨벤션센터

우리나라 국민들이 본격적으로 컨벤션산업에 주목하기 시작한 것은 2000년 서울에서 아시아 · 유럽 정상회의(ASEM: Asia–Europe Meeting)를 개최하면서부터다. 한국은 1996년 12월 「국제회의산업육성에관한법률」을 제정하고 1998년 '국제회의산업육성 기본계획'을 수립하면서 국제회의산업에 대한 정책적 지원기반을 마련하였다. 그리고 ASEM을 유치하면서 1997년 5월부터 2000년 7월에 걸쳐서 지금의 코엑스 컨벤션단지를 구축하기에 이르렀다. 당시 코엑스 단지의 개발배경을 보면, '1996년 6월, 정부에 의해 2000년 ASEM 회의장으로 지정되면서 한국을 대표할 수 있는 컨벤션시설의 개발 필요성에 대응하기 위해서'라고 되어 있다(http//cafe.daum.net/kduk1lyd).

참고로 코엑스(COEX, COnvention & EXhibition)는 1979년 개관한 한국종합전시장의 영문명칭으로서, '컨벤션센터+전시장'만의 명칭이 코엑스이고 호텔, 쇼핑몰 등 부대시설까지 포함한 시설 전체의 정식 명칭은 한국종합

무역센터이지만 일반적으로 시설 전체를 코엑스로 부르고 있다. 1998년부터 ASEM 정상회의를 대비해 확장 공사를 시작하고, 종합전시장(KOEX) 시설에 회의실 기능을 추가해 COEX로 개명하였다. 종합쇼핑몰인 코엑스몰, 특2급 호텔 코엑스 인터콘티넨탈, 오피스 및 레지던스 호텔인 42층 아셈타워 등을 추가해 2000년 5월 완공하였다. 2000년 10월, 제3차 ASEM 정상회의를 개최한 것을 시작으로, 2010년에는 제5차 G20 정상회의, 2012년에는 제2차 핵안보정상회의를 개최함으로써 코엑스의 개발목적을 착실히 실현해 나가고 있다(mirror.enha.kr; ko.wikipedia.org).

한편 국제회의산업 육성에 관한 법률에 근거해서 1998년 주무부처인 문화체육관광부가 발표한 '국제회의산업 육성에 관한 기본계획'을 보면, 국제회의의 유치 촉진, 국제회의의 원활한 개최, 국제회의에 필요한 인력의 양성, 국제회의시설의 설치 및 확충, 기타 국제회의산업의 육성 · 진흥에 관한 중요사항 등이 수립되어 있다. 특히 국제회의 시설과 관련해서는 '건립에 따른 정부지원을 확대해 지방자치단체가 주관하는 국제회의시설 건립 사업에 국비 지원, 관광진흥개발기금 재원 확대를 통한 건립 지원, 수도권정비계획법상의 과밀부담금감면 추진(ASEM 컨벤션센터), 시설건립에 따른 세제감면 확대' 등의 우대조치들이 도입되었다. 또한 국제회의도시 지정 및 육성에 관한 기준을 수립해서 국제회의도시를 지정하고, 국제회의도시 운영평가제를 통해 국제회의도시에 대한 평가를 정기적으로 실시한 후 지원정책에 반영토록 하고 있다. 더불어서 국제회의도시의 지원강화를 위해 국제회의 시설내 카지노 운영 허가 검토, 국제회의 사업자 지정제도 도입, 국제회의도시 육성기금 조성, 국제회의진흥기여금 및 기부금 모금 허용 등이 제안되었다. 이밖에 회의시설 운영을 위한 전문인력 양성, 국제회의산업을 담당하는 전담조직 설치, 국제회의 유치 · 개최활동 지원 등과 같은 제도들이 추가되었다.

이상의 법과 제도는 COEX의 ASEM 타워를 시작으로 2001년부터 대구, 부산, 제주에 대형전문국제회의시설을 준공케 하고, 국제회의산업 육성에 박차를 가하도록 만들었다. 사실, 대규모 국제회의를 개최할 경우 직 · 간접적으로 고용이 증대되고, 국제회의와 관련된 산업이 발전되며, 각종 정보의 교류로 인한 산업의 경쟁력이 향상되는 등 국제회의 자체가 하나의 산업적인 의미를 지니고 있다. 따라서 2000년대 후반에 이르러서는 전국 주요도시에 9개의 전시컨벤션센터가 설립되었다. 열거하자면, 개관 기준으로, 서울 코엑스(COEX, 2000.5), 대구 엑스코(EXCO, 2001.4), 부산 벡스코(BEXCO, 2001.9), 제주 국제컨벤션센터(ICC JEJU, 2003.3) 경기도 고양시 킨텍스(KINTEX, 2005.4), 광주 김대중센터(KDJ, 2005.9), 경남 창원 세코(CECO, 2005.9), 대전 컨벤션센터(DCC, 2008.4), 인천 송도 컨벤시아(Convencia, 2008.10) 등이다. 이들 컨벤션센터는 해당도시의 랜드마크로서 도시마케팅을 촉진하는 기능을 하므로, 2005년 10월 서울, 제주, 부산, 대구가 국제회의도시로 지정되었으며, 이어서 2007년 광주와 대전, 2009년 창원, 2011년 인천 등이 대열에 합류했다. 2013년 들어서는 강원도 평창이 문광부에 국제회의도시 지정을 신청해 놓고 있다.

국제회의도시는 국제회의산업육성에 관한 법률에 근거해서 자격 요건을 갖춘 특별시, 광역시, 시를 국제회의도시로 지정하는 것으로, 2,000명 이상을 수용할 수 있는 국제회의시설, 국제회의산업 육성계획, 숙박시설과 주변 관광자원 등 법적요건의 충족 여부, 국제회의 유치 · 개최 실적 등을 심의해 결정된다. 그리고 국제회의도시로 지정되면 교통과 숙박을 비롯해 전시 컨벤션 기반시설 확충 등에서 정부의 지원을 우선적으로 받을 수 있게 된다. 참고로 국제회의산업육성에 관한 법률은 2003년부터 수차례 개정을 거치면서 국제회의산업 육성, 국제회의도시 지정, 국제협력 촉진 등 범위가 대폭 확장되었다(http://ko.wikisource.org /wiki/ 대한민국 국제회의산업 육성에 관한 법률 참고).

사실 국제회의도시 지정은 전문 컨벤션시설을 보유하고 있는 도시의 특화발전과 지역브랜드 이미지 강화를 위해 정부가 도시경쟁력 차원에서 전략적으로 설정한 제도이다. 국제회의도시는 국제회의를 지속적으로 개최하는 데 지장이 없도록 충분한 회의장, 숙박시설 등이 마련되어 있는 곳으로서 매력적인 관광자원이 주변에 존재하고 지역의 국제회의 관련기관(컨벤션뷰로)에 의해 적절한 국제회의산업 진흥계획이 마련되어 있어야 한다. 즉, 국제회의도시는 단순히 대규모 회의장이나 종합전시장 같은 전문회의시설을 가지고 있거나 건설하는 도시를 의미하는 것이 아니다. 실질적으로 국제적 규모의 컨벤션을 유치해 지역외부로부터 사람들을 끌어들이고 소비활동을 촉진시킴으로써 지역경제를 활성화하고 새로운 지역문화를 창출하고자 하는 전략이다. 동시에 컨벤션을 중심으로 지역의 산업구조를 재편하거나 기존산업과 융 · 복합하여 시너지를 창출하고 도시경제에 활력을 불어넣어 도시자체를 상품으로 판매해 나가려는 게 그 목적이다.

국제회의도시가 지향하는 구체적인 파급효과를 좀 더 자세히 살펴보면, 첫째 도시의 국제화와 고도화이다. 컨벤션은 IT, BT, CT 등을 포함해 사회과학, 자연과학, 인문학이 다루는 모든 분야를 통합하여 도시의 국제적 수준을 향상시키고 도시구조 자체를 고도화시키는 데 기여한다. 뿐만 아니라 도시 구성원들의 국제적 감각을 함양하는 데도 지대한 영향력을 미친다. 둘째, 관광 목적지로서 새로운 수요를 창출한다. 컨벤션 참가자는 단순히 회의에 참가해 전문지식을 공유하고 얻어가는 일차적 목적 외에 참가지역의 관광지 매력을 즐기고자 하는 욕구와 동기를 갖고 있다. 컨벤션참가자는 일반관광객보다 2배 정도의 높은 소비수준을 갖고 있어서 방문하는 도시에 미치는 경제적 파급효과가 대단히 크다. 셋째, 도시 홍보효과의 제고이다. 국제회의도시는 도시개발 효과뿐만 아니라 도시환경, 도시 이미지, 문화 · 예술 · 교육 등 소프트 파워를 강화하는 사회문화적 효과도 매우 지대하다. 이를 효과적으로 활용할 수 있는 컨벤션은 도시마케팅 수단이고 도시의 브랜드가치를 높일 수 있는 실질적인 수단이다. 넷째, 도시민의 교육 · 문화적 효과이다. 국제회의도시 지정을 통해 국제회의가 활발하게 개최되면, 개최도시 내에서 정보교환과 학술교류가 이루어지는 과정에서 개최도시 시민들이 새로운 정보, 지식, 기술, 노하우 등을 접하며 자극을 받게 된다. 또한 국제회의 참가자와 도시민간 다각적인 교류가 이루어져 문화와 교육 수준이 고양되고 새로운 도시문화가 창달된다(김철원 2007).

이처럼 국제회의산업에 대한 중앙정부의 국가전략산업화 추진과 지방자치단체의 육성노력이 상호작용해서, 현재 우리나라는 도시마다 '컨벤션'이란 명칭의 건물이 지역의 명소가 될 정도로 국제회의장(컨벤션센터)이 다수 건립되고, 유사 시설들도 많이 생겨나 있다. 사실 컨벤션센터는 규모가 큰 만큼 거액의 시설투자가 필요해, 투자 대비 수익성과 가동률이 여의치 않은 인프라다. 그래서 초기에는 대부분의 국제회의시설들이 적자경영으로 인한 우려와 비난을 감수하게 된다. 또한 국가적으로도 시설의 과잉공급과 예산의 중복 투자, 예산 사용상의 도덕성과 낭비성 시비에 시달리게 된다.

하지만 컨벤션센터는 설립 시부터 행정과 시민들이 공감대를 형성한 가운데 도시경영 차원의 큰 그림을 그리고 계획성 있게 접근한 경우라면, 이상에서 제기된 문제들을 하나의 과정으로 보아도 좋을 것이다. 컨벤션센터는 도시를 유지하는 항만, 다리, 도로, 관광지 등과 유사한 인프라로서 그 자체의 수익성보다는 존재를 통한 지역경제 파급효과를 목적으로 하는 시설이기 때문이다. 또한 가시적인 성과와 직접적인 경제효과 외에 보이지 않는 이미지, 브랜드, 품격, 교류, 관계, 의식 등의 도시 마케팅과 문화적 이익이 더 큰 영향력을 발휘하기도 한다. 이것은 도시의 경영전략과 관련된 선택의 문제이며, 소위 관련 산업 간 융 · 복합을 통해 시너지를 창출하는 클러스터이므로 개별요소로만 평가하기가 어려운 분야다.

참고로 제주국제컨벤션센터는 설립 때부터 최근까지 적자경영의 대표적인 사례로 거론되어 왔지만, 파급효과 측면에서 검토해보면 결코 적자가 아님을 알 수 있다. ICC JEJU는 2003년 3월 개관한 이래 2012년까지 연평균 30억원 가량의 당기순손실을 기록해 왔다. 하지만, 204건의 국제회의를 비롯해 총 2,100여건의 행사를 개최함으로써 이를 통해 약 1조4,000억원의 지역경제 파급효과를 가져온 것으로 분석된다. 2012년 들어서는 세계가정의학회, 세계양돈수의사총회, 세계자연보전총회 등 대규모 국제회의를 통해 한국을 대표하는 관광인프라 시설로 위상을 확립하고, 경상수지면에서 적자경영도 탈피하게 되었다. ICC JEJU의 비전은 제주 MICE산업을 선도하는 랜드마크로서 제주를 동북아 최고의 마이스 개최지로 확고하게 위상지우는 것이다. 제주도민과 주주들이 기대하고 성원하는 ICC JEJU가 있기에 제주가 동북아 최고의 컨벤션 최적지로 성장할 수 있었고, 제주가 가지고 있는 세계적인 브랜드인 세계자연유산 등을 전 세계에 알릴 수 있으리라 본다(ICC JEJU. 2012.7.15, 제민일보).

위의 ICC JEJU 사례를 통해서도 알 수 있듯이, 컨벤션센터 경영은 성과 차원의 수익성을 무시할 수는 없지만, 과정 측면의 커뮤니케이션과 파급효과를 중요하게 고려해야 하는 공익기반의 인프라다. 그럼에도 불구하고 경영자는 CEO로서 기업경영 본연의 매출과 이익을 창출할 책임이 있고 성과를 통해 경영평가를 받아야 하므로, 설립목적 · 경영성과 · 파급효과 · 도시이미지 · 시민의식 등과의 균형 및 조화를 적절히 추구해 나가야 한다. 즉, 사기업적 실리와 공기업적 명분의 기능을 시의 적절하게 수행하면서, 그 과정상의 의사결정을 행정기관 및 시민조직들과 제대로 소통함으로써 도시경영의 전략적 기능을 충실히 수행할 수 있어야 한다. 통상적으로 CEO는 사기업 경영자와 같은 시각에서 수익성에만 초점을 맞추다 보면 컨벤션센터 본연의 기능인 국제회의 유치 및 개최를 통한 지역경제 파급효과를 더 크게 창출하기보다 회의장 및 시설의 임대, 식음과 공연 등의 부대사업에 더 역점을 둘 수가 있다. 그러므로 주기적으로 경영상태를 공개하고 국제회의 개최현황과 파급효과 등을 홍보하는 동시에 주주 및 도정부, 도의회, 시민사회, 지역주민 등과 끊임없이 경영현안을 소통하고 공감하면서 수익성 추구와 공공성 지향의 균형점을 찾아가야 할 것이다.

2 시장 세분화와 표적시장 선정

2.1 MICE산업의 세분화 필요성

앞에서도 언급하였지만 국제회의도시 지정 및 컨벤션산업의 파급효과에 주목해서 전국의 지자체마다 대형 국제회의 및 전시장을 건립하게 됨에 따라 컨벤션시장은 과잉공급의 우려를 안게 되었다. 그리고 이는 컨벤션센터와 도시 간에 과도한 경쟁을 유발해, 컨벤션 유치과정에서 비효율과 낭비가 발생하는 문제로 이어지고 있다. 그럼에도 불구하고 실제로는 우리나라 컨벤션시설이 국가의 경제력이나 무역규모 측면에서 선진국과 비교해 볼 때 아직도 충분치 않다는 지적이 많다. 결론적으로 볼 때, 규모의 문제는 컨벤션산업의 발전과정에서 직면케 되는 단계적 현상으로, 시장이 커지고 경영의 효율성이 향상되고 구성요인들도 성숙하게 되면 규모의 문제가 해소될 수 있을 것으로 보인다. 물론 컨벤션산업에 대한 국가정책과 컨벤션센터별 경영전략이 상호 유기적으로 소통되고 조정되는 가운데 바른 방향으로 나가야 하는 게 기본전제이다.

이 점에서 보면, 가장 먼저 주목하게 되는 것이 국내 컨벤션센터들의 적재적소 기능 발휘, 즉, 각 컨벤션센터들이 시장 내에서 차별성과 강점의 특성을 제대로 발휘할 수 있도록 시장세분화–표적시장–포지셔닝(Segmenting–Targeting –Positioning)의 STP전략적 접근이다. 또한 최근 들어 전시컨벤션시설에 숙박, 쇼핑몰, 교통인프라 등을 하나의 시스템으로 연계하는 복합시설(IR)을 신설하는 것이 새로운 추세로 나타나고 있다. 이와 관련해서 싱가포르와 마카오, 브뤼셀의 사례를 살펴보면, 싱가포르는 마리나 베이 샌즈와 리조트 월드 센토사, 마카오는 베네시안 마카오에 전시컨벤션 시설, 쇼핑, 카지노, 오락, 공연 문화를 결합한 복합단지를 건설해 관광산업의 경쟁력을 제고하고 있다. 그리고 브뤼셀은 좁은 국토에도 불구하고 4개의 컨벤션단지를 효과적으로 차별화해(대규모 전시컨벤션형, 관광형, 국제회의형, 중소규모 회의 및 관광형), 과당경쟁을 방지하고 행사의 특성에 맞는 다양한 선택의 기회를 제공함으로써 세계 3위의 국제회의 개최도시로 부상하고 있다.

그러므로 한국도 글로벌 마케팅 차원에서 전시 및 컨벤션 시설별로 차별화된 요소를 최대한 부각시켜 전 국토의 균형적인 발전과 경쟁력 제고를 유도할 필요가 있다. 즉, MICE단지별로 전시 및 컨벤션 시설, 연계 가능한 산업(시설) 등을 종합적으로 감안하여 마케팅 목표를 확실하게 차별화하고 독특한 실천전략(상품 및 서비스 제공)을 마련하는 '지역별 MICE산업 차별화전략'을 추진해 보자는 것이다.

한편, 최근 들어 MICE산업은 외국인 방문객 유치를 통한 관광산업의 발전, 연관산업의 클러스터적 동반성장과 같은 경제적 효과 외에 정치, 사회, 문화, 예술, 과학, 환경 등 다양한 분야에서 복합적인 파급효과를 유발하고 있다. 따라서 그동안 '관광산업의 꽃'으로 불리던 차원을 넘어 세계 주요 국가와 도시들은 이를 종합서비스산업이자 지식기반 핵심산업으로 인식하고, 새로운 성장산업으로서의 전략적 가치를 제고하기 위해 노력하고 있다.

한국도 2000년 ASEM, 2005년 APEC, 2010년 G20 정상회의를 통해 컨벤

션의 의미와 효과를 확인하게 되었고, 그 가치에 대한 국민적인 공감대가 형성되면서 MICE산업이 비약적인 발전을 거듭해 왔다. 특히 최근의 G20 정상회의는 그동안 강조되어 온 MICE의 경제적 파급효과 외에도 국가의 선진화와 국가브랜드의 제고, 개최도시의 이미지 향상, 지식기반 서비스산업의 경쟁력 강화와 같은 직 · 간접적 효과를 인식할 수 있는 계기가 되었다. 특히 한국 정부가 MICE산업을 17대 성장 동력산업 중 하나로 인정하고 다각적인 발전방안을 수립하게 된 것은 제조업에 비해 상대적으로 뒤처진 서비스업 성장의 전기가 될 것으로 보인다. 이는 세계 주요 도시와 국가들이 MICE산업에서의 경쟁우위를 선점하기 위해 대규모 전시컨벤션 시설을 확충하고, 대형 MICE를 유치하기 위해 각종 지원책 및 홍보활동을 강화하는 등의 움직임과 상통하는 측면이다.

그러나 다양한 기대에 기초해서 수립된 발전방안 중 수요와 공급의 불균형 문제를 해결하기 위해 제시된 '수도권 중심의 전시 · 컨벤션 인프라 확충' 계획은 '지방 전시 · 컨벤션시설 활용의 극대화' 계획과 조화롭게 실행될 필요가 있다. 이는 MICE산업의 특성과 잠재력을 인식한 지방도시들이 지역경제 발전을 위해 전략적으로 MICE산업을 육성해 온 측면과도 연계된다. 또한 국가경쟁력 강화위원회가 세부 추진방안으로 제시한 '국내 산업 및 관광 인프라와 연계 강화' 계획과도 상통한다. 이 점은 한국관광공사가 제시한 우리나라 MICE산업의 경쟁력 제고 요건 중 첫 번째가 '한국만의 독특한 매력을 느낄 수 있는 관광지 및 행사장소 적극 개발'인 점과도 부합되는 측면이다(한국관광공사, 2008).

따라서 한국의 MICE산업이 세계무대의 선진국 및 아시아의 경쟁국과 비교해서 차별적인 강점을 발휘하려면 국내의 MICE 인프라 전체를 아우르는 발전방안을 모색할 필요가 있다. 이를테면 수도권과 지방의 국제회의도시가 각각의 강점을 총체적으로 활용하여 국가 전체의 MICE 역량을 최대화할 수 있는 방안을 수립해야 하는 것이다. 또한 MICE 개최지의 경쟁력 요인으로 개최 횟수 외에 서비스의 질, 관광매력도, 접근성, 도시 이미지, 브랜드 파워, 숙박시설, 사교행사 및 문화프로그램, 지원정책, 인력의 우수성 등 다양한 속성들이 포함되어야만 한다. 요컨대 우리나라가 세계 MICE 시장에서 경쟁우위를 확보하려면 지역별 MICE산업의 특성을 고려한 후, 국가 전체의 MICE산업 전략을 수립할 필요가 있다. 이는 MICE산업을 새로운 성장동력으로 인식하고 유무형의 전략적 투자를 통해 국가의 경쟁력을 높이려는 우리나라의 산업정책에 감안되어야 할 방향이다

2.2. MICE산업의 세분시장 특성

컨벤션을 포함한 MICE 시장은 비즈니스단체에 속한다고 하지만 이들을 하나의 동질적인 욕구를 가진 집단으로 간주해서는 안 된다. 오히려 참가자들의 욕구를 잘 충족시키고 만족을 줄 수 있는 개최지 마케팅을 위해서는 참가자의 방문 동기와 특성을 파악하여 세분시장 참가자들의 욕구에 부응하는 프로그램과 마케팅기법을 적용할 필요가 있다.

이 점에서 우리나라 MICE시장을 서울과 지방으로 분류해서 그 특성을 살펴보면 다음과 같은 차이가 나타난다(허정옥, 2011).

첫째, 서울과 지방 고객간 컨벤션 참가동기의 차이를 살펴보면, 서울은 지방보다 신기술 정보습득을 위한 동기가 현저히 높고, 지방은 서울에 비해 전문분야에서의 입지 및 소속감 강화 동기가 비교적 높게 나타나고 있다. 이는 그만큼 서울의 컨벤션 환경이 첨단 기술 · 지식 · 정보 등을 집적하고 공유하는 데 유리하고, 지방은 비교적 입지 및 소속감을 강화하는 데 호의적 컨벤션 환경을 갖추고 있음을 의미한다. 이 점에 기초해서 서울과 지방 소재 컨벤션센터들이 참가자에 대한 차별적 유치전략을 구사할 수 있을 것이다.

둘째, 서울과 지방의 컨벤션 참가자들은 컨벤션 선택속성에 대해 중요하게 인식하는 정도 면에서 별다른 차이를 나타내지 않고 있다. 특히 주요시설, 편의시설, 주변환경에 대해서는 거의 동일한 중요도 평가를 보이고 있다. 그러나 비록 통계적으로 유의하지는 않지만, 서울은 지방보다 비교적 인적서비스와 프로그램을 중시하는데 반해 지방은 서울보다 비용을 중시하는 경향을 보이고 있다.

셋째, 서울과 지방 고객간 컨벤션 선택속성의 만족도면에서는 전반적으로

서울의 만족도가 지방보다 높게 나타나고 있다. 특히 서울은 주요시설, 편의시설, 인적서비스 면에서 지방보다 매우 높은 만족도를 나타내고, 지방은 서울보다 비용 면에서 더 높은 만족도를 나타내고 있다. 이 점은 그만큼 서울지역 컨벤션센터들이 주요시설과 편의시설 면에서 지방보다 경쟁력을 갖추고 있음을 의미하며, 지방 컨벤션센터들은 비용 면에서 상대적으로 유리한 입장을 보이고 있다. 이 점을 실무적으로 적용해 본다면, 서울은 비용 면에서 향후 개선의 여지가 더 있으며, 지방은 시설과 인적 서비스 면에서 개선책을 보다 강구해 나갈 필요가 있을 것이다.

넷째, 참가동기에 따라 서울과 지방 컨벤션 개최지 선택속성의 중요도와 만족도간 유의한 차이를 보이고 있어, 상이한 참가동기에 대해 주목해 볼 필요가 있다. 예컨대 신기술정보 습득의 참가동기가 높은 서울은 주요시설과 프로그램을 보다 강화하는 대신 전문분야에서의 입지와 소속감 강화 동기가 높은 지방은 교통, 숙박, 관광 등의 주변환경을 보다 강조할 필요가 있다.

다섯째, 서울지역 컨벤션 참가자들이 지방보다 비교적 높은 충성도를 나타내고 있어, 그만큼 재선택과 추천의사가 상대적으로 높게 해석된다. 컨벤션개최지에 대한 충성도에 직접적으로 영향을 미치는 것이 컨벤션 선택속성에 대한 만족도임을 고려할 때, 지방컨벤션터들이 상대적으로 취약한 프로그램과 인적서비스 만족도 제고에 보다 박차를 가해 나가야 할 것으로 생각된다.

여섯째, 이상 서울과 지방 컨벤션개최지간 컨벤션 참가동기, 선택속성, 만족도와 충성도의 차이를 살펴보면, 현재 한국정부가 추진하고 있는 수도권 3각축 중심의 MICE 인프라 육성정책에 내재된 문제점들을 가늠해볼 수 있다. 비교적 컨벤션시설이 잘 갖추어진 서울지역에 다시 새로운 공급시설을 확충해 나가는 것도 우리나라 MICE산업의 경쟁력 강화 차원에서 의미 있는 일이지만, 참가자의 비용을 낮출 수 있는 방안과 지방컨벤션센터의 프로그램 및 인적서비스 등을 제고해 컨벤션 참가자들의 욕구만족 및 충성도를 높여 나가는 데도 전략적인 노력을 기울여 나가야 할 것이다. 또한 BEXCO와 CECO를 연계한 동남권의 산업적 비중을 고려할 때, 이 지역의 배후지 특성 및 연관산업 효과를 감안한 국가 차원의 산업정책적 배려가 필요할 것으로 보인다. 이와 더불어서 국가의 신성장동력산업 중 MICE를 선도적으로 육성하게 되어 있는 제주지역의 컨벤션 인프라 확충과 리조트 컨벤션으로서의 차별적 강점을 활용한 국가관광산업 전략 차원의 고려가 필요하리라 생각된다.

▶ 표 8-1 전시컨벤션 개최지 선호도에 따른 만족도 차이

	개최지선호도	M	SD	Scheffe	t or F	p
프로그램 만족	서울(a)	2.79	0.88	a,d,e >b,c	9.434	.000
	부산(b)	1.69	0.76			
	제주(c)	1.78	0.84			
	송도(d)	2.85	0.75			
	고양(e)	2.74	0.75			
	기타(f)	2.06	0.81			
주변환경 만족	서울(a)	3.12	0.70	a,d>b	9.423	.000
	부산(b)	2.13	0.69			
	제주(c)	2.40	0.81			
	송도(d)	3.03	0.36			
	고양(e)	2.73	0.45			
	기타(f)	2.47	0.44			
참가비용	서울(a)	2.89	0.76	d,e>b	5.515	.000
	부산(b)	2.78	0.77			
	제주(c)	2.99	0.63			
	송도(d)	3.63	0.41			
	고양(e)	3.64	0.74			
	기타(f)	3.14	0.52			
레저체험 만족	서울(a)	2.66	0.95	a>c,f	9.348	.000
	부산(b)	1.69	0.56			
	제주(c)	1.63	0.97			
	송도(d)	2.15	0.93			
	고양(e)	2.02	0.62			
	기타(f)	1.62	0.68			

Note) P<.05

한편, 컨벤션 참가자의 개최지 선호도에 따라 만족도가 달라지는지 여부를 살펴보면(김수열・허정옥, 2012), 프로그램, 주변 환경, 참가비용, 레저체험 등에서 서울 코엑스, 부산 벡스코, 제주 ICC, 송도 컨벤시아, 고양 킨텍스 간에 통계적으로 유의한 차이를 나타내고 있다. 이를테면 주변환경 만족의 경우 서울이 높게 나타나는 이유는 관람객들이 전시장 관람 후 주변의 놀 거리(잠실L월드, 강남역, COEX내 극장과 쇼핑몰등)가 많은 서울을 선호하는 것으로 볼 수 있다.

레저체험 만족의 경우도 수도권이 높게 나타나는 이유는 2시간 미만을 체류하는 대부분의 응답자들이 새로운 장비에 대한 소개나 만져보기와 같은 단순한 체험에도 만족도가 높은 것으로 간주된다. 참가비용에 대해서는 송도 컨벤시아와 고양 킨텍스의 만족도가 비교적 높게 나타나, 참가자들의 실태를 그대로 반영하고 있음을 알 수 있다.

이러한 실증분석 결과는 MICE 시장의 세분화 필요성과 세분시장별로 다르게 나타나는 고객 특성에 대해 차별적으로 대응해 나갈 필요가 있음을 암시하고 있다.

3 컨벤션센터 경영의 실제

여기에서는 한국무역협회의 연구에서 제안된 우리나라의 대표적인 전시컨벤션센터들의 포지셔닝 전략에 대해 살펴보고자 한다(최용임, 2010).

첫째 서울 COEX는 '국제회의 및 전시복합형 MICE단지'로 나가는 전략이다. 기존의 전시 및 컨벤션 인프라 활용을 극대화하면서 유리한 배후여건(호텔, 쇼핑, 카지노, 놀이시설, 한강, 고궁, 공연시설 등)을 최대한 활용하고, 89개까지 분할되는 회의시설을 활용해 대규모 국제회의를 개최하는 것이다. 호텔 등 지원인프라가 충분하고 롯데월드, 한강(관광 및 수상스포츠), 공연시설(COEX 아티움) 등을 활용한 복합상품 개발이 가능하므로 대한민국의 대표적인 인프라 시설로 코리아 프리미엄(Korea Premium)을 제고할 수 있는 국제회의 및 행사를 유치하고 개최하는 것이다.

둘째, 제주국제컨벤션센터(ICC JEJU)는 온화한 기후와 많은 관광자원을 국제회의 시설과 연계해서 '레저와 비즈니스를 결합한 MICE단지'로 포지셔닝하는 전략이다. 글로벌 외국기업 또는 국내 대기업의 연례회의나 보상관광을 중점 공략대상으로 삼고, 자연유산 · 골프 · 해양관광 등 레저 인프라를 적극 부각시켜 리조트형 컨벤션단지로 특성화하는 것이다. 특별자치도로 지정됨에 따라 무비자 및 50만불 이상의 외국인 투자자에 대한 거주영주권제도 등을 적극 활용하고, 외국인 투자유치가 유리해진 투자개방형 병원제도와 제주국제자유도시개발센터(JDC)의 헬스케어타운 사업 등과 연계한 의료관광 컨벤션과 외국자본 유치의 시너지를 도모할 수 있다.

셋째, 부산 BEXCO는 APEC정상회의와 OECD세계포럼 등 대규모 행사를 개최한 경험을 바탕으로 글로벌 컨벤션 행사를 유치함과 동시에 해양산업 육성과 영화 등 한류 확산에 주력함으로써 '해양산업과 한류를 선도하는 MICE단지'로 특화시키는 전략이다. 부산의 특화산업인 해양산업의 글로벌화를 뒷받침하기 위해 관련 전시회를 적극 육성하는 한편 부산영화제와의 시너지를 극대화하기 위해 국산영화의 홍보 및 육성기지로도 활용해 나가는 것이다. 해양도시라는 장점을 활용하여 바다와 관련된 다양한 마케팅 활동을 전개하고 인프라 확장을 적극적으로 추진해 나간다.

넷째, 대구 EXCO는 '첨단의료 중심의 MICE단지'로 차별화하는 전략이다. 해외마케팅에 적극 나서고 있는 지역병원 등 의료시설의 경쟁력을 활용해 외국인 의료관광객을 집중 유치하고, 이와 관련된 국제행사와 전시를 연계하는 특화단지로 육성하자는 것이다. 국제회의 분야에서도 의료단지를 활용해 순수의료(치료) 및 의료관광을 연계한 컨벤션을 집중적으로 유치하고 개최해 차별성을 제고한다. 의료관광은 우리나라 관광의 미래 중점전략으로서, 한국관광공사는 2009년에 일본, 중국, 러시아 등의 환자 2만 9천 명을 유치했고, 2010년에는 38억 원을 투입하여 7만 명을 유치하는 등 공격적인 마케팅을 전개하고 있다.

다섯째, 경기도 고양시 KINTEX는 전시인프라가 2배로 확장되고 공항 접근성이 양호하다는 장점을 살려 대형전시회 개최지로 차별화하는 '대형 수출입

전시 MICE단지'로 전략화 한다. 출자회사인 KOTRA의 경험과 우수한 전시인프라를 고려하여 대형 장치시설을 필요로 하거나 참가기업이 많은 대형글로벌 전시회를 주도하는 방향으로 특화한다. 상대적으로 취약한 숙박 및 쇼핑시설에 대한 적극적인 투자를 통해 외국인 참가자들의 만족도를 제고함으로써 국제적으로도 경쟁력 있는 한국의 대표 전시장으로 위치 지을 필요가 있다.

여섯째, 광주의 김대중(KDJ) 컨벤션센터는 아시아의 문화중심도시로서 광주의 산업적 특성을 반영해 국제회의 및 전시시설, 오피스빌딩, 오락시설, 쇼핑센터 등 각종 편의시설을 포함하는 '고부가가치형 복합기능 문화단지'로 전략화 한다. 광주의 주력산업인 광산업, 자동차, 디지털 정보가전 등 3대 주력산업과 문화컨텐츠산업 등 4대 전략 산업의 전시와 광주엑스포 등의 문화 행사를 통한 이벤트를 통해 광주 및 호남의 경제발전 모델을 지원함과 동시에 새로운 산업 형태로서 국제회의 수익모델을 창출한다.

일곱째, 대전 DCC는 '과학(R&D) 및 행정 중심도시라는 장점을 활용해서 'R&D를 선도하는 첨단 MICE단지'로 차별화하는 전략이다. 대전에는 정부출연연구소(20개), 정부투자기관연구소(7개), 대기업부설연구소(39개) 등에 4,500여 명의 과학전문인력(기술인력 포함)이 근무하고 있다. 특히 대덕단지의 R&D 관련 인력 및 인프라의 우수성을 대외에 적극 홍보하여 관련 국제회의나 장비전시회 등으로 특화하고, 최첨단 기술 시찰단과 관련 전시 및 국제회의를 연계하는 단지로 육성하는 것이다.

여덟째, 창원의 CECO는 '첨단 생산기술 중심의 MICE단지'로 육성하는 전략이다. 창원공업단지와 마산수출자유구역 내 2천여 개 생산현장을 효과적으로 활용하는 국제회의, 기업미팅, 세미나 등의 상품을 개발하고, 한국 최고의 수출 전문 생산기지라는 장점을 살려 생산현장 투어와 중소 규모 전시 및 컨벤션을 연계하는 것이다. 생산현장을 벤치마킹하려는 개도국을 우선적으로 공략하되 첨단기술 분야 현장투어 상품도 개발하여 기술한국의 위상을 제고하는 MICE기지로 차별화해 나간다.

아홉째, 인천의 송도 컨벤시아는 다국적기업들의 국제 비즈니스의 중심이 되는 경제자유구역을 기반으로 혁신적이고 차별화된 서비스 제공과 함께 IT,

BT 및 지식산업단지, 물류 등 특화된 분야의 컨벤션전시를 통해 '국제비즈니스 및 첨단물류 특화단지'로 전략화 한다. 특히 인천공항과 근접해 있는 접근의 편리성을 최대한 활용하고, 숙박 · 쇼핑 · 위락 · 관광 등 컨벤션 주최자의 필요에 PCO(Professional Conventi – on Organizer)형 서비스를 제공함으로써 고부가가치 비즈니스회의를 유치하는 데 경쟁적 우위를 발휘할 있다(최용임, 2010).

이상은 우리나라를 대표하는 국제회의장들의 입지특성과 지역산업을 고려해서 차별적인 기능 중심으로 전략적 포지셔닝을 설정해본 것이다. 이는 매우 피상적인 아이디어 수준이나 우리나라의 컨벤션산업이 시장세분화에 기초해서 차별적 특성을 살려 나간다면 공급과잉, 과당경쟁 등의 논란에서 벗어나 저마다 설립목적을 최대한 살리면서 지속성장과 공생공영을 기할 수 있으리라 본다.

4 컨벤션센터 CEO의 역할, 관계 관리자(Relationship Manager)

전통적으로 경영학 교과서에 기술된 CEO의 자질은 크게 세 가지로 분류된다. 첫째는 개념적 능력(conceptual skills)으로, 흔히 통찰력(상황판단력)으로 표현되며 거시적인 시각에서 조직이 지금 어떠한 환경에 놓여 있으며, 어떠한 방향으로 가고 있는지, 환경변화와 산업의 발전 방향과 연계해 볼 때 조직은 어디로 가야 하는지를 가늠하는 전략적 사고력을 말한다. 둘째는 인간관계적 능력(human relations skills)으로, 경영자가 개인 또는 집단의 일원으로 다른 사람들과 더불어 일하고, 원활한 의사소통을 하며, 동기부여를 할 수 있는 대인관계능력을 의미한다. 때로는 조직의 구성원으로서 다른 구성원과 원만한 인간관계를 유지하는 한편, 때로는 조직의 장으로서 부하직원을 통솔하여 생산적으로 업무를 진행해 나가는 능력이다. 셋째는 전문적 능력(technical skills)으로서, 기업의 특성 및 업무와 관련해서 필요한 기술, 지식, 정보 등을 전문적으로 이용할 수 있는 능력을 말한다. 현장의 특수한 업무분야를 정확하게 이해하고 능숙하게 수행하는 실무능력을 의미한다.

일반적으로 기업의 최고경영자에게는 개념적, 인간관계적, 전문적 능력 순으로 역할의 비중이 요구된다. 즉, CEO에게 가장 중요한 것은 통찰력으로 간주된다. 이는 카츠(Robert L. Katz)가 주장한 바, '어떤 경영자든 그가 성공하기 위해서는 전문적 · 인간적 · 개념적 분야에 관한 기술을 갖추고 있어야만 한다'는 경영철학에 다분히 기초하고 있다. 물론 저 유명한 민츠버그(Henry Mintzberg)가 설파한 대인관계 역할(대표자 · 리더 · 연락자), 정보역할(탐색자 · 보급자 · 대변인), 의사결정 역할(기업가 · 혼란조정 · 자원할당)의 개념들도 의미상 포함되어 있다고 본다("The Manager's Job: Folklore and Fact", 1975).

그러므로 필자는 학교에서 마케팅을 가르치면서도, 기업의 CEO에게 가장 필요한 것은 생산, 회계, 재무, 인사, 조직, 전략, 마케팅 중 '전략'이라고 생각해 왔다. 이러한 생각은 대부분의 경영학 전공자들뿐만 아니라 기업에 속해 있는 사람들의 공통된 의견인 듯도 하다. 은행의 연구소에 근무하던 시절, 우연한 기회에 '경영의 성공 요인과 실패 요인에 대해 설문조사'를 해 본 적이 있다. 조사대상은 경영성과가 가장 좋은 8개 지점과 가장 나쁜 8개 지점의 직원들이었다. '은행경영에서 가장 중요한 성공요소는 무엇인가?'라는 질문에 대해 실패한 지점의 직원들은 대부분이 '은행의 경영전략이 나빠서'라고 답했다. 이들은 공통적으로 '당신이 근무하는 지점의 가장 중요한 실패요인이 무엇인가?'라는 질문에 대해 '지점장의 전략 부재'를 들었다. 반면에 성공한 지점의 직원들은 은행경영과 지점경영의 성공요인을 동일하게 '구성원의 한마음'으로 답했다. 모든 구성원이 목표달성에 같은 뜻을 두고 한마음으로 달려가면 불가능이 없다는 견해다.

그렇다면, 이 한마음을 만드는 요소가 무엇일까? 일반적으로 경영이란 '조직의 사명이나 목표를 달성하기 위해서 여러 가지 자원을 효율적으로 활용하는 과정'이라고 정의된다. 이는 '현대 경영학의 아버지'라 불리는 피터 드러커(P. Drucker)의 견해로써, 그는 경영이란 '조직의 방향을 제시하고 리더십을 통해 조직의 제 자원을 어떻게 활용할 것인지를 결정하는 것'이라고 규정하고 있다.

이 경영의 정의를 통해서 한마음의 원천을 가늠해 보면, 조직의 자본 · 사람 · 정보 · 지식 등의 자원을 잘 지휘 · 조정 · 통제해서 구성원들이 목표달성에 일렬로 달려가게 하는 것이다. 바로 이 점에 착안해서 오늘날 성공한 경영자라 불리는 대표적 CEO의 경험을 들어보면, 조직 구성원의 한마음이 정녕 경영의 성공요인인지, 성공한 CEO는 정작 기업경영에서 무엇을 가장 중요시 하는지 알 수 있을 것이다.

GE를 20년 동안 경영해 온 잭 웰치 전 회장은 '잭 웰치 – 끝없는 도전과 용기'라는 자서전에서 'CEO 생활 중 75%는 사람에 관한 일'이었음을 고백하고 있다. 뿐만 아니라 한국을 방문한 자리에서 '경영자의 가장 중요한 역할이 무엇이냐'고 묻는 한국의 CEO들에게도 '경영자는 한 손에는 물뿌리개를, 다른 한 손에는 비료를 들고 꽃밭에서 꽃을 가꾸는 사람과 같다'는 대답을 한 바 있다. 마치 정원사가 꽃을 가꾸듯이 CEO는 인재를 발굴해서 그 능력을 한껏 키워주는 게 본연의 역할이라는 것이다. 훌륭한 정원사는 대부분의 시간을 정원에서 보내며 정원 안에서 자라는 모든 꽃들의 이름을 알고 적재적소에서 가장 아름답게 피어날 수 있도록 관리하는 사람이다. 그처럼 잭 웰치도 자신의 시간 중 75%를 인간관계관리에 쏟아 부어 모든 간부들의 이름을 기억하고 일일이 닉네임으로 부르며, 각자의 장점과 개발해야 할 점들을 꿰뚫고 있었다. 그러므로 미래의 지식기반 경제에서 경영자의 가장 중요한 역할이 인적자원의 개발, 즉 'Empowerment에 있다'는 말을 남긴 것은, 지극히 자연스럽고도 당연한 귀결이다.

필자의 경우에도 컨벤션 CEO 3년의 경험을 돌이켜 볼 때, 날마다 새롭게 배워야만 했던 것이 사람에 관한 일, 바로 인적자원관리에 해당하는 일이었다. 사람을 채용하는 것, 평가하는 작업, 동기부여 하는 일, 커뮤니케이션, 비전 공유, 창의성 배양, 적재적소 배치, 팀워크 발휘, 조직 활력, 그리고 직원들의 경험을 축적시켜서 성장시켜 나가는 것들이 모두 사람의 일이었다. 어느 것 하나 소홀히 할 수 없고, 어느 하나 쉽게 할 수 있는 부분이 아닌, 사람을 가꾸는 정원사의 일이었다. 즉, 인적자원 관리는 만물의 영장인 사람과 관련되는 일이기 때문에 세심한 배려와 깊은 애정을 가지고 열과 성을 다해 접근해야만 하는 것이다. 회사의 핵심자원인 인적자원의 활용을 극대화하고, 장기적인 관점의 개발을 통해 회사 가치를 극대화하는 것은 많은 경험과 지식, 기술, 그리고 인간적인 매력에서 우러나오는 리더십이 함께 작용할 때라야 가능하다. 그만큼 어려운 일이다. 단기적으로는 성과에 대한 손실을 감수하고, 개인이 성장하는데 필요한 투자를 감행하며, 끝내 자라서 성과를 창출해 내기까지 무한한 인내심이 요구되는 일이다.

특히 컨벤션산업의 경우에는 직원들의 업무 자체가 '사람들과 관계를 형성하는 일'이기 때문에 무엇보다도 CEO와 직원의 관계가 좋아야 한다. 내부 인간관계에 만족한 직원이어야 외부 고객과도 만족스런 관계를 형성할 수 있기 때문이다. 또한 컨벤션센터의 기능이 회의유치 과정에서 고객들에게 관계를 파는 것이고, 회의개최 과정에서는 고객들간 관계를 형성해 주는 것인 만큼, 컨벤션센터를 경영하는 CEO에게는 관계의 역할이 매우 요구된다. 컨벤션을 유치하고 개최하는 과정의 수많은 스토리에서 확인한대로, 컨벤션센터 경영은 그 어느곳보다도 '구성원의 한마음'이 요구되는 곳이다. CEO를 중심으로 컨벤션센터 직원들이 회의와 고객을 향해 한마음이 되고, 고객과 직원들이 컨벤션을 향해 한마음이 될 때 컨벤션의 성공적으로 이루어지면서 또 다른 컨벤션을 낳을 수 있기 때문이다. 컨벤션산업 만큼 입소문이 무성하게 번식하는 곳도 없다.

이 점에서 피터 드러커가 강조한 바, '경영이란 인간에 관한 것이다. 경영의 과제는 사람들이 협력하여 일할 수 있도록 만들고, 사람들이 자신의 장점은 살리고, 단점은 방해가 되지 않도록 만드는 것이다.'라는 말을 상기해 볼 필요가 있다. 그는 '모든 경영자는 다른 어떤 일보다도 사람을 관리하고 그와 관련한 의사결정을 내리는 데 많은 시간을 투자한다. 인사결정은 그 결과 및 영향력의 지속성에 있어 다른 어떤 의사결정보다도 장기적이기 때문이다. 인사결정을 소홀히 하는 경영자는 경영성과가 낮은 경영자보다도 커다란 위험 요소를 기업에 제공하고 있는 것이다'라고 말함으로써 인적자원 관리자로서 CEO 역할의 중요성에 대해 강조하고 있다. 관계, '이것은 절대적으로 존중받아야 하는 것이다.'란 말과 함께.

09 관광, 컨벤션으로 승부하라

1 컨벤션은 관광산업의 꽃

흔히 컨벤션은 '관광산업의 꽃'으로 통한다. 여기에는 여러 가지 의미가 함축되어 있겠지만, 가장 분명한 것은 '컨벤션은 관광산업'이라는 뜻이다. 사실상 컨벤션은 회의장을 비롯해서 숙박, 식음, 교통 및 물류, 통신 및 영상, 쇼핑, 관광과 레저 등 관광기반시설을 이용해서 고객의 욕구를 충족시키는 종합서비스업으로서 관광산업에 속한다. 사실, MICE는 회의(Meeting), 포상관광(Incentives), 컨벤션(Convention), 이벤트와 전시(Events & Exhibition)의 머리글자를 딴 것이고, 국제회의를 뜻하는 '컨벤션'이 회의, 포상 관광, 각종 전시 · 박람회 등 복합적인 산업의 의미로 해석되므로 '비즈니스 관광(BT)' 이라고 불리고 있다.

또한 관광산업 중에서도 '꽃'으로 불리는 이유는 MICE를 통한 관광소비가 일반 레저소비의 4~8배 이상 높아서, 관광산업 중에서도 가장 성장 잠재력이 높은 고부가가치산업으로 간주되기 때문이다. 일반적으로는 MICE 참가자가 일반관광객에 비해 2배 정도 지출하는 것으로 조사되고 있다(한국관광공사, 2009). 특히 제주의 MICE에는 비교적 외국인 참가자들 비중이 높은 편인데, 이들의 1인당 지출액은 281만원으로 내국인 참가자(53만원)의 5.3배 수준에 이른다(한국은행제주지역본부, 2011). 소비지출면에서 MICE 참가자들이 교통, 호텔, 쇼핑 등의 항목에 소비하는 평균 소비 비율은 각각 26%, 21%, 21%로 분석되며, 다른 산업에 비해 비교적 경기의 영향을 덜 받으면서 관광분야와의 연계효과가 크게 나타난다(KOTRA, 2011.08.17). 이밖에도 MICE는 수송, 통번역, 영상 · 음영, 인쇄, 전시 등과 같은 다른 관련업종에 미치는 간접적 지출이 재생산을 유발하면서 고용창출 및 소득증대를 통해 지역경제를 활성화시키는 효과가 매우 크다.

더욱이 MICE산업의 경제적 파급효과는 최근 들어서 더욱 큰 폭으로 상승하고 있어, 관광산업에서 차지하는 비중이 한층 높아지고 있다. 2011년 MICE산업의 생산유발효과는 약 28조 3,888억원으로 전년(2010년, 6조 382억원) 대비 약 4.7배 상승했으며, 고용유발효과는 267,245명으로 전년(2010년, 56,847명) 대비 약 4.7배, 부가가치유발효과는 약 10조 5,647억원으로 전년(2010년, 2조 2,205억원) 대비 약 4.8배 상승하였다(한국관광공사, 2011). 이는 국내총생산(GDP) 대비 0.8%를 차지하는 수치로써 관광산업 대비 약 16.2%로 추산된다. 게다가 MICE산업의 외화가득률, 즉 상품 수출액에서 원자재 수입비용을 공제한 실질 수출효과는 90%를 기록, 자동차(71%), T.V(60%), 휴대전화(52%), 반도체(43%) 등 주요산업보다 훨씬 높은 수치를 나타내고 있다. 미국의 MICE산업은 2011년 기준 2,634억 달러의 생산 유발, 165만 명의 고용 유발 등 경제적 효과를 창출함으로써 GDP 기여액이 1,061억 달러에 달해, 미국의 주요 제조업 중 하나인 자동차 산업(780억 달러)을 상회하고 있다(Convention Industry Council, 2011). 그리고 독일의 무역전시산업은 2009년 기준 235억 유로의 생산유발효과를 통해 22만 6천명의 효과를 창출하는 것으로 조사된다(AUMA, 2009).

이상은 컨벤션 산업이 관광관련 산업 중에서 가장 높은 성장률을 기록하는 산업으로 본 Weber의 주장을 뒷받침하는 사실들이다(Weber, 2000). 따라서

21세기 들어 관광 컨벤션 산업은 성장 잠재력이 매우 높은 미래 유망 산업으로 선정되어 세계 각국들이 전략적 차원에서 관광컨벤션 산업을 21세기 핵심 전략 산업으로 지정하여 지원하고 있다(월간조선, 컨벤션산업의 현황과 전망, 2011.3.21). 우리나라도 2009년, 대통령 주재로 MICE산업을 17개 국가 신성장동력 중 하나로 선정하고, 2018년까지 산업 규모를 22조원대까지 넓힌다는 계획을 세웠다. 이 또한 컨벤션이 관광의 꽃으로 피어나서 보다 큰 경제적 결실을 가져오리라는 기대 때문으로 보인다.

따라서 세계의 주요 관광국들, 특히 유럽과 북미는 일찍부터 컨벤션에 주목해 왔으며, 오늘날도 MICE를 관광산업의 중심에 두고서 지속적인 성장과 발전을 도모하고 있다. 이 점에서 MICE와 관광의 관계를 보다 구체적으로 살펴보면, 첫째, 일반관광객은 여행목적과 일정, 취향이 가지각색인데 반해 컨벤션 참가자는 다양한 지역의 여행객들이 하나의 목적으로 모이므로 단체관광객을 동시에 유치하는 효과를 기대할 수 있다. 사실상 최근 들어 MICE의 규모를 보면, 암웨이와 같은 네트워크 마케팅 회사의 인센티브투어의 경우, 한꺼번에 수만 명씩 이동하며 관광을 즐긴다. 예를 들면, 2014년 상반기에 중국 · 대만 암웨이 인센티브 투어단은 우수 판매상과 그 가족들을 포함해 2만5,000명 가량이 여수와 부산을 경우, 제주로 모여서 행사를 치른다. 한국관광공사에 따르면 암웨이 방한단체의 직접소비지출은 400억원, 생산유발효과는 720억원으로 추정된다. 2011년 9월에는 중국 바오젠그룹이 인센티브 여행단 1만1,200명을 제주로 보낸 적도 있다. 이처럼 MICE 관광은 일반관광이 상상할 수 없는 규모로 뉴스거리를 만들면서 단순한 지역경제의 파급효과를 넘어서 도시마케팅의 다양한 효과를 산출한다.

둘째, 컨벤션은 전천후 종합관광산업으로서 일반관광과 달리 계절에 구애받지 않고 여름이나 겨울철에도 유치가 가능하므로 관광 비수기 타개책의 일환이 될 수 있다. 제주도의 경우 여름이 되면 대한상공회의소, 전국경제인연합회, 중소기업중앙회 등 경제단체들이 모여들어 하계포럼을 실시한다. 각 경제단체의 회원들과 가족들이 수백 명씩, 많은 경우에는 천 명 이상이 모여들어 컨벤션을 하고 관광을 즐기므로 비수기로 분류되는 여름이 성수기로 변하는 효과가 있다. 2013년의 경우 중소기업중앙회는 7월 19일부터 3박4일 동안 제주 롯데호텔에서 전국 중소기업 CEO 500여명이 참석하는 '2013 중소기업 리더스 포럼'을 개최한다. 한국생산성본부(KPC)는 중기중앙회보다 하루 늦은 20일부터 2박3일 일정으로 제주 해비치호텔에서 전국 연찬회를 개최한다. 대한상공회의소도 7월 17~20일 제주 신라호텔에서 '한국 경제의 새로운 패러다임을 묻다'를 주제로 제주 포럼을 개최한다. 그리고 7월 24~27일에는 전국경제인연합회, 한국능률협회, 표준협회 등 3개 경제단체가 각각 제주에서 창조경제를 주제로 포럼을 개최한다(조선일보, 2013.7.16). 이밖에 인간개발연구원 등 소규모 경제 및 교육단체들과 종교단체, 개별 기업들의 하계수련회를 합하면 여름철 제주하계포럼의 참가자들은 4,000~5,000명에 이른다. 이들이 숙박, 식음, 골프, 관광 등을 통해 지역경제에 흩뿌리는 파급효과는 해수욕장에만 의존했던 기존 관광사업장과 종사자들에게 직접적인 경제효과뿐만 아니라 심리적인 기대와 희망의 보이지 않는 활력을 제공하고 있다.

셋째, 컨벤션산업은 외국관광객 유치의 지역적 편재 현상을 완화할 수 있다. 일본, 미국 그리고 동남아 일부지역에 의존하고 있는 한국의 외국관광객은 컨벤션 유치로 인해서 세계 전역의 고객을 골고루 유치함으로써 점차적으로 외국관광객의 지역편중 현상을 해결하는 효과를 거두게 된다. 2013년 5월 29~31일 동안 개최된 제주포럼의 경우 49개국에서 외국인 참가자들이 모여들어, 제주를 알고 즐기고 홍보하는 효과를 낳았다. 아니, 2012년 제주에서 개최된 세계자연보전총회(WCC)의 경우에는 180여개국에서 1만명 이상이 모여들어 제주를 알고 배우고 체험한 바 있다.

넷째, 통상적으로 컨벤션에는 참가자들과 가족들을 위한 회의기간 전 후 및 중간 시간에 관광 프로그램이 계획되어 있다. 특히 이들 관광프로그램은 참가자의 취향 및 선택, 욕구에 부응하여 맞춤식으로 제공될 뿐만 아니라 지역의 민속, 문화, 체험 등이 저렴하게 패키지로 제공되므로 기존 관광지 및 신규상품에 대한 좋은 인상을 심어주고 귀국 후 주위에 입소문을 냄으로써 도시를 알리고 관광 상품을 홍보하는 효과를 거둘 수 있다. 또한 컨벤션 관련 뉴스가 신문이나

T.V 등 방송매체를 통해 국내외적으로 알려지므로 미래의 관광시장에 대한 홍보효과도 기대할 수 있다.

다섯째, 컨벤션 산업은 대규모 컨벤션 유치에 따른 국제회의시설의 확충, 호텔 등 숙박산업 육성, 식음 · 쇼핑 등 관광 연관산업 발전, 관광 명소 및 문화 유적지의 개발, 교통 · 통신 등 도시 인프라 개선, 도시 미관 및 시민 의식 제고 등 도시 발전 및 이미지 제고 효과가 크다. 또한, 컨벤션 참가자들은 의식이 높은 지식층이 대부분으로, 선진국으로부터의 참여도가 높은 편이므로 도시 마케팅의 품격을 제고할 수 있다. 다보스는 스위스의 이름 없는 산골마을이지만 전 세계 오피니언 리더들이 모여들어 '다보스포럼'이라는 세계경제포럼(WEF)을 하면서 세계적인 명소가 되었다. 부산은 2005년 APEC을 통해 도시의 인프라와 이미지를 획기적으로 개선하고, 컨벤션을 통해 관광산업의 부흥을 이끌었다.

관광전문가들 중에는 MICE를 '관광콘텐츠의 욘사마'라 부르기도 한다. 대한민국 GDP의 0.1%를 끌어올렸다는 욘사마(배용준) 만큼이나 그 파급효과가 상상을 초월할 정도로 커질 수 있다는 의미다. 또한 도시의 경쟁력은 도시의 실질적인 하드웨어적 인프라 뿐 만 아니라 그 특성에 스토리를 연결하고 이미지를 브랜드화 해서 어떻게 세계적으로 알리느냐 하는 게 관건이다. 이 점에서 가장 빠르고도 수월하게 도시의 브랜드가치를 증대시킬 수 있는 방법이 컨벤션이며, 컨벤션은 관광효과를 통해 다시 더 큰 컨벤션을 창출하는 점에서 선진국에서는 일찍부터 '황금알을 낳는 거위' , '굴뚝 없는 황금산업'으로도 불리고 있다.

2 관광의 새로운 트랜드, 융 · 복합과 창조

최근 관광산업은 융합시대를 맞아 다양한 분야와의 접목이 강조되면서 융합발전 패러다임으로 전환되고 있으며, 이에 따라 관광정책의 영역과 범위가 확대되는 추세에 있다. 즉, 전통적인 관광정책의 영역은 과거 숙박, 항공, 식음료, 여행사, 관광지 등에 국한된 정책이 강조되었으나, 최근에는 엔터테인먼트, 의료, MICE, 스포츠, ICT, 제조업 등 다양한 산업분야와의 융합 · 복합 · 연계가 강조되고 있다(심원섭, 2012). 또한 관광수요의 다양화와 관광행태의 다변화 속에서 관광과 타산업간 융 · 복합화를 지향하는 다양한 관광 상품이 출현하고 있다. 예를 들어 의료관광, 음식관광, 스포츠관광, 공연관광, 산업관광 등과 같이 산업간 융 · 복합된 관광형태가 더욱 활성화될 것으로 기대된다(월간조선, 2011. 08.24).

사실 관광산업은 그 자체가 융 · 복합적 특성이 강하고, 타 산업간 융합을 매개하는 산업적 특성을 가지고 있다. 이러한 관광의 융 · 복합화 현상은 국내 학자들에 의해서도 일찌감치 감지되고 논의되어온 주제다. 우리나라의 관광이 양적 성장 중심에서 벗어나 질적 성장과 가치 중심(driving value and growth through quality)으로 패러다임이 바뀌려면 무엇보다도 융 · 복합적 질적 관광의 인프라 개발을 위한 제도혁신이 필요하다는 것이다. 즉, 단순 카지노 개발을 넘어서 대규모 컨벤션 · 인센티브관광 · 국제전시를 포괄하는 MICE, 레저 · 관광, 쇼핑, 식음, 문화, 공연 · 엔터테인먼트, 호텔, 교통 등의 인프라가 집적되어 복합기능을 발휘할 수 있는 관광인프라를 개발해야 한다는 것이다. 이러한 기반 위에서 지방 MICE 관광 육성, 의료관광 개발 및 지원, 크루즈관광 확대, 고급생태관광 개발 등의 프로그램이 활성화 요소로 제안된다(김철원, 2012).

그런데 이상에서 제기된 관광의 융 · 복합 현상을 지금까지 다루어 온 MICE산업의 렌즈로 바라보면, 다름 아닌 MICE 그 자체임을 알 수 있다. MICE야 말로 회의장 인프라와 호텔, 식음, 쇼핑, 문화, 공연, 관광지, 교통 · 물류, 영상, 출판 · 인쇄, 광고, IT, 지역산업, 디자인 등을 포괄하는 종합서비스업이기 때문이다. 이는 COEX나 BEXCO처럼 어느 정도 MICE 클러스터가 형성되어 있는 컨벤션센터를 통해 일정부분 가시적으로 확인할 수 있는 부분이기도 하다. 더욱이 MICE 참가자들의 관광 특성이 생태체험, 문화 체험 등 지역사회와의 밀접한 교류를 선호하는 경향이 비교적 높으므로, 경관 중심의 저가관광에서 탈피해 질적 가치를 높이고자 하는 한국관광의 새로운 정책과도 속성이 일치한다.

이러한 관광산업의 융합 및 확대는 '새로운 일자리 창출, 융합을 통한 산업영역 확장, 상상력과 창의력 기반의 지속가능한 경제성장'등을 지향하는 창조경제의 핵심가치와 그 맥을 같이하는 것이라 할 수 있다. 박근혜 정부는 MICE를 포함한 6대 관광 · 레저 산업 육성계획을 발표하고(한국관광공사, 2013.02.22), 고부가 · 고품격 융 · 복합형 관광산업 집중지원을 통해 2017년까지 외래 관광객 1,600백만명 달성을 목표로 설정하였다. 이를 위해 2013년도에는 MICE산업 육성지원 예산을 2012년 대비 30% 가량 증액하였으며, 이를 통해 생산 · 고용 · 부가가치 유발효과가 전년대비 4.7배 내지 4.8배 증가할 것으로 기대하고 있다. 여기에는 MICE 복합지구(IR) 조성, MICE 인프라 구축 및 산업기반 강화, MICE 유치역량 강화, MICE 인식 및 시민참여 제고, 청년 일자리 창출, 교육 · 방송 · 엔터테인먼트와 융 · 복합된 문화 · 관광 · 예술산업 진흥, 글로벌 마케팅 역량 강화 등의 전략이 깔려 있다.

사실 MICE는 미국과 독일 · 프랑스 · 벨기에 · 스페인 · 체코 등 유럽국가들, 그리고 일본, 싱가포르, 중국 등 아시아 주요 국가들이 관광자원으로 인식하고 MICE산업을 국가 전략산업으로 육성하기 위해 대규모 컨벤션시설과 전시장을 건립하고 유치활동을 지원하고 있다. 우리나라에서도 제주도가 MICE 행사와 제주전통문화를 연계하여 MICE산업의 지역밀착화를 전개하고, 대구시가 MICE 행사와 의료관광 마케팅협약을 체결해 MICE의 관광융합화를 시도하며, 경기도 고양시가 한류+관광+MICE산업의 연계상품을 개발해 지역경제 활성화를 도모하는 등 MICE의 성장세에 따른 관광산업의 변화가 일어나고 있다.

한편, 최근 들어 관광산업에도 창조(creativity)의 개념이 도입되면서, 창조관광(creative tourism)이 관광의 새로운 패러다임으로 부상하고 있다. 창조관광이란 '과학기술과 관광산업이 융합하고, 문화와 관광산업이 융합하고, 타산업과 관광산업이 융합하여 산업간 벽을 허문 경계선에서 관광산업의 꽃을 피우는 것'으로 주창되고 있다(박광무, 2013). 사실 이 개념은 박근혜 대통령이 취임사에서 언급한 창조경제에 기반한 것으로, 창조경제란 '과학기술과 산업이 융합하고, 문화와 산업이 융합하고, 산업간 벽을 허문 경계선에서 창조의 꽃을 피우는 것'으로 규정된 바 있다(2013.2.25). 이러한 창조관광은 도시 및 지역을 중심으로 창조성에 관심을 갖기 시작한 1990년대에 처음으로 언급되어, 창조관광이란 '관광객이 지역의 자원을 창조적으로 경험할 수 있는 기회를 제공하는 것'으로 정의되었다(Richards, 2011). 그리고 UNESCO(2006)가 이 정의를 받아들여 창조관광은 '관광객들이 예술, 유산 또는 그 지역의 특별한 매력을 직접 참여하고 경험하면서 배우는 것'으로 적용하였다.

또한 Raymond(2007)도 지역의 문화를 창조적으로 경험하고, 이를 직접적으로 체험하는 것을 창조관광의 일환으로 파악하였다. 그러므로 창조관광이란 관광객들이 그들의 창조적 능력을 관광 경험의 장에서 협력함으로써 자기만족 및 자기표현의 시너지 효과를 창출하는 것으로 정의할 수 있다. 이 점과 관련하여 조동성 교수는 관광이야말로 사업모델이 좌뇌 중심의 합리적 경영에서 우뇌 중심의 창조경영으로 바뀐 대표적인 산업으로 지적한다. 기존의 관광이 지친 좌뇌를 쉬게 해주기 위한 단순한 휴식이라는 의미를 가졌다면, 창조 시대의 관광은 우뇌 활동을 자극하는 창조적 역량을 길러주는 것에 더 의미를 두게 된 것이다(조동성, 2013). 이러한 기반 위에 한국관광공사(2011)는 '창조관광이란 다양한 사업이 어우러진 융 · 복합화사업, 성장성 및 모험성을 갖춘 고부가가치 사업, 기술 및 지식 집약적 미래사업을 추진하는 관광'으로 정의하고, 아이디어, 창조성, 혁신성, 개방성, 기술성 등을 창조관광의 핵심 개념으로 설정하였다. 이 점에서 조동성 교수가 창조관광의 사례로 제시한 아키투어(건축 및 디자인 전문가로 구성된 건축전문여행사로, 놀이와 휴식만이 아니라 건축에 대한 열린 눈과 창조에 대한 배움의 열정을 충족시켜 주는 여행)와 청소년교육여행(트래블러스맵: 5일제 수업으로 대두된 주말시간을 활용, 놀이 · 학습 · 여행을 융합하여 경험을 통한 지식 습득, 창조적 학습능력 개발, 사회적 관계 형성 등의 가치 창조) 등은 향후 창조관광이 구체적으로 실현해 나갈 수 있는 발전방향을 제시하고 있다(조동성, 2012).

사실 대중관광시대와 문화관광시대에는 사람들이 휴가를 즐기는데 있어서 중요하게 고려하는 가치(휴가의 동인)가 자신의 필요(needs)와 욕구(wants)를 충족하고 무언가를 향유 혹은 소유(having)하는 차원에서 이루어졌다. 그러나 휴가가 일상생활의 일부가 되면서부터 관광의 가치는 "무엇을 했는가"로 변화하였다(Richards & Wilson, 2007). 그런데 최근 들어서는 관광객들이 정형화된 '관광지(sights)' 또는 '경험(doing)'에 싫증을 느끼기 시작하면서, 단순히 관광상품을 소유하고 소비하는 데서 벗어나 새로운 것을 추구하기 시작했다. 즉, 관광객의 창조성에 기반한 "존재"의 가치를 갈구하고 지향하게 된 것이다. 이제 관광객들은 그들의 창조성을 향상시키고 싶어 하면서, 단순히 소비자가 아니라 프로슈머(생산적 소비자)의 역할을 찾고 있다(Richards & Wilson, 2007). 즉, 창조경제시대에 있어서 관광객은 관광상품에 대한 소비자에서 자신의 정체성을 발견하기 위한 프로슈머로 변화하고 있다. 따라서 창조관광시대에 있어서 창조적 관광정책은 '창조성'에 기반한 개인의 관광활동에 주목할 필요가 있으며, 이러한 관광수요를 반영할 수 있는 프로그램, 사업 등에 관심을 가져야한다. 또한 관광객은 소비자이면서 생산자인 프로슈머로 변화하고 있으므로 물리적 관광여건을 개선하는 것뿐만 아니라 무형의 관광환경을 개선하기 위한 노력도 필요하다(심원섭, 2012).

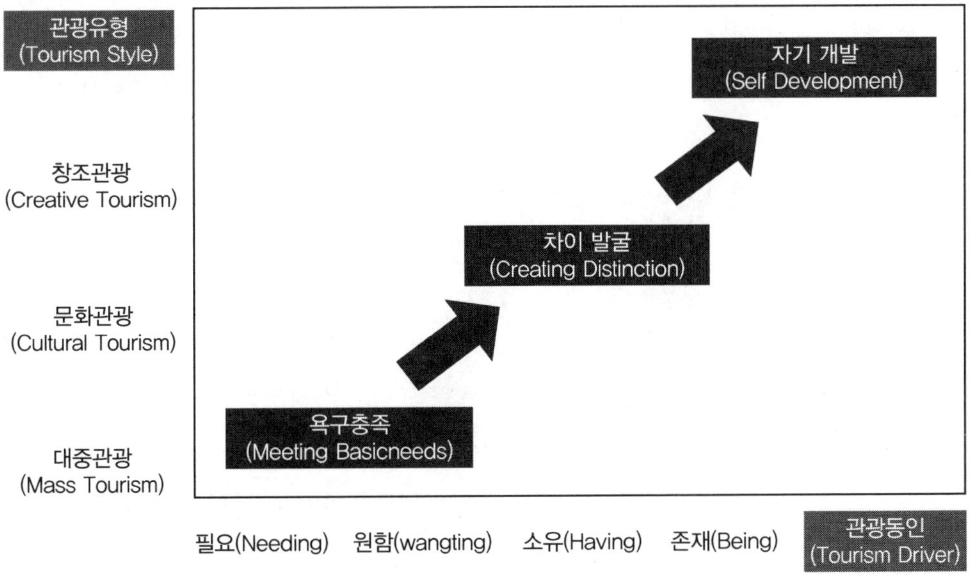

그림 9-1 관광행태와 관광현상의 변화
자료원: 심원섭(2012), 창조경제시대 관광정책의 패러다임 전환 모색.

또한 창조관광은 창조경제적 관점에서 창조경제의 하위영역 및 연계산업으로 논의되는 측면이 있다. 잘 알려진 대로 창조경제란 '개인의 창조성, 기술, 재능 등을 기반으로 지식재산을 생성하고 활용해서 경제적 가치와 일자리를 창출하는 잠재성이 있는 산업으로 구성된 경제체제'로 정의된다. 이러한 창조경제적 관점에서 전병태 등은 창조산업과 밀접한 업종으로 관광업, 의료업, 박물관업, 문화유산 및 스포츠업 등을 제시하고 있다(전병태 외, 2012). 이와 더불어서 UNCTAD(2010)는 창조경제를 이끌어 갈 수 있는 주요 추진체로 기술(technology), 수요(demand), 관광(tourism) 등 세 가지를 제시하면서, 특히 관광분야를 창조산업과 연계된 산업으로 접근하고 있다. 즉, 창조산업의 효과를 극대화시킬 수 있는 연계산업적 관점에서 보면 관광은 창조산업의 범주에 포함시킬만한 가치가 충분히 있음을 시사한다.

게다가 관광의 창조산업화 관점에서, 심원섭(2006)은 창조성이란 독창성, 혁신성이라는 일반적 의미와 함께 생산적이라는 특별한 의미가 내포되어 있다고 주장한다. 관광에서의 창조적이란 관광상품이 독창적이고 혁신적이라는 의미와 함께, 이것이 관광산업뿐만 아니라 다른 산업 부문의 생산력과 상호연관성을 가지고 있음을 의미한다. 사실, 관광이 창조적 관점에서 논의되는 이유는 관광영역의 특성에 기인하는 것으로, 관광은 개인의 창조성, 상상력, 아이디어 등 무형의 자산에 기반하고 있는 산업이면서 타 산업과 융합할 수 있는 매개산업으로, 타 영역과의 연계를 통해 파급효과를 극대화시킬 수 있는 고부가가치 산업이기 때문이다.

이상을 종합하면, 창조경제시대에 있어서 창조관광은 관광을 통한 관광객의 창조성 고양이라는 협의적 개념을 넘어서 창조적 관광산업 육성, 창조적 관광공급환경 조성, 창조적 정책추진체계 구축이라는 시스템적 관점에서 접근할 필요가 있다. 이러한 관점을 아울러서 Richards(2011)는 창조경제시대의 창조적 관광을 실현하기 위한 요소로 4P를 제시한다. 즉, 창조관광은 창조적 관광인(creative tourism person), 창조적 관광상품(creative tourism product), 창조적 관광추진체계(creative tourism process), 창조적 관광기반(creative tourism press) 등으로 구성되어 있다. 여기에서 첫째, 창조적 관광인은 크게 관광산업 및 관광관련 사업에 종사하는 관광인력과 관광향유계층으로서 관광객을 의미한다. 둘째, 창조적 관광자원은 관광산업의 투입요소로서 자본, 자원에서부터 관광산업 및 관광기업, 그리고 관광상품 등을 의미한다. 셋째, 창조적 관광추진체계는 관광정책을 추진하고 있는 조직 및 조직간 관계, 관광정책 추진 방식 등에 대한 논의를 포함한다. 넷째, 창조적 관광기반은 관광산업 생태계적 관점에서 관광산업의 환경을 조성하는 것을 의미한다(심원섭, 2013).

이중에서 첫째, 창조적 관광인(creative tourism persons)이 주도하는 창조관광의 도래는 관광산업으로 하여금 문화적 상상력과 창의성에 바탕을 두고 관광객의 다양한 요구를 충족시킬 필요가 있음을 환기시킨다. 즉, 관광소비자 지향적인 관광정책으로의 방향전환이 필요한 것이다. 이 점이 바로 관광의 창조산업화를 촉진시키는 요인이며, 이제는 관광산업이 현명한 관광소비시대에 대응해야 함을 시사하고 있다. 소비자는 더 이상 수동적인 단순 구매자가 아니라 매우 능동적이고 창의적인 모습으로 진화하고 있다. 그러므로 관광기업은 단순히 재화나 서비스를 생산하는 것이 아니라 관광소비자의 변화하는 욕구를

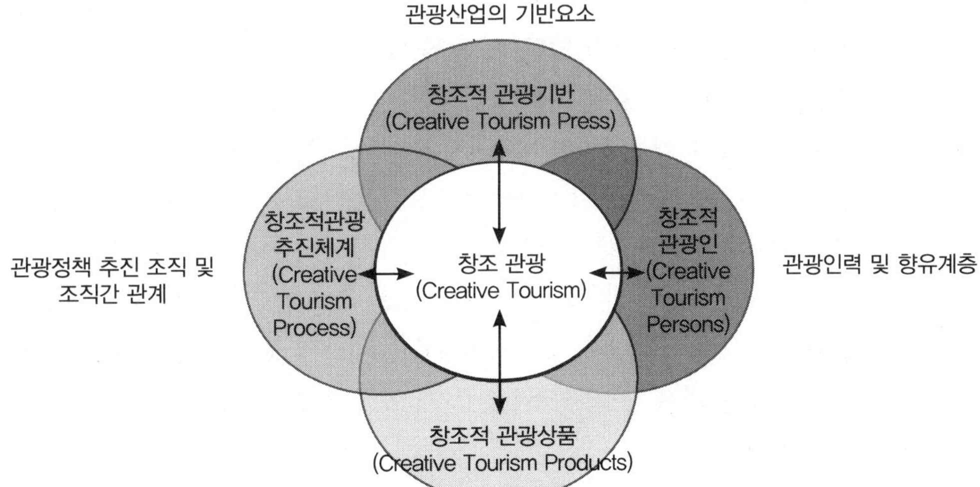

그림 9-2 창조관광의 구성요소
자료원: 심원섭(2013), 창조경제시대의 관광정책의 패러다임 전환 모색.

반영해서 기존 관광기업과 차별화할 수 있도록 창조역량 제고를 추진하는 정책적 대응이 필요하다. 구체적인 정책과제로는 창조성을 바탕으로 새로운 경험을 다양하게 제공해 줄 수 있는 다양한 체험 프로그램의 개발, 교육과정과 연계한 여가관광교육프로그램 개발, 관광소비자 연구에 대한 R&D 지원정책 등이 제안된다. 동시에 소비자가 주도하는 창조관광시대의 진입에 따른 관광정책의 방향은 크게 관광소비자 주권강화에 대응한 관광소비자 보호정책의 강화, 관광상품 및 서비스품질관리 정책 강화, 창조적 관광 비즈니스 체제로의 전환을 위한 정책지원 강화, 소비자의 세분화된 니즈에 대응한 창조형 특화관광상품 개발 강화, 그리고 창조적 소비자에 대한 지원정책의 활성화 등이 제안된다(심원섭, 2013).

둘째, 창조적 관광상품(Creative Tourism Products) 측면에서는 관광단지나 관광지 등 하드웨어 중심의 물리적 공급정책(개발과 조성)이 아니라 아이디어, 지식, 기술 등의 소프트웨어적 자원으로의 전환이 필요하다. 이를 위해 관광상품의 공급정책이 질적 성장과 가치창조 중심으로 전환되어야 하며, 창조적 콘텐츠에 대한 개발과 지원이 강화되어야 하고, 창조적 관광상품활성화를 위한 지원체계를 구축해야 하며, 지역관광정책은 창조적 관광도시 만들기 정책으로 전환될 필요가 있다. 특히 지역관광의 경쟁력을 강화하기 위해서는 관광단지나 관광지 같은 인공적 관광공간을 공급하는 방식을 탈피해, 지역주민이 살고 있는 거주지역을 지역관광의 핵심공간으로 삼고, 그 핵심에는 역사와 전통을 가진 도시를 포지셔닝할 필요가 있다. 도시가 지역관광의 핵심공간으로 거듭나기 위해서는 도시가 가진 역사문화적 전통성을 바탕으로 창조적 인재, 창조적 문화산업, 창조적 도시환경 등이 조화를 이루는 관광클러스터로 발전시켜야 한다. 따라서 지역관광정책도 새로운 공간을 개발하는 방식에서 벗어나 도시, 마을 등 정주공간을 ㅈ우심으로 창조성을 불어넣는 방식으로 전환할 필요가 있다.

셋째, 창조적 관광기반(Creative Tourism Press)을 조성하기 위해서는 창의적 아이디어가 사업화될 수 있는 비즈니스 환경과 함께 민간의 활발한 참여와 공정한 경쟁이 이루어질 수 있는 건전한 산업생태계가 조성되어야 한다. 그리고 이를 위해서는 관광산업의 창조역량을 강화하고, 산업간 융합을 통해 창조관광산업을 육성하며, 창조적 관광환경 조성을 위한 관광산업 R&D 투자를 강화하고, 사회적 창조경제모델을 관광산업에도 적극적으로 도입할 필요가 있다.

넷째, 창조관광추진체계(Creative Tourism Process)를 위해서는 중앙정부 내, 중앙정부와 지방정부, 민간부문과 공공부문 등 각 정책주체간 협력에 의해서 추진되어야 한다. 관광의 창조산업화를 위해서는 다양한 관광주체가 수평적 · 화학적 협력관계를 형성할 필요가 있다. 또한 관광정책의 추진방식은 직접적 재정지원 뿐만 아니라 간접적인 기반조성, 복지관광환경을 조성하기 위한 민관협력체계 구축 등 직 · 간접적 지원정책으로 전환해야 한다. 특히 융합관광 육성을 위한 부처간 협업시스템을 구축하고 창조형 행정지원시스템을 구축할 필요가 있다. 그럼으로써 상상력과 아이디어에 기반한 창조관광산업이 마음껏 꽃피울 수 있도록 요소투입 육성방식에서 관광콘텐츠 개발, 지역관광산업 육성 등으로 변화가 필요하다.

결국, 창조경제시대의 창조관광은 창조적인 관광인력을 육성하고, 아이디어 · 기술 · 문화 · 예술 등 창조성에 기반한 관광자원을 발굴 및 지원하며, 정책 영역간 경계를 허무는 거버넌스로 전환하여, 사람 · 자원 · 정책 등이 유기적으로 연계될 수 있는 창조적 관광환경을 조성해야 한다. 즉, 사람과 산업이 창조적으로 연계 및 협력하는 경제체제로 전환함으로써 관광객 · 관광인력 · 관광자원 · 관광정책 등이 유기적으로 연계되는 창조적 생태계를 조성해야 할 것이다. 여기에는 아이디어와 상상력을 결합해 새로운 관광산업을 창조하고, 산업간 융합을 통해 새로운 관광영역을 생성하며, 창의적 네트워크를 통해 관광산업의 지경을 확장하고, 다양한 관광소재의 융 · 복합으로 고부가가치 관광자원을 발굴해 나가는 창조관광의 4가지 속성이 그 토양으로 제안된다(심원섭, 2013; 김대관, 2012; 한범수, 2012, 박광무 2013).

3 관광컨벤션의 성공 사례

이상의 창조관광 개념을 컨벤션에 적용한 대표적인 예가 복합리조트이다. MICE 복합리조트(Integrated Resort: IR)는 호텔, 쇼핑, 컨벤션, 공연장, 박물관, 레스토랑, 카지노 등 여러 분야의 시설을 한 장소에 집약시켜서, 비즈니스 · 레저 · 엔터테인먼트 관광수요를 만족시킬 수 있는 MICE산업의 핵심시설이다. IR은 1990년대 미국 라스베이거스의 관광산업이 카지노 위주에서 탈피하고자 하는 몸부림의 일환으로, 컨벤션과 전시회 등 새롭게 부각된 비즈니스 관광 수요와 가족관광을 접목하면서 발전하게 되었다. 2000년대 중반 이후에는 싱가포르와 마카오에 마리나 베이 샌즈, 더 베네시안 등이 IR을 조성해 컨벤션관광의 새로운 모델을 구축하였다. 최근들어서는 일본이 IR 추진 움직임을 보이고 있으며, 중국도 상해 등에 대규모 전시컨벤션시설을 건축해 컨벤션 클러스터를 구축하면서 IR을 지향하고, 우리나라도 지자체가 중심이 되어 인천 영종도 등에 외국자본에 기반한 IR을 유치코자 노력하고 있다.

하지만, 이들 IR이 카지노를 필수요소로 끼워 넣어야 수익성이 확보되는 것처럼 구상되고 있음은 문제이지 않을 수 없다. 특히 싱가포르의 사례가 마치 이 분야의 모델인 것처럼 인용되어 우리나라의 경우 인천을 중심으로 한 경기 · 수도권뿐만 아니라 제주, 서남권, 동남권, 중부권 등 전국의 지자체들이 카지노를 관광산업 진흥의 필수요소처럼 구상하고 기회를 엿봄은 우려할만한 수준이다. 최근 들어 정부는 관광진흥확대회의를 개최하고, 관광 불편해소와 전략 관광산업 육성을 위해 1)중국과 동남아 관광객 대상 복수비자 발급 대상 및 유효기간 확대, 2)외래객이 호텔에 지불한 숙박요금에 포함된 부가세 사후환급, 3)관광불법행위에 적극 대처하기 위한 관광경찰제도 도입, 4)부동산 투자이민제 적용지역 콘도에 투자하는 외국인에 한해 객실당 1인 분양 허용, 5) 복합리조트 개발지원체계 마련을 통한 복합리조트(IR) 육성, 6) 자연친화적 생태 · 지역관광 조성, 7)국가직무능력표준(NCS) 개발 및 자격증 제도 개선, 8)관광통역안내사 확충 및 자질 향상, 9)국적크루즈 외국인 카지노 도입 추진 등 크루즈산업 활성화, 10)의료관광 클러스터 조성 등 핵심 과제들을 논의하였다. 여기에서도 IR과 동시에 생태관광, 의료관광 등 관광진흥을 위한 전략적 관광산업이 다양하게 제시되고 있다. 그럼에도 불구하고 일부에서는 싱가포르형 IR이 한국관광의 견인차가 되어야 하는 것처럼 앞서나가는 측면이 다분하다. 상상해보라, 전국에 카지노를 낀 IR들이 우후죽순처럼 퍼져 있는 한국의 관광지도를. 오히려 싱가포르, 라스베가스, 마카오와 다른 한국형 IR을 투자자에게 제안할 필요가 있지 않을까. 지금도 한국은 세계적으로 가장 많은 7가지 종류의 사행사업체를 거느리고 있어 도박공화국이란 오명을 쓰고 있는 실정을 감안해야 할 것이다.

다만 정부가 MICE를 의료관광, 크루즈와 함께 3대 전략 관광산업으로 설정하고, 복합리조트 개발 지원체계 마련, 국제회의복합지구 지정, 한국형 글로벌 MICE 발굴, 국제회의기획업(PCO) 표준요율 마련, 컨벤션분야 국가직무능력표준(NCS) 개발 등을 추진하려는 적극적 지지기반을 바탕으로 지자체들이 저마다의 특성에 걸맞는 MICE 육성책을 수립해 나갈 필요가 있다. 현재 국제회의도시로 지정되어 있는 서울, 제주, 부산, 대구, 광주, 대전, 인천, 창원의 8개 도시 중심으로 저마다 다른 IR과 클러스터를 형성하되, 때로는 융합, 때로는 복합의 시스템으로 시너지를 낼 수 있는 컨벤션 지도를 만들자는 것이다. 여기에는 이미 지역적 특성과 실적, 그리고 도시 이미지가 형성됨으로써 어느 정도 시장 세분화와 포지셔닝이 이루어진, '제주의 자연, 부산의 해양, 대구의 의료, 대전의 과학'등을 지역의 경쟁력으로 인정하고, 중앙정부가 이러한 컨벤션 지도에 기반한 지원 및 육성 정책을 일관성 있게 펼쳐 나가야 할 것이다.

이하에서는 컨벤션의 근원지로서 우리의 벤치마킹 대상이 될 수 있는 유럽, 미국, 아시아의 주요 컨벤션 도시들을 개관해 봄으로써, 향후 우리나라의 MICE산업 정책과 주요 도시들의 컨벤션 전략을 가늠해 보고자 한다. 국제협회연합(UIA)이 발표한 2012년 세계 주요 국가별 국제회의 개최순위를 보면, 싱가포르, 일본, 미국, 벨기에, 한국, 프랑스, 오스트리아, 스페인, 독일, 호주 등으로 나타나 있다. 전반적으로 아시아 국가들의 도약이 두드러지면서, 유럽 국가들의 우세가 견고하게 유지되는 모양새다. 미국은 지난 7년 동안 2012년도를 제외하고는 연속해서 1위 국가의 명성을 탄탄하게 유지하고 있다.

▶ **표 9-1 세계 주요 도시별 국제회의 개최순위** (UIA)

UIA(Union of International Associations) 기준 국제회의 국가 순위(06~12년)														
	2012년		2011년		2010년		2009년		2008년		2007년		2006년	
국가	순위	건수	순위	건수	순위	건수	순위	건수	순위	건수	순위	건수	순위	건수
싱가포르	1	952	1	919	3	756	2	689	3	637	4	466	10	298
일본	2	731	3	698	2	741	5	638	4	676	6	448	17	166
미국	3	658	2	744	1	936	1	1,086	1	1,079	1	1,114	1	894
벨기에	4	597	6	633	5	597	6	470	9	383	11	307	12	239
대한민국	5	563	6	469	8	464	11	347	12	393	16	268	15	185
프랑스	6	494	4	667	4	686	3	632	2	797	2	598	2	634
오스트리아	7	458	8	390	10	362	8	421	11	316	9	366	6	382
스페인	8	449	9	386	6	572	10	356	6	467	8	393	6	362
독일	9	373	7	421	7	499	4	666	6	440	3	623	3	434
호주	10	287	10	329	12	356	18	227	13	273	14	272	14	202
영국	11	272	12	293	9	375	11	347	10	349	10	327	7	360
이탈리아	12	262	16	269	11	357	9	391	8	413	7	414	9	324
캐나다	13	228	17	186	18	221	15	229	14	267	18	273	13	230
네덜란드	14	177	11	299	13	329	7	468	7	428	6	423	4	391
덴마크	15	176	22	126	4	130	20	162	21	141	24	107	21	106
스위스	16	166	15	219	14	322	16	336	16	232	12	284	11	288
스웨덴	17	166	19	161	20	161	14	246	23	124	19	183	18	176
노르웨이	18	164	18	169	18	172	21	161	19	146	20	132	28	87
핀란드	19	160	21	169	21	162	19	166	17	168	17	200	8	326
중국	20	155	18	200	16	236	18	173	16	216	18	204	18	163
포르투갈	21	142	20	160	22	146	17	194	18	159	18	188	19	118
헝가리	23	129	14	221	17	181	28	134	19	146	27	97	20	108
총 개최건수		10,498		10,743		11,519		11,503		11,086				8,817

3.1 유럽

2012년도 기준 UIA의 국제회의도시 순위를 보면, 유럽 국가들 중에서 벨기에의 브뤼셀(547건)이 2위, 오스트리아의 빈 3위(326건), 프랑스의 파리 4위(276건), 스페인의 바르셀로나 7위(150건), 덴마크의 코펜하겐 8위(150건), 스페인의 마드리드 9위(149건), 영국의 런던 10위(119건) 등이다. 그러나 2006년도부터의 통계를 살펴보면, 유럽에서 가장 중심이 되는 컨벤션 도시는 파리임을 알 수 있다(표 1-1 참조).

그럼, 파리에 왜 컨벤션이 몰려들까? 이에 대해 최승진 등은 '대형화 및 공동마케팅'으로 답하고 있다(매일경제, http://www.mk.co.kr). 흔히 '파리' 하면, 우리들은 얼른 에펠탑을 떠올리고, 한 해에 7-8천만 명이 방문하는 세계적인 관광도시를 생각한다. 하지만, 잠시만 멈춰 서서 관광객들의 움직임을 살펴보면, 에펠탑을 지나 팔레 드 콩그레(Palais de Congres) 컨벤션센터로 눈을 돌리게 된다. 이곳은 2012년 여수엑스포 개최지 선정을 위한 투표가 열린 장소로 우리에게 잘 알려진 곳이다. 하지만 파리 시내에는 이곳뿐만 아니라 1,000명을 동시에 수용할 수 있는 컨벤션센터가 8개가 넘는다. 이들 대형 컨벤션센터들이 비추는 조명으로 인해 이제 파리의 야경은 파리가 단순히 에펠탑의 도시만은 아님을 보여준다. 이를 입증이나 하듯이 파리관광청 사람들은 "더 이상 에펠탑은 사람들이 파리를 방문하는 이유가 되지 않는다. 파리 관광객들은 1년 내내 열리는 각종 컨벤션에 참석하고자 파리를 방문한다"는 점을 강조한다. 이제 파리는 컨벤션으로 관광을 선도하는 도시가 되었다.

그런데 이들 컨벤션센터도 모자라서 파리 시내에는 리모델링 중인 컨벤션센터들이 허다하다. 1년 내내 도심 곳곳에서 컨벤션이 열리므로, 마치 도시 전체가 리모델링에 나선 것처럼 보이기도 한다. 파리는 그 이상의 명성을 더 날릴 수 없을 만큼 명실상부 세계 최고의 관광도시인데, 왜 컨벤션 공사에 돈을 쏟아 붓는 것일까?(JEJU MICE, 2011.2.24). 도시 차원에서 컨벤션 시설 개선에 매달리는 가장 큰 이유는 바로 비즈니스 관광객을 유치하려는 데 있다. 파리에 비즈니스차 방문하는 사람들이 하루에 쓰는 돈은 265유로(한화로 약 37만원 정도)인데, 일반 관광객에 비해 훨씬 많은 지출금액이다. 더욱이 비즈니스 관광객의 57% 이상이 동행자를 데리고 오고, 컨벤션이 열리는 기간이 적어도 2~3일은 넘으니 그 파급효과가 상당한 것이다. 파리관광청에 따르면 2005년에만 1,490만 객실이 컨벤션 참석 등 비즈니스 용도로 사용되었으며, 국제회의와 전시로 파급되는 경제효과를 45억 유로, 한화로 약 6조 3,000억원으로 추산하고 있다(최승진, 매일경제 등, 2008).

이 비즈니스 관광객을 유치하기 위한 도시 마케팅과 도시 경쟁력 제고를 위한 전략으로, 파리는 컨벤션센터와 관광 · 숙박 · 쇼핑 등을 연계해 컨벤션산업을 대형화하고 있다. 이러한 차원에서 파리 엑스포는 산하에 있는 기존 7개 컨벤션센터에다 상공회의소가 운영하는 4개 컨벤션센터를 인수해, 2008년부터 주요 컨벤션센터 11곳을 'VIParis(Venues in Paris)'라는 브랜드로 통합해서 관리하고 있다. 이들 11개의 컨벤션센터가 공동마케팅을 벌이면서 불필요한 경쟁을 줄이면, 궁극적으로 파리의 MICE 유치 역량을 경쟁 도시인 영국 런던, 오스트리아 빈 보다 한층 효과적으로 높일 수 있게 된다. 역시 세계 컨벤션산업을 주도하는 도시다운 발상이다. 참고로, VIParis는 60만 m^2의 실내전시장, 48만 m^2의 야외전시장 그리고 222개의 회의실을 갖춘 거대 전시컨벤션 기업이다. 연간 330회의 전시회와 150건의 학술대회, 기업이벤트 600건, 50건의 쇼와 100개의 대형공연을 유치해 연간 1천 100만 명의 방문객을 끌어들인다.

한편, 파리와 함께 유럽 컨벤션산업을 주도하는 스페인의 바르셀로나는 어떠한 전략으로 컨벤션 경쟁력을 유지해 나가고 있을까? 이에 대해 바르셀로나 컨벤션 뷰로는 '컨벤션센터와 숙박시설, 교통 등 컨벤션관련 분야의 모든 전문가들과 컨벤션 서비스체제를 구축, 하나부터 열까지 컨벤션에 대해서는 뭐든지 원스톱으로 서비스를 제공하고 있다'고 답한다. 이를테면, '우리가 기획 중인 컨벤션을 위해서는 2000명 규모의 인원을 동시에 수용하면서 이동 또한 편리해야 하는데, 가능한가?'라는 질문에 대해 "저희 도시는 공항과 철도역에 인접해 있고 대형 컨벤션 시설이 완비돼 있어, 전혀 문제가 없습니다. 오히려 할인가를 제공해 드릴 수도 있습니다."라고 응답하는 것이다. 이처럼 바르셀로나는 컨벤션 경쟁력을 타도시와 차별적인 서비스품질에 두고 고객관리를 해 나가고 있다.

결국, 이러한 바르셀로나 시의 컨벤션 유치 및 개최에 대한 배려와 노력은 빈이나 제네바 등 타 도시에서 고정적으로 연례행사를 개최하던 국제기구들로 하여금 이곳으로 발길을 옮기게 한다. 바르셀로나 시 산하 컨벤션 뷰로는 290여개의 관련 회사와 제휴를 맺어 컨벤션 행사를 돕고 있다. 즉, 컨벤션 참가자들을 위해 호텔 객실을 잡아주는 일에서부터 환영파티 장소 섭외, 셔틀버스 스폰서, 프로모션 등을 도맡아 대행해 주는 것이다. 사실 바르셀로나 시 내에서 벌어지는 컨벤션을 위해서라면 누구와 연결해야 일을 잘 해결할 수 있는지, 시 정부 이상으로 잘 판단하고 도와줄 수 있는 조직이 없다. 그러므로 컨벤션뷰로가 컨벤션 행사의 성공을 위해서라면 무슨 일이든 적극적으로 앞장서서 지원할 태세를 갖추는 게 당연한 일이다.

예를 들면, 한꺼번에 밀려드는 컨벤션 참가자들의 원활한 수송을 위해 가급적이면 전 세계에서 1회 환승으로 바르셀로나에 도착할 수 있도록 시의 행정력을 동원하는 일, 이것을 시 산하의 컨벤션뷰로 이상으로 잘 할 수 있는 조직은 없을 것이다. 심지어 바르셀로나 시는 아시아로부터 참가하는 컨벤션 고객들을 위해 신공항을 건설할 정도로 고객서비스 지향적인 도시로 정평이 나 있다. 그러므로 이러한 서비스를 주도하는 컨벤션뷰로가 예산상의 어려움을 겪지 않도록, 바르셀로나 시는 컨벤션 뷰로의 자체 수익이나 적자 구조에 초점을 맞추지 않고, 컨벤션을 한 차례 유치할 때 얻게 되는 도시 전체의 이익을 먼저 생각한다. 이를 위해 콜럼버스 동상 등 관광지나 버스의 운영권을 컨벤션뷰로에 제공함으로써 수익성과 재정능력을 확충해 주고 있다.

바르셀로나 시에서는 해마다 11월이면 유럽 컨벤션 · 관광 박람회(EIBTM)가 열린다. 여기에는 보통 400여 개 도시가 참가해 '도시 세일즈' 전쟁을 펼친다. 전 세계 컨벤션 뷰로 · 관광청 관계자 6,000여 명이 320여 개 부스에 모여 컨벤션 개최지를 찾는 바이어들을 대상으로 자신들의 도시를 홍보하는 것이다. 한국에서도 제주컨벤션뷰로를 비롯해서 전국의 대표적인 컨벤션도시들이 관광공사(KTO)와 함께 참가하는데, 해마다 참가국 · 도시가 늘어나고 있어 마치 작은 지구촌을 연상시킬 정도다. 또한 바이어들의 발길이 끊이지 않는 가운데, 행사장 중심부에 있는 인도, 말레이시아 등의 적극적이고 공격적인 홍보전에 놀라게 된다. EIBTM에서는 경제나 무역의 규모가 아니라 관광시장 경쟁력에 따라 부스의 위치나 규모가 정해지는 게 관행이다. 그러므로 한국 부스의 위치나 규모가 말레시아나 태국, 인도네시아, 이집트, 멕시코, 인도 등보다 더 구석진 곳에 작게 위치해 있음에 놀라게 된다. 홍콩, 말레이시아 등 주변 아시아 국가들은 서울보다 2배 규모 이상의 단독부스를 설치하고 적극적인 홍보 · 마케팅 활동을 펼친다.

참고로 세계경제포럼(WEF)이 발표하는 국가별 관광 경쟁력 순위를 보면, 우리나라는 2013년도 들어 25위로, 2011년도의 32위(2009년 31위)보다 7 계단을 뛰어 올랐다. WEF는 2년마다 140개 국가의 관광 정책과 자연환경, 안전성, 문화유산 등 14개 항목을 평가해 순위를 매기는데, '2013 관광산업경쟁력' 보고서에서는 스위스가 10점 만점에 5.66점을 받아 1위를 차지했다. 스위스는 볼거리나 호텔 등 기반시설, 관광 정책 등 전 분야에 걸쳐 높은 점수를 얻었고, 2위는 독일(5.39), 3위는 오스트리아(5.39), 4위는 스페인(5.38), 5위는 영국, 그리고 미국, 프랑스, 캐나다, 스웨덴, 싱가포르 등이 뒤를 이어 6~10위를 기록했다.

다시 EIBTM으로 들어가면, 인도의 마케팅 담당자는 "이번 박람회에서 우리는 여러 건의 개최 문의를 받았는데, 특히 인도는 과학 분야에 강점이 있다는 사실에 착안해 적극 알림으로써 성과를 보게 된 것 같다"고 자랑한다. 컨벤션 컨설팅업체인 마케팅 챌린지 인터내셔널의 대표 또한 "싱가포르, 태국 등은 EIBTM 뿐만 아니라 세계 각처에서 벌어지는 이러한 행사에 공격적으로 참가함으로써 최근 들어 특별히 좋은 성과를 거두고 있다. 이들 국가처럼 사람들이 도시나 국가에 매력을 느낄 수 있도록 적극적으로 홍보하는 것이 중요하다"고 강조한다. 이와 관련해서 국제회의 · 전시연합(ICCA)의 최고경영자(CEO)는 한국에 대해 다음과 같이 조언한다. "한국은 가지고 있는 관광자원에 비해 홍보가 공격적이지 못하다. 특히 컨벤션 행사를 아시아에서 개최할 때는 한국이 일본과 중국에 비해 무엇이 다른지를 적극적으로 충분히 알릴 필요가 있다. 일본의 경우 그동안 너무 점잔을 빼온 탓에 최근 들어 바이어들의 관심을 잃게 되었다. 일본의 사례를 교훈 삼아서, 앞으로 한국은 관광컨벤션 분야에 더 적극적이고 공격적으로 나가야 한다."

참고로 바르셀로나는 1888년 제 9회 세계박람회를 개최하면서 본격적인 전시회의 도시로 떠올랐다. 바르셀로나가 현재 각종 전시회를 개최해서 벌어들이는 돈은 연간 30억 유로가 넘는 것으로 추산된다. 또한 유네스코가 지정한 세계 문화유산이 가장 많은 나라로서, 구석기시대, 로마, 게르만, 이슬람, 기독교 문명 등 다양한 문화로 전국이 모자이크 되어 있어 '대륙의 축소판' 혹은 '미니대륙'이라 불리는 곳이다. 특히 세계적인 건축가 가우디의 작품(사그라다 파밀리아 성당구엘공원, 까사밀라, 까사바뜨요 등)을 마음껏 감상할 수 있는 가우디거리, 1992년 바르셀로나 올림픽 때 우리나라 황영조 선수가 마라톤에 우승해서 발자국을 동판으로 남겨 놓은 몬주익공원, 구엘공원, 대성당 등 MICE 참가객의 포스트 관광을 위한 구경꺼리가 대단히 풍부하다. 요컨대, 바르셀로나 MICE산업은 전시컨벤션시설 뿐만 아니라 교통, 숙박과 더불어 풍부한 문화와 디자인, 관광 인프라가 한 데 어우러져서 사람들을 끌어들이는 게 경쟁력의 특성이다. 그래서 더욱 미래의 지속가능한 발전과 변신이 기대되는 곳이다.

3.2 미국

관광 · 컨벤션산업은 숙박 · 유흥 · 레저 · 식음료 산업은 물론 한발 더 나아가 건축 · 교통 · 통신 · 영상 등의 산업까지 영향을 미칠 정도로 산업 연관 효과가 매우 큰 분야다. 이 관광컨벤션으로 연간 3,500~4,000천만명 가량의 관광객을 끌어들이고 23,000여개의 컨벤션을 소화하면서 30조가 넘는 관광객의 소비지출을 이끌어 내는 도시가 바로 미국의 라스베이거스다. 우리나라 컨벤션산업의 전체 규모가 28조원 정도이고 보면, 30조의 규모를 가히 짐작할 수 있을 것이다. 사실, 라스베이거스는 1931년 후버댐 건설과 함께 게이밍이 들어오면서 1940년대부터 1970년대 후반까지, 약 50년간 카지노로 들썩이던 도시다. 그런데 1970년대 후반, 애틀랜틱시티에도 카지노가 생겨나면서 심각한 불황에 빠져들었다. 이 위기를 타개하기 위해 카지노업계와 시정부가 도시의 이미지를 가족레저 이벤트 타운으로 바꾸고 가족 관광객 및 비즈니스 여행객을 적극 유치하는 변신을 꾀하기 시작했다. 이를 위해 호텔들은 가족들이 즐길 수 있는 공연장과 물놀이 시설 등을 만들고, 뮤지컬이나 이벤트, 다양한 쇼 프로그램들을 도입했다. 이러한 변신 노력들은 1990년대 중반 이후로 라스베이거스를 세계 엔터테인먼트 수도로 자리매김케 했다. 동시에 비즈니스맨들을 끌어 모으기 위해 호텔마다 대규모 컨벤션시설들을 확충했으며, 다양한 콘셉트의 호텔들이 다수 생겨나, 저마다 기억날 수 있는 이벤트로 라스베이거스 방문객들에게 흥미와 활력을 불어넣기 시작했다.

사실, 잘 알려진 대로 컨벤션 산업을 이루는 3대 축은 '가격, 인프라, 엔터테인먼트'이며, 여기에다가 관광과 식음, 쇼핑이 배경으로 추가된다면 고객만족을 연출할 수 있는 무대가 완성된다. 라스베이거스는 바로 불황의 위기를 타개하기 위한 몸부림을 통해, 결과적으로 '카지노를 넘어서 컨벤션'이라는 보다 확장된 환경을 구축하게 된 셈이다. 실제로도 고객의 입장에서 컨벤션 장소를 결정할 때는 무엇보다도 편안하게 즐길 수 있는 곳이 선호된다. 우선 가격이 편안해야 하고, 접근이 쉬워야 하며, 도시 분위기가 그러해야 한다.

이 점에서 라스베이거스는 사막 위에 세워진 도박 도시로 생성된 만큼 숙박과 음식이 비교적 저렴하다. 요컨대, 미국에서 가장 많은 호텔들이 몰려 있어, 라스베이거스 스트립과 다운타운 인근지역의 로컬호텔까지 포함할 경우 약 13만개의 객실이 널려 있다. 세계 최대 20개중 16개가 몰려 있는 시내 호텔들의 숙박비는 그 등급이나 규모에 비하여 그리 비싼 편이 아니다. 일반적으로 평일 기준으로 초특급호텔은 \$200~\$300 정도이지만, 특급호텔은 \$100~\$200, 1급호텔이나 다운타운의 특급호텔은 \$80~\$150, 기타 스트립의 호텔의 경우는 \$60~\$100 수준이다. 다운타운의 경우는 \$40~\$80 정도의 저렴한 것들도 있다. 물론 주중과 주말 가격의 차이는 2-3배 정도가 되지만, 보통 1년간의 기준 가격이 미리 정해져 있다. 그러므로 미리 예약을 할 경우, 가격이 수요와 공급에 따라서 실시간으로 등락을 거듭하긴 하지만, 어느 정도 부담 없는 가격대의 호텔을 찾을 수 있다.

이에 반해 한국을 대표하는 컨벤션도시로서 서울이나 제주, 부산 등의 가장 큰 문제 중 하나는 고가의 숙박비다. 게다가 관광 성수기에는 그나마도 호텔 룸을 구하기가 쉽지 않다. 이 점에서, 라스베이거스의 숙박환경이 얼마나 컨벤션의 기반이 되며, 산업 발전에 기여하는지를 짐작할 수 있다. 또한 이곳의 객실 예약률이 보통 95%를 넘어서고 있어, 이처럼 저렴한 숙박비가 정작은 호텔과 컨벤션산업을 선순환의 고리로 연결해 보다 높은 성과를 안겨주고 있음을 보게 한다. 그리고 이들 호텔에 부과되는 룸 텍스(room tax)가 컨벤션뷰로 조직에 투입되어, 컨벤션을 중심으로 한 지역경제와 산업 전반을 체계적으로 아우르며 주도해 나갈 수 있게 한다. 결과적으로 이러한 제도의 도입과 실행이 라스베이거스의 컨벤션 발전을 가속화시키면서 산업의 위상과 미래를 세계적인 경쟁력 수준에서 지속가능한 성장으로 이끌고 있다.

이 점은 우리나라 국제회의도시들이 벤치마킹하고 실현해 나가야 할 컨벤션 인프라 전략의 기본이자 모델 요소가 된다. 더불어서 UNLV를 중심으로 한 컨벤션 전문인력의 육성과 호텔과 연계된 훈련 시스템이 산업 발전의 핵심 엔진이 되고 있다. 대학은 매우 실용적인 커리큘럼을 통해 산업계가 원하는 인력을 배출해 내고, 학생들은 세계 최대의 연구소라고 할 수 있는 주요 호텔들에서 200시간 인턴십을 필수 과정으로 이수한다. 이렇게 양성된 인력들은 바로 컨벤션 현장에 배치되자마자 고객의 눈높이로 대화하고 호흡하면서 만족스런 서비스를 창출해 낸다. 이제 라스베이거스는 가족단위 관광객들의 엔터테인먼트 수도 차원과 비즈니스맨들을 위한 컨벤션 도시를 넘어서 지식과 정보의 세계 허브(유통 중심지)가 되고 있다.

한편, 하루 숙박비 500달러를 내고도 시내에서 호텔방을 구하기가 어려운 뉴욕에서는 틈새시장을 찾아내서 거기에 집중하는 마케팅전략을 구사하고 있다. 즉, 뉴욕을 방문한 고객들이 돈을 쓰도록 하기 위해 처음부터 그만큼 능력 있는 부자 고객을 끌어들이는 것이다. 그러므로 뉴욕 관광청은 소위 돈이 되는 컨벤션을 유치대상 우선순위로 삼고, 그러한 고급 컨벤션을 발굴하고 유치하기 위해 노력하고 있다. 이왕이면 의료, 첨단 기술 등 뉴욕 물가를 감내할 수 있는 고액 지출의 컨벤션을 겨냥하는 것이다. 심지어는 상당히 씀씀이가 높은 것으로 알려진 게이나 레즈비언 행사를 유치하기도 한다. 또한 뉴욕이 금융, 출판, 미디어, 패션, 엔터테인먼트 중심지라는 이미지를 활용해, 기본적으로 이와 연관성이 높은 컨벤션을 유치의 우선순위로 둔다. 이를 통해 고물가와 복잡성 등

메트로폴리탄 도시의 단점을 극복하고, 장점과 특성을 컨벤션 산업에 100% 활용하자는 것이다. 따라서 뉴욕의 컨벤션은 숙박시설과 연계된 먹을거리, 볼거리, 살거리 등의 요소를 결합시켜 돈벌이가 되는 복합 비즈니스로 탈바꿈시키고 있다. 요컨대, 7만개가 넘는 호텔룸, 2만개에 가까운 레스토랑, 뮤지컬과 영화 · 그림 · 패션 · 디자인 · 영상 등 다양한 문화시설 들을 활용해 컨벤션을 유치하고 경쟁력을 유지해 나가는 것이다.

이제 뉴욕은 2015년까지 컨벤션 참가자를 포함한 관광객을 연간 5,000만명까지 유치하겠다는 청사진을 그리고 있다. 그리고 이를 위해 80% 이상의 방문객이 미국내 관광객인 점을 감안해, 해외 마케팅에 보다 적극적인 투자와 노력을 기울이고 있다. 이를 위해 가장 먼저 한국, 일본, 중국, 캐나다, 스페인, 러시아 등 잠재 고객이 많은 국가에 신규 해외 사무소를 개설했다. 동시에 한국어를 비롯해 프랑스어, 독일어, 이탈리아어, 일본어, 스페인어, 중국어 등으로 웹사이트 서비스를 제공하고 있다. 또한 호텔 숙박 상황을 분석해서 일요일이 가장 저조한 추세임에 착안, 보다 많은 관광객을 유치하기 위해 일요일 숙박비를 평상시에 비해 20~30% 할인하는 정책도 추진하고 있다. 이러한 뉴욕 컨벤션산업의 다양한 몸부림은 우리나라 컨벤션도시들에게도 신선한 아이디어와 도전요소를 제공한다. 즉, 서울, 제주, 부산, 대구, 대전, 광주, 인천, 창원, 고양 등이 저마다 다른 색깔로 저마다의 장점을 발휘하고 연계 · 융합할 필요성을 시사하는 측면이다.

3.3 아시아

2012년 UIA기준 국제회의도시 순위를 보면, 1위 싱가포르(952건), 5위 서울(253건), 6위 도쿄(225건)가 얼굴을 내밀고 있다. 컨벤션의 본산지인 유럽과 중심지인 미국을 흔들면서 아시아의 시대를 예고하는 움직임이다. 특히 아시아의 경제가 성장하고 잠재력이 주목되면서 싱가포르는 세계 경제 중심지로서 MICE 행사를 위한 최고 장소로 손꼽힌다. 전략적 입지 덕분에 주변국과 연결성이 뛰어나고 세계적 수준의 기반시설을 잘 갖추고 있어서다. 싱가포르에는 약 4,000개의 호텔 객실과 세계적인 컨벤션 시설들이 집적되어 있다. 2010년 마리나 베이 샌즈와 리조트 월드 센토사가 개장된 이후에는 세계 컨벤션산업계에 또 다른 발전 모델을 제시하면서 새로운 패러다임을 선도해 나가고 있다. 이후 싱가포르 관광객은 20%, 관광 소비지출은 48% 증가했다.

특히 싱가포르는 홍콩, 마카오와 함께 아시아를 대표하는 컨벤션 허브의 중심 역할을 수행하고 있다. 그 내용을 살펴보면, 싱가포르는 컨벤션과 전시, 박람회, 기업회의를 관광산업의 차세대 성장 동력으로 설정해 지식산업으로 발전시켜 나가는 중이다. 그리고 이 컨벤션을 주력산업인 물류, 무역 및 금융과 연계시켜, 컨벤션을 통한 무역기반의 확대와 금융고객의 확충으로 산업간 융 · 복합의 시너지효과를 산출하고 있다. 이에 반해 홍콩은 중국이라는 거대 배후 시장을 공략할 접근성과 언어적 장점을 살려 컨벤션 홍콩의 오래된 자존심을 지켜 나가고 있다. 이들 도시에 '새로운 컨벤션 모델'로 도전장을 낸 마카오는 라스베이거스가 무색하리만큼 거대하게 컨벤션 · 휴양 · 카지노를 결합시켜 글로벌 관광도시로 변신하고 있다.

우선 싱가포르를 보다 구체적으로 살펴보면, 싱가포르관광청(STB)은 2015년까지 약 1,700만명의 관광객을 유치해 105억 싱가포르달러(약 10조원)를 벌어들일 계획이다. 이중에서 약 30%는 컨벤션에서 벌어들일 계획인데, 싱가포르의 MICE 비중은 GDP 대비 1.9%에 이른다. 우리나라 컨벤션의 비중이 GDP 대비 0.45%인 점을 고려하면, 싱가포르 MICE산업의 비중과 미래의 성장 잠재력을 가늠할 수 있을 것이다. 참고로 우리나라의 관광산업의 비중은 GDP 대비 6.7%, OECD 평균인 11.5%와 비교할 때 거의 절반 수준에 불과함을 알 수 있다. 또한 2018년까지 왜래관광객 1,500만명을 유치하기로 목표를 세우고, 그 중에서 약 21%인 385만명을 MICE 참가고객으로 채울 계획이다(신성장동력 추진계획, 2009). 이 계획으로 보면 현재의 싱가포르 MICE 육성계획이 얼마나 도전적이고 적극적인 것인지를 짐작할 수 있을 것이다.

싱가포르는 어떻게 컨벤션산업을 국가 전략산업으로 키울 수 있었을까. 사실 싱가포르가 세계적인 MICE 국가로 성장하게 된 배경에는 정부 측의 적극적인 MICE산업 지원 정책이 큰 역할을 하고 있다. 이에 대해 싱가포르 관광청

지니 림(Jeannie Lim) MICE 담당국장은 “세계에서 가장 역동적인 도시 이미지 구축과 함께 MICE산업 육성을 위해 정부의 노력을 응집하고 있다. MICE산업은 관광에 대한 기여도가 매우 큰 만큼 비즈니스 이벤트를 만들기 위해 정부와 민간이 힘을 모으고 있다”고 말한다(G · Economy 21, 2012.01.06). 우리나라 대외경제정책연구원이 싱가포르 MICE산업의 SWOT을 분석한 결과에서도, 우수한 인프라와 정부의 적극적인 MICE산업 육성 의지 등이 강점으로 드러났다. MICE산업 지원을 위한 정부의 주요 기관 중 하나인 싱가포르 관광청은 BTMICE(Business Travel + MICE) 부서를 설립하여 MICE 육성을 위한 각종 정책을 펼치고 있다. 또한 관광청 산하의 싱가포르 전시컨벤션 뷰로는 컨벤션 및 회의개최 지원, 전시 및 컨퍼런스 개최 지원, 비즈니스 관광 개발 등의 역할을 하고 있다.

또한 관련된 주요 MICE산업 육성 정책으로는 전략적 클러스터(복합단지) 조성을 들 수 있다. 이는 국가 핵심 산업 관련 기관 및 사업 파트너들과 클러스터를 형성하여 컨벤션을 유인하는 전략을 의미한다. 참고로 MICE 복합단지는 전시, 컨벤션 등 기본적인 MICE활동 외에도 관광, 숙박, 쇼핑, 오락, 외식, 문화 등의 부가활동이 가능하도록 연계돼 MICE참가자의 다양하고 복합적인 니즈를 충족시킬 수 있도록 통합서비스를 제공할 수 있는 시설이다. MICE 복합단지가 세계의 주요 MICE 도시를 중심으로 새롭게 조성되고 있는 이유는 이 같은 사업기반이 MICE 참가자들의 소비지출을 촉진시켜 부가가치창출을 높이고, 지역경제를 활성화하는 데 매우 효과적이기 때문이다(이창현, 2013). 이에 대해 싱가포르 관광청의 담당팀장은 "정부와 컨벤션 기업들이 힘을 합쳐 방문객에게 최고 경험을 제공하는 민관 파트너십이 싱가포르 MICE산업의 핵심 경쟁력"이라고 강조한다. 이 점에서 싱가포르가 특별히 첨단 고부가 가치 분야에 대한 컨퍼런스를 집중적으로 유치하여 국가 이미지 제고에 나서는 점은 시사하는 바가 크다. 또한 인프라 확충과 동시에 그러한 인프라를 활성화시킬 수 있는 각종 MICE 지원제도를 개발해서 공격적인 마케팅을 구사하고 있다. 싱가포르에서는 싱가포르관광청의 7개 본부 중 MICE 전담부서가 집중적으로 MICE 진흥정책을 수립하고 추진한다. 예를 들어 400개 이상의 숙박시설을 이용하는 MICE 단체에는 30% 이상의 재정지원과 환영행사 등 다양한 서비스를 제공하는 등의 실질적인 현장 마케팅을 통해 좋은 평가와 피드백을 얻는다.(대외경제정책연구원, 2012).

한편, 싱가포르를 대표하는 컨벤션시설에는 마리나 베이 샌즈를 비롯해 리조트 월드 센토사, 선텍국제컨벤션센터, 싱가포르 엑스포 등이 있다. 이중에서 마리나 베이 샌즈는 엔터테인먼트, 비즈니스, 쇼핑을 한데 모아놓은 세계 최고의 복합리조트다. 창이공항에서 약 20분 거리의 상업구역 중심지에 위치해 있어 접근성도 뛰어나다. 최신식 컨벤션센터 외에 최고급 호텔, 극장, 쇼핑몰 등을 모두 갖추고 있다. 샌즈 컨벤션 센터의 규모는 5개 층, 12만 m^2에 이른다. 최대 2,000개 전시 부스와 250개 회의실을 구성할 수 있는 규모다. 리조트 월드 센토사도 마이스산업에서 빼놓을 수 없는 장소다. 이곳은 동서 4 km, 남북 1.6 km의 작은 센토사섬에 자리하고 있다. 센토사섬은 싱가포르에 있는 60여 개 섬 가운데 본섬에서 가장 가깝다. 기둥 없는 대형 연회장은 7,300석 규모로 아시아 최대를 자랑하며 26개 미팅룸을 갖추었다.

또한 테마파크와 카지노 등 엔터테인먼트 시설을 제공한다. 선택국제컨벤션센터는 싱가포르 정부가 본격적으로 컨벤션산업을 홍보하고 유치했던 시기인 1995년에 완공되었다. 2~3층에는 행사 형태에 따라 100~400명까지 수용 가능한 31개 미팅룸이 있다. 기둥이 없는 10만600 m^2 공간에 5,000여 명을 동시에 수용할 수 있는 컨벤션홀을 갖추었고, 창이공항에서 20분 거리에 위치한다. 그리고 싱가포르 엑스포에서도 연평균 600건 이상의 이벤트가 펼쳐진다. 싱가포르 엑스포 총규모는 12만 m^2이며 공항에서 15분 정도 소요되므로 접근성이 좋은 편이다. 10여 개 컨벤션센터, 다목적 전시관과 10여 개 콘퍼런스룸을 갖춘 싱가포르 엑스포는 최대 1만9,000명의 인원을 수용할 수 있다. 금융, 문화, 쇼핑 중심지에 위치하는 래플즈 시티 컨벤션센터 역시 비즈니스 목적의 방문객들이 편리하게 이용할 수 있다. 이뿐만 아니라 래플즈 호텔, 페어몬트 싱가포르, 스위스 호텔, 더 스텐포드 호텔과 같은 특급 호텔과 래플즈 시티 쇼핑몰 인근에 위치해 미팅 장소로 매우 적합하다. 총 6503 m^2, 27개 미팅룸을 갖추고 있으며 최대 600명까지 수용할 수 있다. 또한 3200명까지 수용할 수 있는 래플즈 볼륨도 마이스 행사에 적합하다(신익수, 2012).

이상의 컨벤션 하드웨어를 위해 싱가포르는 2008년부터 5년간 1억7,000만 싱가포르달러를 투자해 비즈니스 이벤트 인 싱가포르(Business Event in Singapore)라는 글로벌 마케팅 캠페인을 전개해 왔다. 2006년부터 시작된 이 프로그램은 2010년까지 싱가포르에 각종 비즈니스 행사를 유치하기 위한 5개년 마케팅 캠페인으로 관광개발기금으로 조성된 20억싱가포르달러 중 1억 700만달러를 투자하고 있다. 자금 중 대부분은 기업회의나 포상 여행, 컨벤션, 전시 업무를 만들어 내거나 행사를 유치한 기관이나 주최자를 지원하는 인센티브 자금으로 활용한다. 뿐만 아니라 싱가포르관광청은 국제항공운송협회(IATA), 세계지적재산권기구(WIPO)와 같은 국제기구의 아 · 태 지역본부 유치에도 적극적이다. 60여 개 기구를 유치해 이벤트 기회의 잠재력, 고용창출 효과, 경제적 파생 효과를 높이고 있다.

또한 해외 컨벤션업체와의 글로벌 채널 구축도 주요 산업으로써, 싱가포르 관광청이 구축한 컨벤션뷰로 간 글로벌 협력 네트워크가 중요한 역할을 한다. 두바이, 밴쿠버, 에든버러, 케이프타운, 코펜하겐 등 대륙별로 주요 컨벤션뷰로와 글로벌 네트워크를 구축해 베트스 시티 글로벌 협력체(Best Cities Global Alliance)를 만들어 동반성장을 모색하고 있다. 싱가포르 내 컨벤션산업 종사자들과의 협력 네트워크 또한 핵심적인 역할을 하고 있다. 산업별 협회와 기업, BTMICE 관계자, 정부를 하나의 클러스터(Cluster)로 묶어서 비즈니스 행사를 탄생시킬 하나의 생태계로 육성하고 있다. 싱가포르에 진출한 7,000여 개 다국적 기업과도 네트워크를 구축해 기업 행사 수요를 파악하고 지원방법을 홍보한다. 싱가포르관광청은 협회와 산업별로 영향력 있는 사람들을 콘퍼런스 대사로 임명해 싱가포르 컨벤션산업을 유치하고 알리는 대변인 역할을 맡기고 있다. 환경, 금융, 교통 · 물류, 디지털 등 분야별로 1,000여명의 컨벤션 대사를 임명한다. 정부는 이 같은 민 · 관협력 네트워크를 구축하는 한편 일정 규모 이상 컨벤션 개최시 해외 마케팅 비용, 컨벤션 관리비용 중 30% 이상을 과감하게 지원한다. 주목할 만한 사실은 외국의 이벤트 주관업체에도 자금을 지원한다는 것이다(매일경제 등, 2008). 이러한 노력에 힘입어 2010년 세계 최대의 국제회의 전문기구인 국제컨벤션협회(ICCA)에 의해 아시아 최고의 컨벤션 개최지로 9년 연속 선정되었다.

한편, 2006년, 라스베이거스를 제치고 세계 최고의 도박도시로 변신한 마카오도 컨벤션산업에 미래를 걸고 있다. 마카오에서 영업을 하고 있는 30여개의 카지노호텔에서 기업 회의를 하고 쇼와 도박을 즐기려는 중국의 거부 기업인들이 줄지어 있기 때문이다. 그러나 정작, 마카오 사람들은 관광산업 경쟁력을 '동 · 서양의 공존 문화'에 두고 싶어 한다. 마카오의 화려한 현대적 모양 이면에는 1500~1600년대 포르투갈의 진출과 함께 400여 년 동안 서양문물이 중국으로 들어가는 관문역할을 하였던 역사가 깔려 있어서다. 마카오는 영국의 문화를 받아들인 홍콩과 달리 포르투갈을 중심으로 한 남유럽 문화가 곳곳에 배어 있어, 동 · 서양 문화가 서로 조화를 이룬 도시로 자리하게 되었다. 그래서 마카오 사람들은 미국 라스베이거스를 의식한 듯, '마카오 문화는 하루 이틀이 아니라 수백 년에 걸쳐서 쌓아올려진 전통의 산물"이라고 말하기를 즐긴다. 이러한 사실은 유네스코가 2005년 7월, 마카오 주요 유적지를 세계문화유산으로 지정하면서 전 세계에 알려졌고, 카지노를 넘어서 마카오의 관광을 빛내는 관광상품으로 다루어지게 되었다.

이러한 사실을 아는지 모르는지, 마카오를 찾는 관광객이나 가족 단위 여행객은 주말이나 휴가 때에 마카오를 찾는데 반해 사업가들은 국제회의나 전시회를 위해 주중에 움직인다. 특히 마카오 베네치안은 미식축구장 56개가 들어설 수 있는 약 100만 m^2에 세계 최대 카지노 리조트를 조성했다. 리조트 내 시설들은 1만5,000명이 관람할 수 있는 경기장과 108개 회의장으로 구성된 컨벤션 시설, 박람회장 6개, 3,000개의 스위트룸, 350여 개의 명품 상점, 대형 극장, '태양의 서커스 상설 공연장, 10개의 수영장 등이 그야말로 완벽한 복합리조트를 형성하고 있다. 게다가 객실 증축 공사가 완료되면 약 1만9,000개 이상의 객실을 보유하게 된다. 세계 최대의 회의와 행사를 유치하는 데 아무런 문제도 없을 만큼 규모의 경쟁력을 갖추게 되는 것이다.

베네시안 마카오 리조트 호텔과 길 하나 사이에 두고 자리한 시티 오브 드림즈 역시 주목할 만한 시설이다. 1,400여 개의 객실을 비롯해 쇼핑몰과 행사장 등 각종 편의시설들이 가득 차 있다. 진행 중인 객실 증축 공사가 완료되면 800여 개 룸이 더 확보되어, 2,200 객실을 갖춘 메머드급 호텔이 된다. 또한 갤럭시 마카오도 마카오지역 최대의 리조트 호텔로써 워터파크, 푸드코트, 엔터테인먼트 시설 등을 두루 갖춘 복합문화공간이다. 이밖에도 리츠칼튼호텔, 메리어트호텔, 데이비드 탕 부티크호텔 등이 들어서는 스튜디오 시티와 각종 엔터테인먼트 시설들이 마카오를 지금보다 앞으로가 더욱 기대되는 MICE 중심지로 만들어 갈 것이다.

어쨌든 이러한 시설의 이점은 행사 후 따로 이동할 필요 없이 한 곳에서 여가를 즐길 수 있도록 해준다. 한마디로 원스탑(One Stop) 서비스를 한 번에 제공받을 수 있다. 바로 이러한 인프라야 말로 컨벤션, 휴양, 카지노를 한 곳에서 해결할 수 있게 하는 마카오의 최대 장점이다. 사실, 마카오는 특급호텔, 컨벤션센터, 레저 시설 등 편의시설이 잘 갖춰져 있다, 게다가 이러한 시설들이 잘 이용될 수 있도록 홍콩, 도쿄, 서울 등 아시아 중심 도시와 3시간 내 편리한 교통 노선으로 연결되어 있다.

마카오를 비즈니스 여행지로 손꼽는 사람들은 그 이유를 첫 번째, '쉽게 접근 가능한 교통편'이라 말한다. 현재 20여개 항공사가 마카오 국제공항에 취항한다. 게다가 홍콩에서 페리를 타면 50분 내에 마카오까지 닿는다. 홍콩은 물론 서울, 베이징, 도쿄 등 아시아의 중심 도시에도 비행기를 이용하면 3시간 이내에 도착 가능한 것도 매력적이다. 두 번째 매력은 마카오의 도시구획이 비교적 잘 되어 있어서, 마카오에서는 어디를 가든지 시간에 쫓기지 않는다는 점이다. 시내 번화가에서 시원한 전망의 해변까지 자동차로 30분이면 닿을 수 있다. 이러한 교통의 편리성은 시간에 쫓기는 비즈니스 여행자에게 보다 업무에 집중할 수 있는 여건을 제공한다. 다만, 관광객 급증에 따른 접근성, 도로망 등 사회간접자본(SOC)의 확충은 지속적으로 해결해 나가야 할 과제로 보인다.

한편, 홍콩은 아시아 컨벤션산업의 개척자로서 오래 전부터 MICE 경쟁력을 높이고 있다. 과연 그 성공비결은 무엇일까. 중국 관문(Gateway to China)으로서의 지리적 위치, 컨벤션 인프라. 그리고 중국 고객(시장)으로 정리된다. 이에 대해 홍콩관광청장을 지낸 에이미 찬 교수도 '홍콩 컨벤션산업에서 중국이 가장 소중한 자산'이라고 덧붙인다. 사실 중국시장이 커지면서 앞서 있는 홍콩의 사회, 문화, 교통 등 선진화 시스템이 파트너를 만나 빛을 발하게 되었다. 이를테면, MICE의 회의나 전시 등은 항공, 호텔, 교통 등 첨단 시설이 잘 갖춰진 홍콩에서 개최하고, 행사 중간이나 말미에 관광프로그램으로 기획된 골프는 값이 저렴한 중국에서, 카지노는 마카오에서 해결함으로써 참석자들의 다양한 니즈를 충족시키는 것이다. 또한 쇼핑과 다양한 먹을거리, 엔터테인먼트 등 홍콩의 강점들이 낮에는 물론 밤에도 방문객들에게 즐거움을 선사하고 있다. MICE산업의 핵심이라고 할 수 있는 컨벤션 회장과 숙박시설도 홍콩은 세계적으로 인정을 받고 있다. 고객이 원하는 가격대에 맞는 다양한 호텔이 150개 이상 준비되어 있으며 1,000명이 넘는 인원을 수용할 수 있는 컨벤션 센터도 여러 개 갖추고 있다.

사실 홍콩은 아시아의 무역 및 금융 중심지로서 MICE산업의 성장기반을 갖추었을 뿐만 아니라, 2,400여개의 항공편으로 전 세계 120개국 이상을 거미줄처럼 연결하고 있는 항공의 국제적인 접근성도 홍콩의 큰 장점이다. 더불어서 홍콩에 소재해 있는 6,440개의 외국계 회사와 이들의 3,890개 지역본부는 홍콩에서 기업회의가 열리기에 매우 유리한 조건을 제시하고 있다. 이러한 비즈니스 환경은 홍콩으로 하여금 관광산업의 노하우와 서비스 품질을 축적케 하고, MICE 행사를 위한 다양한 문화적 소프트웨어를 풍부하게 가질 수 있도록 하였다. 실제로 홍콩은 기업회의와 인센티브 미팅을 위해 다양한 팀빌딩 활동과 문화체험 프로그램이 강점이다. 사자춤 공연, 요리교실, 다도체험, 용성경주, 풍수 교실 등이 그러한 예들이다. 특히 홍콩 사람들의 세계적인 비즈니스 경험, 언어 능력, 수준 높은 서비스 의식은 아시아국가에서는 드물게 컨벤션 지향적인 풍토를 형성케 하였다.

하지만 무엇보다도 중요한 경쟁력은 홍콩정부가 MICE 관광산업의 중요성을 인식, 2008년 11월 MICE전담기구인 MEHK(Meetings & Exhibitions Hong Kong)을 설립해 MICE 비즈니스를 한 단계 끌어 올리는 데 심혈을 기울이기 시작한 것이다. 정부의 MICE 담당자들은 일찍부터 '최고의 MICE 도시가 되기 위해서는 공항, 호텔 등의 하드웨어만으로는 부족하고, 언어사용 및 비즈니스 환경과 경험, 서비스 품질 등 소프트웨어가 중요하다'는 인식을 가지고 필요한 정책을 펼쳐 왔다. 국가 차원에서 이루어진 MICE산업에 대한 관리와 후원, 적극적인 지원정책과 마케팅 활동은 홍콩의 MICE산업에 활기를 불어넣었다. 뿐만 아니라 전시박람회와 컨벤션 참가자들을 위한 '전용입국심사대'를 마련, 공항에서 좀 더 빠르고 간단하게 입국할 수 있는 절차를 만들었다. 이 외에도 홍콩은 독립적인 사법권, 영어의 자유로운 사용, 자유무역항에 의한 수출입의 자유 등 MICE산업 발달을 위한 여러 가지 이점을 갖고 있다. 인센티브 여행을 위해 만들어진 홍콩 리워드(Honf Kond Rewards) 또한 홍콩 MICE산업의 자랑이라고 할 수 있다. 홍콩 리워드는 홍콩관광청이 기업 미팅과 인센티브 여행객들을 위해 만든 지원 프로그램으로 20명 이상, 2박 이상 홍콩에 머무르는 단체가 최소 지원 조건이다. 기본 패키지는 프로그램 내용은 가이드북, 할인쿠폰세트, 기념품, 박물관 패스 등을 제공한다. 참가인원이 많을수록 제공하는 혜택이 더욱 많아진다. 150명 이상의 단체는 사자춤 배우기, 타이치(태극권), 다도교실, 광동극 체험 등 문화 체험이 가능하다.

홍콩의 대표적인 전시장인 홍콩전시컨벤션센터(HKCEC)는 건물면적이 19,300평, 전시실이 14,100평이고, 회의실(2분할)은 6,100명 가량 수용 가능하다. 2개의 대강당(연면적800m2, 1000개 좌석)과 52개 회의실(연면적6,900m2), 7개의 세계적인 레스토랑, 주차장(1,350대 수용) 등이 백화점, 은행, 비즈니스센터 등 회의 관련 대시설들과 함께 매력을 발휘, 하루에 14만명 정도의 참가자를 끌어들인다. 이 HKCEC 외에 HITEC, HK Exhibition Center, Asia World Expo 등 4개의 전시장을 중심으로 홍콩은 풍부한 대형 컨벤션 경험과 고객 자원, 세계적인 컨벤션 장비, 홍콩 정부의 컨벤션 인력 육성 등의 환경하에 컨벤션산업의 지속적인 발전을 꾀하고 있다. 홍콩을 겨냥해서 주로 금융 업계에서는 비즈니스 회의에 따른 여행을, 의료, 학술단체 등 비영리기관에서는 컨벤션을, 일반 기업 특히 보험회사, 제약회사, 학습지 회사 등에선 인센티브 여행을 선호한다. 그리고 홍콩이 강세를 보이는 전시분야는 생활소비재, 섬유 · 패션, 건축가구, 전기 전자, 정보통신, 서비스 마케팅 등 전 분야에 걸쳐 있고, 세부적으로 보면 시계, 보석, 전자, 광학, 완구 등 경공업형 소비재 중심으로 많은 관련 외국인들이 참가한다. 비록 참가비 및 컨벤션센터 주변 숙박시설의 고비용, 인근 마카오의 등장 등이 문제로 인식되기도 하지만, 홍콩은 여전히 역사적 · 입지적 조건으로 인해 국제 컨벤션도시로서의 잠재력을 갖고 지속적인 미래를 내다보고 있다. 무엇보다도 홍콩정부의 적극적인 지원정책과 공격적인 해외마케팅 활동이 홍콩 MICE의 지속적인 경쟁력을 뒷받침해 줄 것으로 기대된다.

4 관광, 컨벤션으로 승부하라

제주는 2008년 9월, 지식경제부(산업통상자원부)가 발표한 '5+2 광역경제권별 선도산업 발전비전'에서 2009년부터 2012년까지 3년간 MICE(관광레저)를 제주광역경제권의 선도산업으로 지정받았다. 사실, 제주도는 MICE의 풍부한 배후시장을 가진 동북아 요충지로서의 지정학적 위치와 세계자연유산으로 지정받은 자연경관, 독특한 섬문화 및 문화자원, 광범위한 편의시설과 관광산업, 중대형 MICE 기반 시설 등에서 자타가 공인하는 MICE산업의 강점을 가진 곳이다. 실제로 제주는 국내의 다른 지역들보다 MICE산업 생산 유발효과 및 부가가치 유발효과가 전국 평균을 현저히 웃돌고 있으며, 취업자수 증가효과도 전국 평균보다 높은 편이다. 요컨대, MICE산업과 기존 산업과의 연계에 의한 시너지 효과가 다른 지역에 비해 커서, 그 경쟁력이 비교적 높은 것으로 평가되고 있다(원성심, 2011).

실제로 제주의 MICE산업은 2003년 3월, 제주국제컨벤션센터(ICC JEJU)가 개관하면서 본격적인 행보를 시작하였다. 그러고 보면, 제주가 MICE를 향해 발걸음을 내디딘 지 5년만에 그 경쟁력과 잠재력을 객관적으로 인정받은 셈이다. 앞서 살펴본 유럽이나 미국, 아시아의 타 도시들에 비해 괄목할만한 실적이라 하지 않을 수 없다. 참고로 제주는 2012년 기준으로 UIA가 발표하는 국제회의 개최순위에서 아시아 8위, 세계 22위를 기록했다. 이는 제주가 MICE 선도산업 전략추진의 목표로 2009년도에 설정한 'UIA기준 컨벤션 유치 세계

25위권 진입'을 넘어서는 성과다. 피터 드러커(Peter F. Druker) 교수가 정의한 바, '전략은 자사의 현재 위치를 바탕으로 미래에 어느 곳으로 가려고 하는지, 그리고 어떻게 하면 그곳에 도달할 수 있는지를 이해하는 것'이란 점에서 보면, 정부가 제주의 선도산업을 MICE로 결정한 전략은 탁월한 선택인 셈이다.

그런데 실은, 이보다 10여년 앞서서 제주는 이미 전략적으로 컨벤션을 관광산업의 새로운 패러다임으로 설정해 구체적인 로드맵을 그려왔다. 말하자면, 제주국제컨벤션센터(ICC JEJU)가 처음으로 논의된 게 제주도 도제실시 50주년을 기념하는 1996년도부터의 일이다. 그 때로 되돌아가 보면, 당시의 도백인 신구범 지사가 '21세기 동북아 중심축을 향한 제주, 새로운 반세기를 출발하며'라는 제하의 기념사를 통해 컨벤션센터 건립을 제안하고 있다."저는 1백만 제주인 여러분에게 앞으로 제주를 국제회의도시로 발전시키기 위한 국제회의시설, 즉 컨벤션시설을 우리 제주도민들의 손으로 건립해 냄으로써 ASEM 유치 노력 때 보여주셨던 도민통합의 정신을 완성시켜 주실 것을 제안합니다."라고.

사실 대규모 국제회의 시설의 건립계획은 1994년에 수립된 제주도종합개발계획(p.330)에 포함되어 있다. 국가적 차원에서도 제주도를 국제회의 거점지역으로 발전시키려면 최첨단 시설의 컨벤션센터가 필요함을 공감하고 있었던 것이다. 이러한 상황에서 제주도가 의욕적으로 추진하였던 2000년 ASEM(아시아유럽정상회의) 유치의 실패가 직접적인 촉매제 역할을 하였다. 우리나라 정부가 2000년 ASEM의 한국 유치를 국민적 과제가 설정하자마자, 제주는 가장 먼저 전 도민이 한 뜻으로 제주유치 운동을 전개했다. 제주도는 우리나라 관광의 1번지'라는 명성에 걸맞게 관광, 숙박, 주변 여건 등에서 타 지역보다 우수한 평가를 받았다.

하지만 컨벤션시설이 없다는 이유로 ASEM은 서울 코엑스로 가고 말았다. 이 실패를 그저 포기로 마무리 짓기에는 당시의 도민 열기와 의지가 너무나 뜨겁고 절실했다. 그래서 도민들은 차라리 우리 손으로 컨벤션센터를 건립해서 '제주도를 21세기 동북아의 주요 국제회의 중심지역으로 만들어 내자'는 결단을 하기에 이르렀다. 당시 제주는 중문관광단지의 특급호텔을 중심으로 신혼여행지의 관광특수를 누리고 있었다. 그러나 국민소득이 증가하고 해외여행이 자유로워지면서 신혼여행지가 발리, 푸켓, 하와이 등 동남아시아와 미주를 넘어 유럽으로까지 다변화하는 움직임을 보였다. 제주는 더 이상 신혼고객을 두고 관광의 미래를 기약할 수 없는 상황임을 직감했다. 그래서 관광의 새로운 돌파구로 국제회의, 즉 컨벤션에 눈을 돌리고, 온 도민들이 '해보자'는 자세로 목표를 향해 과감하게 돌진하였던 것이다.

따라서 1996년 8월 1일, 당시 도지사에 의해 제안된 컨벤션센터는 바로 타당성조사와 도민들의 뜨거운 공감에 의해 1년 후인 1997년 8월 1일 주식회사 제주국제컨벤션센터의 설립으로 급속히 이어지게 되었다. 그야말로 한 편의 드라마와 같은 대 반전의 역사가 펼쳐진 것이다. 일찌기 피터 드러커 교수가 '미래기업'에서 설파한대로 평탄한 대지에도 오르막과 내리막의 경계점이 있듯이 역사에도 경계가 있다면, 이 때야 말로 바로 그 경계선이었던 셈이다. 우리가 보통 자연환경의 변화를 관찰해 보면, 대부분은 단순한 지형의 변화에 불과하고 기후나 언어, 생활양식이 크게 달라지지는 않는 듯 보인다. 하지만 예외적인 분수령, 즉 실제적인 경계가 있는데, 이것은 특별히 높지도 눈에 띄지도 않지만 분명히 대자연의 변천과정에서 가늠자가 된다. 이처럼 역사의 경계선도 당시는 눈에 잘 띄지 않고 그 시점에서는 뚜렷이 구분되지도 않지만, 이것을 지나면 사회적인 풍경과 정치적 풍광이 변한다. 분위기가 바뀌고 사용하는 말들도 달라진다. 어느새 새로운 현실이 시작되는 것을 알 수 있게 된다. 이처럼 세계는 역사의 경계를 넘으며, 사회는 수 십 년에 걸쳐 다음에 올 새로운 시대를 준비한다. 세계관이 바뀌고 가치관이 달라진다. 마침내 50년 후에는 새로운 세계가 열리고, 그 경계를 넘은 후의 세대는 조부모가 살았던 세계나 부모가 태어난 세계에서는 상상할 수도 없이 달라진다. 우리 제주야말로 그러한 전환기에 직면해 있었던 셈이다. 어떻게 이 역사적 기회를 제대로 살려낼 것인가?

제주도정은 발상을 전환했다. 컨벤션센터 내에 부대수익사업을 도입해 수익성을 보전한다는 방안을 수립했다. 그리고 도민과 도내 기업들에게 도민주를 발행해 자금을 조달할 수 있는 길을 열었다. 동시에 제주국제컨벤션센터의 건립이 제주도의 기념비적인 사업임을 감안해 세계 최초로 도민들이 직접 참여하는 제3섹터 방식의 개발형태를 수립했다. 통상적으로 컨벤션센터는 그 지역의 관광 활성화를 위해서 반드시 필요한 시설임에도 불구하고 자체로서는 수익성이 없기 때문에 정부 또는 지자체의 재정지원이나 그 지역 관광관련 업체들의 보조금으로 운영되는 것이 대부분의 외국 사례다. 따라서 (주)제주국제컨벤션센터는 대규모 쇼핑센터 및 면세점, 대형 카지노, 영상돔(映像dome) 등의 부대사업 운영을 통해 수익성을 확보할 계획을 세웠다. 더하여 아울렛, 노천까페, 상설 문화공간 등으로 둘러싸인 공간을 야외무대로 활용하고 밤에는 컨벤션센터의 벽을 이용한 레이져 쇼와 주상절리의 조명장치 등을 통해 야간관광의 명소로 부각시킨다는 마스터플랜도 마련했다. 오늘날 마카오의 베네시안 리조트나 싱가포르의 마리나 베이 샌즈 같은 컨셉을 이미 15년 전에 제주는 그려냈던 것이다. 그 굉장한 청사진이 가져올 희망수익에 대한 기대감은 도민들의 투자열기를 뜨겁게 달구었다.

그 열기가 얼마나 뜨겁던지, 공모주 모집의 마감일이 당초보다 지연되기도 하였다. 최종 마감 결과 3만 3,969명이 참여한 것으로 집계되었는데, 이는 도민주 모집을 발의한지 불과 2개월만에 이루어진 성과다. 도내는 물론 육지부와 일본에까지 흩어져 사는 도민들이 십시일반으로 참여해서 이루어진 애향자본이 1천억원 넘게 지역경제에 유입된 사례는 대한민국 역사에 처음 있는 일일터이다. 한 번 상상해 보라. 1997년 8월 1일 오전 10시 한라체육관, 컨벤션이 주도하는 제주관광의 신천지를 기대하면서 가슴 벅차게 모여든 5천여명의 창립총회 참석자들과 그 도민 주주들이 한마음으로 바라보았을 국제컨벤션센터의 웅장한 모습을!

이들의 꿈을 담아내기 위해 제주국제컨벤션센터는 국제지명현상설계를 통해 니혼 세케이(NIHON SEKKEI)의 '바닷가 등대' 콘셉트로 디자인 되었다. 전면이 유리로 된 7층 건물은 그 안에서 제주바다와 한라산이 한눈에 연결될 수 있는 구조로 그려졌다. 오디토리엄을 갖춘 5,000석 규모의 대회의실(탐라홀)에 8개국 동시통역실, 화상회의시설, 첨단 음향과 조명, 회의용 장비를 갖추어 대규모 국제회의, 강연회, 시상식, 음악회, 연회, 패션쇼, 스포츠경기, 전시등이 가능하도록 설계되었다. 한국 최대의 규모였다. 특히 대회의실에 6~7천명이 몰려들어도 자연스럽게 소통이 되도록 포이어(Foyer)를 넓고 밝게 잡아

안내, 접수, 휴게, 조망 등이 가능하도록 하였다. 이 설계는 지금의 국내 컨벤션센터 중 최대 수용인원을 자랑하는 벡스코의 그랜드볼룸보다 더 규모가 큰 그림이다. 비록 건설 도중에 IMF를 만나 규모가 3,500석으로 축소되었지만, 지금도 교실식의 컨퍼런스홀로 사용하면 4,300명이 수용 가능하고, 극장식으로 좌석을 바꾸면 6,000명까지도 앉을 수 있다.

만약 제주국제컨벤션센터가 처음의 청사진 그대로 완성이 되었다면, 우리나라는 2003년도 초반에 이미 오늘의 싱가포르 마리나 베이 샌즈와 같은 컨벤션 복합단지를 구축하였을 터이다. 싱가포르보다 10년 앞서서 한국이 아시아 컨벤션산업의 패러다임을 선도하였을 수 있는 일이다. 그러므로 지금이라도 제주의 경우에는 ICC JEJU에 전시장, 쇼핑센터, 놀이시설 등을 확충하여 MICE 복합단지(IR)를 조성하는 게 시급하다. 이는 우리나라 정부가 제주에 대해 계획한 MICE 선도산업의 성과를 제대로 거둘 수 있는 전략인 동시에, MICE산업의 글로벌 경쟁력을 획기적으로 높일 수 있는 방안이 될 것이다. 이러한 맥락에서 현재 우리나라 정부가 국제회의도시로 지정한 국내 도시들에 대해서도 각 도시의 차별적 강점을 중심으로 MICE 유형별 특화전략을 추진한다면, 현재로서는 제조업에 비해 상대적으로 열위에 있는 한국 MICE산업의 글로벌 경쟁력을 한층 제고할 수 있을 것이다. 그리고 이것이 우리나라 관광산업의 국제경쟁력을 높이는 하나의 루트, 전략적 대안으로 기능하리라 보아진다. 이 점에서 컨벤션은 관광산업의 꽃임을 재삼 환기하고, 전국의 컨벤션 꽃밭에 창조경제의 밑거름을 듬뿍 뿌려줌으로써 제2의 관광산업 르네상스를 도모하는 게 어떨까 싶다. 이를 위한 메커니즘으로 조동성 교수의 9 factor 및 ser-M모델을 제안하며, 우리나라 국제회의도시들이 주도하는 도시관광의 새로운 부흥기를 기대한다(허정옥, 2012).

참고문헌

김대관(2012), 2012 한국 관광정책 포럼, 11.29,

김수열 · 허정옥(2012), 스포츠 전시컨벤션의 참가유형에 따른 개최지 선호도와 만족도의 차이– 스쿠버다이빙 전시컨벤션을 중심으로 – ,Journal of the Korean Data Analysis Society, December.

김시중(2006), "컨벤션센터 선택속성과 재선택 및 추천의사에 관한 연구", 마케팅관리연구 제11권 제1호, pp.77~93.

김철원(2007), 국제회의 도시 지정의 효과, 서울경제, 서울시정개발연구원.

김철원(2012), 질적 성장과 가치 중심관광, 한국관광산업 미래전략포럼, 한국관광공사, 11.5.

국가경쟁력강화위원회(2010), g20 정상회의를 계기로 한 전시 · 컨벤션산업 발전방안, 제22차 회의보고서.

뉴스와이어(2013), 2012년 한국 국제회의 개최순위 세계 5위 달성, 06.04.

대한국토 · 도시계획학회(2012), 싱가포르 복합리조트 개발의 경제적 파급효과

매일경제, http://www.mk.co.kr

매일경제 · 문화관광부 · 한국관광공사(2008), 선진 컨벤션 현장을 가다.

문화체육관광부(2013, 보도자료–국제회의개최순위, 06.05.

박광무(2013), 지역과 공생하는 창조관광, 지역문화관광포럼,

박근혜대통령취임사. 2013.2.25

박의서(2005), MICE산업의 이해, 학현사.

박창수(2003), 컨벤션산업론, 대왕사

백은희 · 허정옥(2011), MICE 선택속성의 중요도와 만족도간 차이가 재선택에 미치는 영향, 마케팅관리연구, 7월호.

선종갑(2011). 컨벤션의 참가동기와 선택속성을 통한 시장세분화에 관한 연구, 호텔관광연구, 13(1), PP. 90–103.

신동일(2011), MICE산업의 지역경제 파급효과 연구, 제주발전연구원.

심원섭(2006). 창조성이 관광경쟁력이다.『한국관광정책』 pp. 74-83.

______(2010).「최근 관광트렌드 변화와 향후 정책방향」 한국문화관광연구원.

______(2012).「미래 환경변화 전망과 신관광정책 방향」 한국문화관광연구원.

______(2013), 창조경제시대의 관광정책의 패러다임 전환 모색.

아시아경제(2013), 경제효과 10조원, MICE 큰 판 벌린다, 1.21

안경모(2008), 한국의 MICE산업 발전 방안, 한국관광공사.

원성심(2011), 광역경제권 프로젝트 'MICE'와 '물산업'이 떴다, 헤드라인제주, 08.29.

이미란, 주현식(2005), 컨벤션의 이미지, 지각된 서비스질, 관여도, 지각된 가치가 고객만족과 고객충성도에 미치는 영향, 관광레저연구, Vol.17 No.2, pp. 61~78.

이은수(2004), "컨벤션 참가자를 위한 관광프로그램의 지불의사 추정과 관광시장세분화의 결정요인 분석", 세종대학교 대학원 박사학위논문

이유재(1995), 관계마케팅을 통한 경쟁우위에 관한 연구, Marketing Communication Review, 제 1권.

이유재(1998), 관계마케팅의 개념과 실천에 대한 연구, 서울대학교경영대학경영연구소

이유재(2004), 서비스마케팅, 학현사, p.324.

이은수 · 서진우(2010), 컨벤션경영론, 기문사.

이혜련(2006). 국제 컨벤션 참가자의 서비스 품질 지각, 서비스 가치 및 만족이 행동의도에 미치는 영향, 관광연구, Vol.21 No.3, pp.129-145.

전병태 외(2012), 창조경제시대의 일자리 창출을 위한 기초연구-문화체육관광 분야를 중심으로, 한국문화관광연구원.

제18대대통령직인수위원회(2013).「박근혜정부 국정비전 및 국정목표」

제주발전연구원(2009), 한 · 아세안 특별정상회의 개최에 따른 지역경제 · 사회적 효과 분석, JDI Opinion, 07.02.

제주의 소리(2013), 제주, 역시 국제회의도시! MICE산업 쾌속질주, 06.08.

제주컨벤션뷰로(2011), JEJU MICE, 2.24.

조동성(2012), 관광산업의 미래전략, 제45차 제주경제와 관광포럼 세미나, 12.14.

조동성(2013), 창조경제의 시작, 대체 휴일제, 동아일보, 6.26.

주영민(2010). MICE산업의 기회와 도전, SERI 경제포커스, 삼성경제연구소, 제 281호

최용민(2010), G20 정상회의 개최를 계기로 본 MICE산업의 현주소와 육성전략, Trade Focus, Vol.9, No.5, 한국무역협회.

최승진(2008), 선진 컨벤션 현장을 가다, 매일경제.

최은수(2008), 선진 컨벤션 현장을 가다, 매일경제.

최태영(2010), MICE 도시 경쟁력 평가 모형 개발에 관한 연구–비계량 부문을 중심으로–, 경희대학교 대학원 석사학위논문.

한국관광공사(2008), 열정과 도전으로 일군 컨벤션 유치 스토리.

한국관광공사(2010), 한국의 MICE산업 발전방안.

한국관광공사(2011), 2011 MICE산업 통계조사 연구보고서.

한국관광공사(2012), WHY KOREA? YES KOREA!, 한국관광공사 글로벌 컨벤션 유치 사례 모음집.

한국은행 제주지역본부(2011), 제주 MICE산업의 경쟁력 현황과 과제.

한범수(2012), 창조관광기반의 관광발전 전략, 한국관광산업 미래전략포럼, 한국관광공사, 11.5.

한상진(2013), 기업탐방: 창립 15년, 명품 리조트로 거듭난 강원랜드, 신동아 7월.

황희곤 · 김성섭(2002), 컨벤션마케팅과 경영, 백산출판사.

해리 벡워드(2000), 보이지 않는 손길, 홍성태 역, 더난출판사.

허정옥(1998), 관계마케팅과 기업의 생존, 탐라대학교 논문집 창간호, 11.

허정옥(2004a), 로라와 조영남이 보여주는 관계, 교차로, 지역뉴스, 8.23, 734호.

허정옥(2004b), 자동차 서비스의 관계마케팅 전략을 위한 관계요인과 관계구조 분석, Journal of the Korean Data Analysis Society, Vol.6, No.5, October.

허정옥(2005), 학원의 서비스품질이 관계품질과 관계유지의도에 미치는 영향, Journal of the Korean Data Analysis Society, Vol. 7, No., 5, October.

허정옥(2007), 관계형성요인이 관계품질과 관계성과에 미치는 영향, Journal of the Korean Data Analysis Society, vol. 9, No. 2, April.

허정옥(2011), 컨벤션개최지에 따른 참가동기와 선택속성의 차이 분석, Journal of the Korean Data Analysis Society, June.

허정옥(2012), 컨벤션과 도시경영, 서울경제경영.

Astroff, M. T., & Abbey, J. R. (1988), Convention Management & Service, AH & MA.

Berry, Leonard L., (1983),Relationship Marketing in Emerging Perspectives on Services marketing, Chicago, IL: American Marketing association, pp. 25–28.

Bitner, M. J., (1995), Building Service relationships: It's All About promises, Journal of the Academy of marketing Science, Vol. 23, No. 4, pp.246–251.

Chase, R. & Dasu, S. (2001), Want to perfect Your company's service? Use behavioral science, HBR, June.

Crouch,G. L. & Ritchie, J. R. B.(1998), Convention site selection research: A review, conceptual model, and propositional framework, Journal of convention and Exhibition Management. 1(1), pp. 49–69.

Grőnroos, C., (1990), Relationship approach to the Marketing Function in Service Contexts: the Marketing and Organizational Behavior Interface, Journal of Business Research, Vol. 20, No. 1, pp.3–12.

Jones, Thomas D., & Earl Sasser, Jr.,(1995), Why Satisfied Customers Defect, Harvard Business Review, November-December.

Levitt, T. (1983), Relationship management, The Marketing imagination, The Free Press.

Mintzberg, Henry(1975), The Manager's Job: Folklore and Fact, Harvard Business Review, July-August.

Raymond, C. (2007), Creative tourism New Zealand: The practical challenges of developing creative tourism. In G. Richards & J. Wilson (Eds.), Tourism, creativity and development (pp. 145–157). London: Routledge.

Reichheld, Frederick F., & Sasser, Earl W, Jr.(1990), Zero Defection: Quality Comes to Services, Harvard Business Review, September-October, pp. 105–111.

Reichheld, Frederick F(1993), Loyalty –Based Management, Harvard Business Review, March-April, pp.64–73.

Richard Chase & Sriram Dasu(2001), "Want to perfect Your company's service? use behavioral science", Harvard Business Review, June.

Richards G.(2011). Creativity and Tourism; The State of the Art. Annals of Tourism Research, 38(4),1225–1253.

Richards G. & Willson J.(2007). Tourism, Creativity and Development. Routledge.

Slywotzky, A. J. & B. P. Shapiro,(1993), Leveraging to Beat the Odds: The New Marketing Mind-Set, , September-October.

UNESCO. (2006). Towards Sustainable Strategies for Creative Tourism Discussion Report ofthe Planning Meeting for 2008 International Conference on Creative Tourism Santa Fe, New Mexico, USA October 25 – 27.

UNCTAD (2004; 2008). Creative Economy Report.

Weber, K., & Wu, A., (2005). 'Convention center facilities, attributes and services: The delegates' perspective'. Asia Pacific Journal of Tourism Research, 10(4), 399–410.

찾아보기

P

R

S

T

U

W

기타